관광법규

The Laws Of Tourism

ENGLAND

FRANCE

SWISS

GERMANY

AUSTRIA

SPAIN

KB072071

머리말

이 책은 자격시험을 준비하는 수험생들을 위해 만들었습니다. 자격시험은 수험 전략을 어떻게 짜느냐가 등락을 좌우합니다. 짧은 기간 내에 승부를 걸어야 하는 수험생들은 방대한 분량을 자신의 것으로 정리하고 이해해 나가는 과정에서 시간과 노력을 낭비하지 않도록 주의를 기울여야 합니다.

수험생들이 법령을 공부하는 데 조금이나마 시간을 줄이고 좀 더 학습에 집중할 수 있도록 본서는 다음과 같이 구성하였습니다.

첫째, 법률과 그 시행령 및 시행규칙, 그리고 부칙과 별표까지 자세하게 실었습니다.

둘째, 법 조항은 물론 그와 관련된 시행령과 시행규칙을 한눈에 알아볼 수 있도록 체계적으로 정리하였습니다.

셋째, 최근 법령까지 완벽하게 반영하여 별도로 찾거나 보완하는 번거로움을 줄였습니다.

모쪼록 이 책이 수업생 여러분에게 많은 도움이 되기를 바랍니다. 쉽지 않은 여건에서 시간을 쪼개어 책과 씨름하며 자기개발에 분투하는 수험생 여러분의 건승을 기원합니다.

2023년 3월

법(法)의 개념

1. 법 정의
① 국가의 강제력을 수반하는 사회 규범.
② 국가 및 공공 기관이 제정한 법률, 명령, 조례, 규칙 따위이다.
③ 다 같이 자유롭고 올바르게 잘 살 것을 목적으로 하는 규범이며,
④ 서로가 자제하고 존중함으로써 더불어 사는 공동체를 형성해 가는 평화의 질서.

2. 법 시행
① 발안
② 심의
③ 공포
④ 시행

3. 법의 위계구조
① 헌법(최고의 법)
② 법률 : 국회의 의결 후 대통령이 서명·공포
③ 명령 : 행정기관에 의하여 제정되는 국가의 법령(대통령령, 총리령, 부령)
④ 조례 : 지방자치단체가 지방자치법에 의거하여 그 의회의 의결로 제정
⑤ 규칙 : 지방자치단체의 장(시장, 군수)이 조례의 범위 안에서 사무에 관하여 제정

4. 법 분류
① 공법 : 공익보호 목적(헌법, 형법)
② 사법 : 개인의 이익보호 목적(민법, 상법)
③ 사회법 : 인간다운 생활보장(근로기준법, 국민건강보험법)

5. 형벌의 종류
① 사형
② 징역 : 교도소에 구치(유기, 무기징역, 노역 부과)

③ 금고 : 명예 존중(노역 비부과)

④ 구류 : 30일 미만 교도소에서 구치(노역 비부과)

⑤ 벌금 : 금액을 강제 부담

⑥ 과태료 : 공법에서, 의무 이행을 태만히 한 사람에게 벌로 물게 하는 돈(경범죄처벌법, 교통범칙금)

⑦ 몰수 : 강제로 국가 소유로 권리를 넘김

⑧ 자격정지 : 명예형(名譽刑), 일정 기간 동안 자격을 정지시킴(유기징역 이하)

⑨ 자격상실 : 명예형(名譽刑), 일정한 자격을 갖지 못하게 하는 일(무기금고이상). 공법상 공무원이 될 자격, 피선거권, 법인 임원 등

차례

제1부

관광기본법

제1조 목적

이 법은 관광진흥의 방향과 시책에 관한 사항을 규정함으로써 국제친선을 증진하고 국민경제와 국민복지를 향상시키며 건전한 국민관광의 발전을 도모하는 것을 목적으로 한다.

[전문개정 2007. 12. 21.]

제2조(정부의 시책)

정부는 이 법의 목적을 달성하기 위하여 관광진흥에 관한 기본적이고 종합적인 시책을 강구하여야 한다.

[전문개정 2007. 12. 21.]

제3조(관광진흥계획의 수립)

① 정부는 관광진흥의 기반을 조성하고 관광산업의 경쟁력을 강화하기 위하여 관광진흥에 관한 기본계획(이하 "기본계획"이라 한다)을 5년마다 수립·시행하여야 한다.

② 기본계획에는 다음 각 호의 사항이 포함되어야 한다.　　　　　　　　　〈개정 2020. 12. 22.〉

　　1. 관광진흥을 위한 정책의 기본방향
　　2. 국내외 관광여건과 관광 동향에 관한 사항
　　3. 관광진흥을 위한 기반 조성에 관한 사항
　　4. 관광진흥을 위한 관광사업의 부문별 정책에 관한 사항
　　5. 관광진흥을 위한 재원 확보 및 배분에 관한 사항
　　6. 관광진흥을 위한 제도 개선에 관한 사항
　　7. 관광진흥과 관련된 중앙행정기관의 역할 분담에 관한 사항
　　8. 관광시설의 감염병 등에 대한 안전·위생·방역 관리에 관한 사항
　　9. 그 밖에 관광진흥을 위하여 필요한 사항

③ 기본계획은 제16조제1항에 따른 국가관광전략회의의 심의를 거쳐 확정한다.

④ 정부는 기본계획에 따라 매년 시행계획을 수립·시행하고 그 추진실적을 평가하여 기본계획에 반영하여야 한다.

[전문개정 2017. 11. 28.]

제4조(연차보고)

정부는 매년 관광진흥에 관한 시책과 동향에 대한 보고서를 정기국회가 시작하기 전까지 국회에 제출하여야 한다.

제5조(법제상의 조치)

국가는 제2조에 따른 시책을 실시하기 위하여 법제상·재정상의 조치와 그 밖에 필요한 행정상의 조치를 강구하여야 한다.

제6조(지방자치단체의 협조)

지방자치단체는 관광에 관한 국가시책에 필요한 시책을 강구하여야 한다.

제7조(외국 관광객의 유치)

정부는 외국 관광객의 유치를 촉진하기 위하여 해외 홍보를 강화하고 출입국 절차를 개선하며 그 밖에 필요한 시책을 강구하여야 한다.

제8조(관광 여건의 조성)

정부는 관광 여건 조성을 위하여 관광객이 이용할 숙박·교통·휴식시설 등의 개선 및 확충, 휴일·휴가에 대한 제도 개선 등에 필요한 시책을 마련하여야 한다. 〈개정 2018. 12. 24.〉

제9조(관광자원의 보호 등)

정부는 관광자원을 보호하고 개발하는 데에 필요한 시책을 강구하여야 한다.

제10조(관광사업의 지도·육성)

정부는 관광사업을 육성하기 위하여 관광사업을 지도·감독하고 그 밖에 필요한 시책을 강구하여야 한다.

제11조(관광 종사자의 자질 향상)

정부는 관광에 종사하는 자의 자질을 향상시키기 위하여 교육훈련과 그 밖에 필요한 시책을 강구하여야 한다.

[전문개정 2007. 12. 21.]

제12조(관광지의 지정 및 개발)

정부는 관광에 적합한 지역을 관광지로 지정하여 필요한 개발을 하여야 한다.

[전문개정 2007. 12. 21.]

제13조(국민관광의 발전)

정부는 관광에 대한 국민의 이해를 촉구하여 건전한 국민관광을 발전시키는 데에 필요한 시책을 강구하여야 한다.

[전문개정 2007. 12. 21.]

제14조(관광진흥개발기금)

정부는 관광진흥을 위하여 관광진흥개발기금을 설치하여야 한다.

[전문개정 2007. 12. 21.]

제15조 삭제 〈2000. 1. 12.〉

제16조(국가관광전략회의)

① 관광진흥의 방향 및 주요 시책에 대한 수립·조정, 관광진흥계획의 수립 등에 관한 사항을 심의·조정하기 위하여 국무총리 소속으로 국가관광전략회의를 둔다.

② 국가관광전략회의의 구성 및 운영 등에 필요한 사항은 대통령령으로 정한다.

[본조신설 2017. 11. 28.]

부칙 〈제17703호, 2020. 12. 22.〉

이 법은 공포 후 6개월이 경과한 날부터 시행한다.

제2부

관광진흥법

제1장 총칙

제1조 목적

이 법은 관광 여건을 조성하고 관광자원을 개발하며 관광사업을 육성하여 관광 진흥에 이바지하는 것을 목적으로 한다.

제2조(정의)

이 법에서 사용하는 용어의 뜻은 다음과 같다. 〈개정 2007. 7. 19., 2011. 4. 5., 2014. 5. 28.〉

1. "관광사업"이란 관광객을 위하여 운송·숙박·음식·운동·오락·휴양 또는 용역을 제공하거나 그 밖에 관광에 딸린 시설을 갖추어 이를 이용하게 하는 업(業)을 말한다.

2. "관광사업자"란 관광사업을 경영하기 위하여 등록·허가 또는 지정(이하 "등록등"이라 한다)을 받거나 신고를 한 자를 말한다.

3. "기획여행"이란 여행업을 경영하는 자가 국외여행을 하려는 여행자를 위하여 여행의 목적지·일정, 여행자가 제공받을 운송 또는 숙박 등의 서비스 내용과 그 요금 등에 관한 사항을 미리 정하고 이에 참가하는 여행자를 모집하여 실시하는 여행을 말한다.

4. "회원"이란 관광사업의 시설을 일반 이용자보다 우선적으로 이용하거나 유리한 조건으로 이용하기로 해당 관광사업자(제15조제1항 및 제2항에 따른 사업계획의 승인을 받은 자를 포함한다)와 약정한 자를 말한다.

5. "공유자"란 단독 소유나 공유(共有)의 형식으로 관광사업의 일부 시설을 관광사업자(제15조제1항 및 제2항에 따른 사업계획의 승인을 받은 자를 포함한다)로부터 분양받은 자를 말한다.

6. "관광지"란 자연적 또는 문화적 관광자원을 갖추고 관광객을 위한 기본적인 편의시설을 설치하는 지역으로서 이 법에 따라 지정된 곳을 말한다.

7. "관광단지"란 관광객의 다양한 관광 및 휴양을 위하여 각종 관광시설을 종합적으로 개발하는 관광 거점 지역으로서 이 법에 따라 지정된 곳을 말한다.

8. "민간개발자"란 관광단지를 개발하려는 개인이나 「상법」 또는 「민법」에 따라 설립된 법인을 말한다.

9. "조성계획"이란 관광지나 관광단지의 보호 및 이용을 증진하기 위하여 필요한 관광시설의 조성과 관리에 관한 계획을 말한다.

10. "지원시설"이란 관광지나 관광단지의 관리·운영 및 기능 활성화에 필요한 관광지 및 관광단지 안팎의 시설을 말한다.

11. "관광특구"란 외국인 관광객의 유치 촉진 등을 위하여 관광 활동과 관련된 관계 법령의 적용이 배제되거나 완화되고, 관광 활동과 관련된 서비스·안내 체계 및 홍보 등 관광 여건을 집중적으로 조성할 필요가 있는 지역으로 이 법에 따라 지정된 곳을 말한다.

11의2. "여행이용권"이란 관광취약계층이 관광 활동을 영위할 수 있도록 금액이나 수량이 기재(전자적 또는 자기적 방법에 의한 기록을 포함한다. 이하 같다)된 증표를 말한다.

12. "문화관광해설사"란 관광객의 이해와 감상, 체험 기회를 제고하기 위하여 역사·문화·예술·자연 등 관광자원 전반에 대한 전문적인 해설을 제공하는 자를 말한다.

제2장 관광사업

제1절 통칙

제3조(관광사업의 종류)

①관광사업의 종류는 다음 각 호와 같다. 〈개정 2007. 7. 19., 2015. 2. 3., 2022. 9. 27.〉

1. 여행업 : 여행자 또는 운송시설·숙박시설, 그 밖에 여행에 딸리는 시설의 경영자 등을 위하여 그 시설 이용 알선이나 계약 체결의 대리, 여행에 관한 안내, 그 밖의 여행 편의를 제공하는 업

2. 관광숙박업 : 다음 각 목에서 규정하는 업

   가. 호텔업 : 관광객의 숙박에 적합한 시설을 갖추어 이를 관광객에게 제공하거나 숙박에 딸리는 음식·운동·오락·휴양·공연 또는 연수에 적합한 시설 등을 함께 갖추어 이를 이용하게 하는 업

   나. 휴양 콘도미니엄업 : 관광객의 숙박과 취사에 적합한 시설을 갖추어 이를 그 시설의 회원이나 공유자, 그 밖의 관광객에게 제공하거나 숙박에 딸리는 음식·운동·오락·휴양·공연 또는 연수에 적합한 시설 등을 함께 갖추어 이를 이용하게 하는 업

3. 관광객 이용시설업 : 다음 각 목에서 규정하는 업

가. 관광객을 위하여 음식·운동·오락·휴양·문화·예술 또는 레저 등에 적합한 시설을 갖추어 이를 관광객에게 이용하게 하는 업

나. 대통령령으로 정하는 2종 이상의 시설과 관광숙박업의 시설(이하 "관광숙박시설"이라 한다) 등을 함께 갖추어 이를 회원이나 그 밖의 관광객에게 이용하게 하는 업

다. 야영장업: 야영에 적합한 시설 및 설비 등을 갖추고 야영편의를 제공하는 시설(「청소년 활동 진흥법」 제10조제1호마목에 따른 청소년야영장은 제외한다)을 관광객에게 이용하게 하는 업

4. 국제회의업 : 대규모 관광 수요를 유발하여 관광산업 진흥에 기여하는 국제회의(세미나·토론회·전시회·기업회의 등을 포함한다. 이하 같다)를 개최할 수 있는 시설을 설치·운영하거나 국제회의의 기획·준비·진행 및 그 밖에 이와 관련된 업무를 위탁받아 대행하는 업

5. 카지노업 : 전문 영업장을 갖추고 주사위·트럼프·슬롯머신 등 특정한 기구 등을 이용하여 우연의 결과에 따라 특정인에게 재산상의 이익을 주고 다른 참가자에게 손실을 주는 행위 등을 하는 업

6. 유원시설업(遊園施設業) : 유기시설(遊技施設)이나 유기기구(遊技機具)를 갖추어 이를 관광객에게 이용하게 하는 업(다른 영업을 경영하면서 관광객의 유치 또는 광고 등을 목적으로 유기시설이나 유기기구를 설치하여 이를 이용하게 하는 경우를 포함한다)

7. 관광 편의시설업 : 제1호부터 제6호까지의 규정에 따른 관광사업 외에 관광 진흥에 이바지할 수 있다고 인정되는 사업이나 시설 등을 운영하는 업

② 제1항제1호부터 제4호까지, 제6호 및 제7호에 따른 관광사업은 대통령령으로 정하는 바에 따라 세분할 수 있다.

제4조(등록)

① 제3조제1항제1호부터 제4호까지의 규정에 따른 여행업, 관광숙박업, 관광객 이용시설업 및 국제회의업을 경영하려는 자는 특별자치시장·특별자치도지사·시장·군수·구청장(자치구의 구청장을 말한다. 이하 같다)에게 등록하여야 한다. 〈개정 2009. 3. 25., 2018. 6. 12.〉

② 삭제 〈2009. 3. 25.〉

③ 제1항에 따른 등록을 하려는 자는 대통령령으로 정하는 자본금·시설 및 설비 등을 갖추어야 한다. 〈신설 2007. 7. 19., 2009. 3. 25.〉

④ 제1항에 따라 등록한 사항 중 대통령령으로 정하는 중요 사항을 변경하려면 변경등록을 하여야 한다. 〈개정 2007. 7. 19., 2009. 3. 25.〉

⑤ 제1항 및 제4항에 따른 등록 또는 변경등록의 절차 등에 필요한 사항은 문화체육관광부령으로 정한다. 〈개정 2007. 7. 19., 2008. 2. 29., 2009. 3. 25.〉

제5조(허가와 신고)

① 제3조제1항제5호에 따른 카지노업을 경영하려는 자는 전용영업장 등 문화체육관광부령으로 정하는 시설과 기구를 갖추어 문화체육관광부장관의 허가를 받아야 한다. 〈개정 2008. 2. 29.〉

② 제3조제1항제6호에 따른 유원시설업 중 대통령령으로 정하는 유원시설업을 경영하려는 자는 문화체육관광부령으로 정하는 시설과 설비를 갖추어 특별자치시장·특별자치도지사·시장·군수·구청장의 허가를 받아야 한다. 〈개정 2008. 2. 29., 2008. 6. 5., 2018. 6. 12.〉

③ 제1항과 제2항에 따라 허가받은 사항 중 문화체육관광부령으로 정하는 중요 사항을 변경하려면 변경허가를 받아야 한다. 다만, 경미한 사항을 변경하려면 변경신고를 하여야 한다. 〈개정 2008. 2. 29.〉

④ 제2항에 따라 대통령령으로 정하는 유원시설업 외의 유원시설업을 경영하려는 자는 문화체육관광부령으로 정하는 시설과 설비를 갖추어 특별자치시장·특별자치도지사·시장·군수·구청장에게 신고하여야 한다. 신고한 사항 중 문화체육관광부령으로 정하는 중요 사항을 변경하려는 경우에도 또한 같다. 〈개정 2008. 2. 29., 2008. 6. 5., 2018. 6. 12.〉

⑤ 문화체육관광부장관 또는 특별자치시장·특별자치도지사·시장·군수·구청장은 제3항 단서에 따른 변경신고나 제4항에 따른 신고 또는 변경신고를 받은 경우 그 내용을 검토하여 이 법에 적합하면 신고를 수리하여야 한다. 〈신설 2018. 6. 12.〉

⑥ 제1항부터 제5항까지의 규정에 따른 허가 및 신고의 절차 등에 필요한 사항은 문화체육관광부령으로 정한다. 〈개정 2008. 2. 29., 2018. 6. 12.〉

제6조(지정)

① 제3조제1항제7호에 따른 관광 편의시설업을 경영하려는 자는 문화체육관광부령으로 정하는 바에 따라 특별시장·광역시장·특별자치시장·도지사·특별자치도지사(이하 "시·도지사"라 한다) 또는 시장·군수·구청장의 지정을 받아야 한다. 〈개정 2007. 7. 19., 2008. 2. 29., 2009. 3. 25., 2017. 11. 28., 2018. 6. 12.〉

② 제1항에 따른 관광 편의시설업으로 지정을 받으려는 자는 관광객이 이용하기 적합한 시설이나 외국어 안내서비스 등 문화체육관광부령으로 정하는 기준을 갖추어야 한다. 〈신설 2017. 11. 28.〉

제7조(결격사유)

① 다음 각 호의 어느 하나에 해당하는 자는 관광사업의 등록등을 받거나 신고를 할 수 없고, 제15조제1항 및 제2항에 따른 사업계획의 승인을 받을 수 없다. 법인의 경우 그 임원 중에 다음 각 호의 어느 하나에 해당하는 자가 있는 경우에도 또한 같다. 〈개정 2017. 3. 21.〉

1. 피성년후견인 · 피한정후견인

2. 파산선고를 받고 복권되지 아니한 자

3. 이 법에 따라 등록등 또는 사업계획의 승인이 취소되거나 제36조제1항에 따라 영업소가 폐쇄된 후 2년이 지나지 아니한 자

4. 이 법을 위반하여 징역 이상의 실형을 선고받고 그 집행이 끝나거나 집행을 받지 아니하기로 확정된 후 2년이 지나지 아니한 자 또는 형의 집행유예 기간 중에 있는 자

② 관광사업의 등록등을 받거나 신고를 한 자 또는 사업계획의 승인을 받은 자가 제1항 각 호의 어느 하나에 해당하면 문화체육관광부장관, 시 · 도지사 또는 시장 · 군수 · 구청장(이하 "등록기관등의 장"이라 한다)은 3개월 이내에 그 등록등 또는 사업계획의 승인을 취소하거나 영업소를 폐쇄하여야 한다. 다만, 법인의 임원 중 그 사유에 해당하는 자가 있는 경우 3개월 이내에 그 임원을 바꾸어 임명한 때에는 그러하지 아니하다. 〈개정 2008. 2. 29.〉

제8조(관광사업의 양수 등)

① 관광사업을 양수(讓受)한 자 또는 관광사업을 경영하는 법인이 합병한 때에는 합병 후 존속하거나 설립되는 법인은 그 관광사업의 등록등 또는 신고에 따른 관광사업자의 권리 · 의무(제20조제1항에 따라 분양이나 회원 모집을 한 경우에는 그 관광사업자와 공유자 또는 회원 간에 약정한 사항을 포함한다)를 승계한다.

② 다음 각 호의 어느 하나에 해당하는 절차에 따라 문화체육관광부령으로 정하는 주요한 관광사업 시설의 전부(제20조제1항에 따라 분양한 경우에는 분양한 부분을 제외한 나머지 시설을 말한다)를 인수한 자는 그 관광사업자의 지위(제20조제1항에 따라 분양이나 회원 모집을 한 경우에는 그 관광사업자와 공유자 또는 회원 간에 약정한 권리 및 의무 사항을 포함한다)를 승계한다. 〈개정 2008. 2. 29., 2010. 3. 31., 2016. 12. 27., 2019. 12. 3.〉

1. 「민사집행법」에 따른 경매

2. 「채무자 회생 및 파산에 관한 법률」에 따른 환가(換價)

3. 「국세징수법」, 「관세법」 또는 「지방세징수법」에 따른 압류 재산의 매각

4. 그 밖에 제1호부터 제3호까지의 규정에 준하는 절차

③ 관광사업자가 제35조제1항 및 제2항에 따른 취소 · 정지처분 또는 개선명령을 받은 경우 그

처분 또는 명령의 효과는 제1항에 따라 관광사업자의 지위를 승계한 자에게 승계되며, 그 절차가 진행 중인 때에는 새로운 관광사업자에게 그 절차를 계속 진행할 수 있다. 다만, 그 승계한 관광사업자가 양수나 합병 당시 그 처분·명령이나 위반 사실을 알지 못하였음을 증명하면 그러하지 아니하다.

④ 제1항과 제2항에 따라 관광사업자의 지위를 승계한 자는 승계한 날부터 1개월 이내에 관할 등록기관등의 장에게 신고하여야 한다.

⑤ 관할 등록기관등의 장은 제4항에 따른 신고를 받은 경우 그 내용을 검토하여 이 법에 적합하면 신고를 수리하여야 한다. 〈신설 2018. 6. 12.〉

⑥ 제15조제1항 및 제2항에 따른 사업계획의 승인을 받은 자의 지위승계에 관하여는 제1항부터 제5항까지의 규정을 준용한다. 〈개정 2018. 6. 12.〉

⑦ 제1항과 제2항에 따른 관광사업자의 지위를 승계하는 자에 관하여는 제7조를 준용하되, 카지노사업자의 경우에는 제7조 및 제22조를 준용한다. 〈개정 2008. 3. 28., 2018. 6. 12.〉

⑧ 관광사업자가 그 사업의 전부 또는 일부를 휴업하거나 폐업한 때에는 관할 등록기관등의 장에게 알려야 한다. 다만, 카지노사업자가 카지노업을 휴업 또는 폐업하고자 하는 때에는 문화체육관광부령으로 정하는 바에 따라 미리 신고하여야 한다. 〈개정 2018. 6. 12., 2018. 12. 11.〉

⑨ 관할 등록기관등의 장은 관광사업자가 「부가가치세법」 제8조에 따라 관할 세무서장에게 폐업신고를 하거나 관할 세무서장이 사업자등록을 말소한 경우에는 등록등 또는 신고 사항을 직권으로 말소하거나 취소할 수 있다. 다만, 카지노업에 대해서는 그러하지 아니하다. 〈신설 2020. 12. 22.〉

⑩ 관할 등록기관등의 장은 제9항에 따른 직권말소 또는 직권취소를 위하여 필요한 경우 관할 세무서장에게 관광사업자의 폐업 여부에 대한 정보를 제공하도록 요청할 수 있다. 이 경우 요청을 받은 관할 세무서장은 「전자정부법」 제36조제1항에 따라 관광사업자의 폐업 여부에 대한 정보를 제공하여야 한다. 〈신설 2020. 12. 22.〉

제9조(보험 가입 등)

관광사업자는 해당 사업과 관련하여 사고가 발생하거나 관광객에게 손해가 발생하면 문화체육관광부령으로 정하는 바에 따라 피해자에게 보험금을 지급할 것을 내용으로 하는 보험 또는 공제에 가입하거나 영업보증금을 예치(이하 "보험 가입 등"이라 한다)하여야 한다.

〈개정 2008. 2. 29., 2015. 5. 18.〉

제10조(관광표지의 부착 등)

① 관광사업자는 사업장에 문화체육관광부령으로 정하는 관광표지를 붙일 수 있다.

〈개정 2008. 2. 29.〉

② 관광사업자는 사실과 다르게 제1항에 따른 관광표지(이하 "관광표지"라 한다)를 붙이거나 관광표지에 기재되는 내용을 사실과 다르게 표시 또는 광고하는 행위를 하여서는 아니 된다.

〈신설 2014. 3. 11.〉

③ 관광사업자가 아닌 자는 제1항에 따른 관광표지를 사업장에 붙이지 못하며, 관광사업자로 잘못 알아볼 우려가 있는 경우에는 제3조에 따른 관광사업의 명칭 중 전부 또는 일부가 포함되는 상호를 사용할 수 없다. 〈개정 2014. 3. 11.〉

④ 제3항에 따라 관광사업자가 아닌 자가 사용할 수 없는 상호에 포함되는 관광사업의 명칭 중 전부 또는 일부의 구체적인 범위에 관하여는 대통령령으로 정한다. 〈개정 2014. 3. 11.〉

[제목개정 2014. 3. 11.]

제11조(관광시설의 타인 경영 및 처분과 위탁 경영)

① 관광사업자는 관광사업의 시설 중 다음 각 호의 시설 및 기구 외의 부대시설을 타인에게 경영하도록 하거나, 그 용도로 계속하여 사용하는 것을 조건으로 타인에게 처분할 수 있다.

〈개정 2007. 7. 19., 2008. 2. 29., 2011. 4. 5.〉

1. 제4조제3항에 따른 관광숙박업의 등록에 필요한 객실

2. 제4조제3항에 따른 관광객 이용시설업의 등록에 필요한 시설 중 문화체육관광부령으로 정하는 시설

3. 제23조에 따른 카지노업의 허가를 받는 데 필요한 시설과 기구

4. 제33조제1항에 따라 안전성검사를 받아야 하는 유기시설 및 유기기구

② 관광사업자는 관광사업의 효율적 경영을 위하여 제1항에도 불구하고 제1항제1호에 따른 관광숙박업의 객실을 타인에게 위탁하여 경영하게 할 수 있다. 이 경우 해당 시설의 경영은 관광사업자의 명의로 하여야 하고, 이용자 또는 제3자와의 거래행위에 따른 대외적 책임은 관광사업자가 부담하여야 한다. 〈신설 2011. 4. 5.〉

[제목개정 2007. 7. 19., 2011. 4. 5.]

제2절 여행업

제11조의2(결격사유)

① 관광사업의 영위와 관련하여 「형법」 제347조, 제347조의2, 제348조, 제355조 또는 제356조에 따라 금고 이상의 실형을 선고받고 그 집행이 끝나거나 집행을 받지 아니하기로 확정된 후 2년이 지나지 아니한 자 또는 형의 집행유예 기간 중에 있는 자는 여행업의 등록을 할 수 없다.

② 특별자치시장·특별자치도지사·시장·군수·구청장은 여행업자가 제1항에 해당하면 3개월 이내에 그 등록을 취소하여야 한다. 다만, 법인의 임원 중 그 사유에 해당하는 자가 있는 경우 3개월 이내에 그 임원을 바꾸어 임명한 때에는 그러하지 아니하다.

[본조신설 2020. 12. 22.]

제12조(기획여행의 실시)

제4조제1항에 따라 여행업의 등록을 한 자(이하 "여행업자"라 한다)는 문화체육관광부령으로 정하는 요건을 갖추어 문화체육관광부령으로 정하는 바에 따라 기획여행을 실시할 수 있다.

〈개정 2008. 2. 29.〉

제12조의2(의료관광 활성화)

① 문화체육관광부장관은 외국인 의료관광(의료관광이란 국내 의료기관의 진료, 치료, 수술 등 의료서비스를 받는 환자와 그 동반자가 의료서비스와 병행하여 관광하는 것을 말한다. 이하 같다)의 활성화를 위하여 대통령령으로 정하는 기준을 충족하는 외국인 의료관광 유치·지원 관련 기관에 「관광진흥개발기금법」에 따른 관광진흥개발기금을 대여하거나 보조할 수 있다.

② 제1항에 규정된 사항 외에 외국인 의료관광 지원에 필요한 사항에 대하여 대통령령으로 정할 수 있다.

[본조신설 2009. 3. 25.]

제13조(국외여행 인솔자)

① 여행업자가 내국인의 국외여행을 실시할 경우 여행자의 안전 및 편의 제공을 위하여 그 여행을 인솔하는 자를 둘 때에는 문화체육관광부령으로 정하는 자격요건에 맞는 자를 두어야 한다.

〈개정 2008. 2. 29., 2011. 4. 5.〉

② 제1항에 따른 국외여행 인솔자의 자격요건을 갖춘 자가 내국인의 국외여행을 인솔하려면 문화체육관광부장관에게 등록하여야 한다. 〈신설 2011. 4. 5.〉

③ 문화체육관광부장관은 제2항에 따라 등록한 자에게 국외여행 인솔자 자격증을 발급하여야 한다. 〈신설 2011. 4. 5.〉

④ 제3항에 따라 발급받은 자격증은 다른 사람에게 빌려주거나 빌려서는 아니 되며, 이를 알선해서도 아니 된다. 〈신설 2019. 12. 3.〉

⑤ 제2항 및 제3항에 따른 등록의 절차 및 방법, 자격증의 발급 등에 필요한 사항은 문화체육관광부령으로 정한다. 〈신설 2011. 4. 5., 2019. 12. 3.〉

제13조의2(자격취소)

문화체육관광부장관은 제13조제4항을 위반하여 다른 사람에게 국외여행 인솔자 자격증을 빌려준 사람에 대하여 그 자격을 취소하여야 한다.

[본조신설 2019. 12. 3.]

제14조(여행계약 등)

① 여행업자는 여행자와 계약을 체결할 때에는 여행자를 보호하기 위하여 문화체육관광부령으로 정하는 바에 따라 해당 여행지에 대한 안전정보를 서면으로 제공하여야 한다. 해당 여행지에 대한 안전정보가 변경된 경우에도 또한 같다. 〈개정 2011. 4. 5., 2015. 2. 3.〉

② 여행업자는 여행자와 여행계약을 체결하였을 때에는 그 서비스에 관한 내용을 적은 여행계약서(여행일정표 및 약관을 포함한다. 이하 같다) 및 보험 가입 등을 증명할 수 있는 서류를 여행자에게 내주어야 한다. 〈개정 2015. 5. 18.〉

③ 여행업자는 여행일정(선택관광 일정을 포함한다)을 변경하려면 문화체육관광부령으로 정하는 바에 따라 여행자의 사전 동의를 받아야 한다.

[전문개정 2009. 3. 25.]

제3절 관광숙박업 및 관광객 이용시설업 등

제15조(사업계획의 승인)

① 관광숙박업을 경영하려는 자는 제4조제1항에 따른 등록을 하기 전에 그 사업에 대한 사업계획을 작성하여 특별자치시장·특별자치도지사·시장·군수·구청장의 승인을 받아야 한

다. 승인을 받은 사업계획 중 부지, 대지 면적, 건축 연면적의 일정 규모 이상의 변경 등 대통령령으로 정하는 사항을 변경하려는 경우에도 또한 같다.

〈개정 2008. 6. 5., 2009. 3. 25., 2018. 6. 12.〉

② 대통령령으로 정하는 관광객 이용시설업이나 국제회의업을 경영하려는 자는 제4조제1항에 따른 등록을 하기 전에 그 사업에 대한 사업계획을 작성하여 특별자치시장·특별자치도지사·시장·군수·구청장의 승인을 받을 수 있다. 승인을 받은 사업계획 중 부지, 대지 면적, 건축 연면적의 일정 규모 이상의 변경 등 대통령령으로 정하는 사항을 변경하려는 경우에도 또한 같다.

〈개정 2008. 6. 5., 2009. 3. 25., 2018. 6. 12.〉

③ 제1항과 제2항에 따른 사업계획의 승인 또는 변경승인의 기준·절차 등에 필요한 사항은 대통령령으로 정한다.

제16조(사업계획 승인 시의 인·허가 의제 등)

① 제15조제1항 및 제2항에 따라 사업계획의 승인을 받은 때에는 다음 각 호의 허가 또는 해제를 받거나 신고를 한 것으로 본다. 〈개정 2007. 12. 27., 2009. 3. 25., 2010. 4. 15., 2010. 5. 31.〉

1. 「농지법」 제34조제1항에 따른 농지전용의 허가

2. 「산지관리법」 제14조·제15조에 따른 산지전용허가 및 산지전용신고, 같은 법 제15조의2에 따른 산지일시사용허가·신고, 「산림자원의 조성 및 관리에 관한 법률」 제36조제1항·제4항 및 제45조제1항·제2항에 따른 입목벌채 등의 허가·신고

3. 「사방사업법」 제20조에 따른 사방지(砂防地) 지정의 해제

4. 「초지법」 제23조에 따른 초지전용(草地轉用)의 허가

5. 「하천법」 제30조에 따른 하천공사 등의 허가 및 실시계획의 인가, 같은 법 제33조에 따른 점용허가(占用許可) 및 실시계획의 인가

6. 「공유수면 관리 및 매립에 관한 법률」 제8조에 따른 공유수면의 점용·사용허가 및 같은 법 제17조에 따른 점용·사용 실시계획의 승인 또는 신고

7. 「사도법」 제4조에 따른 사도개설(私道開設)의 허가

8. 「국토의 계획 및 이용에 관한 법률」 제56조에 따른 개발행위의 허가

9. 「장사 등에 관한 법률」 제8조제3항에 따른 분묘의 개장신고(改葬申告) 및 같은 법 제27조에 따른 분묘의 개장허가(改葬許可)

② 특별자치시장·특별자치도지사·시장·군수·구청장은 제1항 각 호의 어느 하나에 해당하는 사항이 포함되어 있는 사업계획을 승인하려면 미리 소관 행정기관의 장과 협의하여야 하고, 그 사업계획을 승인한 때에는 지체 없이 소관 행정기관의 장에게 그 내용을 통보하여야

한다. 〈개정 2008. 6. 5., 2018. 6. 12.〉

③ 특별자치시장·특별자치도지사·시장·군수·구청장은 제15조제1항 및 제2항에 따른 사업계획의 변경승인을 하려는 경우 건축물의 용도변경이 포함되어 있으면 미리 소관 행정기관의 장과 협의하여야 한다. 〈개정 2008. 6. 5., 2018. 6. 12.〉

④ 관광사업자(관광숙박업만 해당한다)가 제15조제1항 후단에 따라 사업계획의 변경승인을 받은 경우에는 「건축법」에 따른 용도변경의 허가를 받거나 신고를 한 것으로 본다.

⑤ 제15조제1항에 따른 사업계획의 승인 또는 변경승인을 받은 경우 그 사업계획에 따른 관광숙박시설 및 그 시설 안의 위락시설로서 「국토의 계획 및 이용에 관한 법률」에 따라 지정된 다음 각 호의 용도지역의 시설에 대하여는 같은 법 제76조제1항을 적용하지 아니한다. 다만, 주거지역에서는 주거환경의 보호를 위하여 대통령령으로 정하는 사업계획승인기준에 맞는 경우에 한한다.

1. 상업지역

2. 주거지역·공업지역 및 녹지지역 중 대통령령으로 정하는 지역

⑥ 제15조제1항에 따른 사업계획의 승인을 받은 경우 그 사업계획에 따른 관광숙박시설로서 대통령령으로 정하는 지역 내 위치하면서 「학교보건법」 제2조에 따른 학교 출입문 또는 학교설립예정지 출입문으로부터 직선거리로 75미터 이내에 위치한 관광숙박시설의 설치와 관련하여서는 「학교보건법」 제6조제1항 각 호 외의 부분 단서를 적용하지 아니한다.

〈신설 2015. 12. 22.〉

⑦ 제15조제1항에 따른 사업계획의 승인 또는 변경승인을 받은 경우 그 사업계획에 따른 관광숙박시설로서 다음 각 호에 적합한 시설에 대해서는 「학교보건법」 제6조제1항제13호를 적용하지 아니한다. 〈신설 2015. 12. 22.〉

1. 관광숙박시설에서 「학교보건법」 제6조제1항제12호, 제14호부터 제16호까지 또는 제18호부터 제20호까지의 규정에 따른 행위 및 시설 중 어느 하나에 해당하는 행위 및 시설이 없을 것

2. 관광숙박시설의 객실이 100실 이상일 것

3. 대통령령으로 정하는 지역 내 위치할 것

4. 대통령령으로 정하는 바에 따라 관광숙박시설 내 공용공간을 개방형 구조로 할 것

5. 「학교보건법」 제2조에 따른 학교 출입문 또는 학교설립예정지 출입문으로부터 직선거리로 75미터 이상에 위치할 것

⑧ 제7항 각 호의 요건을 충족하여 「학교보건법」 제6조제1항제13호를 적용받지 아니하고 관광숙박시설을 설치하려는 자는 「건축법」 제4조에 따른 건축위원회의 교육환경 저해여부

에 관한 심의를 받아야 한다. 〈신설 2015. 12. 22.〉

⑨ 특별자치시장·특별자치도지사·시장·군수·구청장은 제15조제1항에 따른 사업계획(제7항 각 호의 요건을 충족하여 「학교보건법」 제6조제1항제13호를 적용받지 아니하고 관광숙박시설을 설치하려는 자의 사업계획에 한정한다)의 승인 또는 변경승인을 하려는 경우에는 교육환경 보호 및 교통안전 보호조치를 취하도록 하는 조건을 붙일 수 있다.

〈신설 2015. 12. 22., 2018. 6. 12.〉

[법률 제13594호(2015. 12. 22.) 부칙 제2조의 규정에 의하여 이 조제6항부터 제9항까지는 2021년 3월 24일까지 유효함]

제16조(사업계획 승인 시의 인·허가 의제 등)

① 제15조제1항 및 제2항에 따라 사업계획의 승인을 받은 때에는 다음 각 호의 허가 또는 해제를 받거나 신고를 한 것으로 본다.

〈개정 2007. 12. 27., 2009. 3. 25., 2010. 4. 15., 2010. 5. 31., 2022. 12. 27.〉

1. 「농지법」 제34조제1항에 따른 농지전용의 허가
2. 「산지관리법」 제14조·제15조에 따른 산지전용허가 및 산지전용신고, 같은 법 제15조의2에 따른 산지일시사용허가·신고, 「산림자원의 조성 및 관리에 관한 법률」 제36조제1항·제5항 및 제45조제1항·제2항에 따른 입목벌채 등의 허가·신고
3. 「사방사업법」 제20조에 따른 사방지(砂防地) 지정의 해제
4. 「초지법」 제23조에 따른 초지전용(草地轉用)의 허가
5. 「하천법」 제30조에 따른 하천공사 등의 허가 및 실시계획의 인가, 같은 법 제33조에 따른 점용허가(占用許可) 및 실시계획의 인가
6. 「공유수면 관리 및 매립에 관한 법률」 제8조에 따른 공유수면의 점용·사용허가 및 같은 법 제17조에 따른 점용·사용 실시계획의 승인 또는 신고
7. 「사도법」 제4조에 따른 사도개설(私道開設)의 허가
8. 「국토의 계획 및 이용에 관한 법률」 제56조에 따른 개발행위의 허가
9. 「장사 등에 관한 법률」 제8조제3항에 따른 분묘의 개장신고(改葬申告) 및 같은 법 제27조에 따른 분묘의 개장허가(改葬許可)

② 특별자치시장·특별자치도지사·시장·군수·구청장은 제1항 각 호의 어느 하나에 해당하는 사항이 포함되어 있는 사업계획을 승인하려면 미리 소관 행정기관의 장과 협의하여야 하고, 그 사업계획을 승인한 때에는 지체 없이 소관 행정기관의 장에게 그 내용을 통보하여야 한다.

〈개정 2008. 6. 5., 2018. 6. 12.〉

③ 특별자치시장·특별자치도지사·시장·군수·구청장은 제15조제1항 및 제2항에 따른 사업계획의 변경승인을 하려는 경우 건축물의 용도변경이 포함되어 있으면 미리 소관 행정기관의 장과 협의하여야 한다. 〈개정 2008. 6. 5., 2018. 6. 12.〉

④ 관광사업자(관광숙박업만 해당한다)가 제15조제1항 후단에 따라 사업계획의 변경승인을 받은 경우에는 「건축법」에 따른 용도변경의 허가를 받거나 신고를 한 것으로 본다.

⑤ 제15조제1항에 따른 사업계획의 승인 또는 변경승인을 받은 경우 그 사업계획에 따른 관광숙박시설 및 그 시설 안의 위락시설로서 「국토의 계획 및 이용에 관한 법률」에 따라 지정된 다음 각 호의 용도지역의 시설에 대하여는 같은 법 제76조제1항을 적용하지 아니한다. 다만, 주거지역에서는 주거환경의 보호를 위하여 대통령령으로 정하는 사업계획승인기준에 맞는 경우에 한한다.

1. 상업지역

2. 주거지역·공업지역 및 녹지지역 중 대통령령으로 정하는 지역

⑥ 제15조제1항에 따른 사업계획의 승인을 받은 경우 그 사업계획에 따른 관광숙박시설로서 대통령령으로 정하는 지역 내 위치하면서 「학교보건법」 제2조에 따른 학교 출입문 또는 학교설립예정지 출입문으로부터 직선거리로 75미터 이내에 위치한 관광숙박시설의 설치와 관련하여서는 「학교보건법」 제6조제1항 각 호 외의 부분 단서를 적용하지 아니한다. 〈신설 2015. 12. 22.〉

⑦ 제15조제1항에 따른 사업계획의 승인 또는 변경승인을 받은 경우 그 사업계획에 따른 관광숙박시설로서 다음 각 호에 적합한 시설에 대해서는 「학교보건법」 제6조제1항제13호를 적용하지 아니한다. 〈신설 2015. 12. 22.〉

1. 관광숙박시설에서 「학교보건법」 제6조제1항제12호, 제14호부터 제16호까지 또는 제18호부터 제20호까지의 규정에 따른 행위 및 시설 중 어느 하나에 해당하는 행위 및 시설이 없을 것

2. 관광숙박시설의 객실이 100실 이상일 것

3. 대통령령으로 정하는 지역 내 위치할 것

4. 대통령령으로 정하는 바에 따라 관광숙박시설 내 공용공간을 개방형 구조로 할 것

5. 「학교보건법」 제2조에 따른 학교 출입문 또는 학교설립예정지 출입문으로부터 직선거리로 75미터 이상에 위치할 것

⑧ 제7항 각 호의 요건을 충족하여 「학교보건법」 제6조제1항제13호를 적용받지 아니하고 관광숙박시설을 설치하려는 자는 「건축법」 제4조에 따른 건축위원회의 교육환경 저해여부에 관한 심의를 받아야 한다. 〈신설 2015. 12. 22.〉

⑨ 특별자치시장·특별자치도지사·시장·군수·구청장은 제15조제1항에 따른 사업계획(제7항 각 호의 요건을 충족하여 「학교보건법」 제6조제1항제13호를 적용받지 아니하고 관광숙박시설을 설치하려는 자의 사업계획에 한정한다)의 승인 또는 변경승인을 하려는 경우에는 교육환경 보호 및 교통안전 보호조치를 취하도록 하는 조건을 붙일 수 있다. 〈신설 2015. 12. 22., 2018. 6. 12.〉

[법률 제13594호(2015. 12. 22.) 부칙 제2조의 규정에 의하여 이 조제6항부터 제9항까지는 2021년 3월 24일까지 유효함]

[시행일: 2023. 6. 28.] 제16조

제17조(관광숙박업 등의 등록심의위원회)

① 제4조제1항에 따른 관광숙박업 및 대통령령으로 정하는 관광객 이용시설업이나 국제회의업의 등록(등록 사항의 변경을 포함한다. 이하 이 조에서 같다)에 관한 사항을 심의하기 위하여 특별자치시장·특별자치도지사·시장·군수·구청장(권한이 위임된 경우에는 그 위임을 받은 기관을 말한다. 이하 이 조 및 제18조에서 같다) 소속으로 관광숙박업 및 관광객 이용시설업 등록심의위원회(이하 "위원회"라 한다)를 둔다. 〈개정 2008. 6. 5., 2009. 3. 25., 2018. 6. 12.〉

② 위원회는 위원장과 부위원장 각 1명을 포함한 위원 10명 이내로 구성하되, 위원장은 특별자치시·특별자치도·시·군·구(자치구만 해당한다. 이하 같다)의 부지사·부시장·부군수·부구청장이 되고, 부위원장은 위원 중에서 위원장이 지정하는 자가 되며, 위원은 제18조제1항 각 호에 따른 신고 또는 인·허가 등의 소관 기관의 직원이 된다. 〈개정 2008. 6. 5., 2018. 6. 12.〉

③ 위원회는 다음 각 호의 사항을 심의한다. 〈개정 2007. 7. 19., 2015. 12. 22.〉

1. 관광숙박업 및 대통령령으로 정하는 관광객 이용시설업이나 국제회의업의 등록기준 등에 관한 사항

2. 제18조제1항 각 호에서 정한 사업이 관계 법령상 신고 또는 인·허가 등의 요건에 해당하는지에 관한 사항

3. 제15조제1항에 따라 사업계획 승인 또는 변경승인을 받고 관광사업 등록(제16조제7항에 따라 「학교보건법」 제6조제1항제13호를 적용받지 아니하고 관광숙박시설을 설치하려는 경우에 한정한다)을 신청한 경우 제16조제7항 각 호의 요건을 충족하는지에 관한 사항

④ 특별자치시장·특별자치도지사·시장·군수·구청장은 제1항에 따른 관광숙박업, 관광객 이용시설업, 국제회의업의 등록을 하려면 미리 위원회의 심의를 거쳐야 한다. 다만, 대통령령으로 정하는 경미한 사항의 변경에 관하여는 위원회의 심의를 거치지 아니할 수 있다. 〈 개

정 2008. 6. 5., 2018. 6. 12.〉

⑤ 위원회의 회의는 재적위원 3분의 2 이상의 출석과 출석위원 3분의 2 이상의 찬성으로 의결한다. 〈신설 2018. 12. 11.〉

⑥ 위원회의 구성 · 운영이나 그 밖에 위원회에 필요한 사항은 대통령령으로 정한다.

〈개정 2018. 12. 11.〉

[법률 제13594호(2015. 12. 22.) 부칙 제2조의 규정에 의하여 이 조제3항제3호는 2021년 3월 24일까지 유효함]

제18조(등록 시의 신고 · 허가 의제 등)

① 특별자치시장 · 특별자치도지사 · 시장 · 군수 · 구청장이 위원회의 심의를 거쳐 등록을 하면 그 관광사업자는 다음 각 호의 신고를 하였거나 인 · 허가 등을 받은 것으로 본다.

〈개정 2008. 6. 5., 2009. 2. 6., 2011. 6. 15., 2017. 1. 17., 2018. 6. 12., 2020. 12. 29.〉

1. 「공중위생관리법」 제3조에 따른 숙박업 · 목욕장업 · 이용업 · 미용업 또는 세탁업의 신고

2. 「식품위생법」 제36조에 따른 식품접객업으로서 대통령령으로 정하는 영업의 허가 또는 신고

3. 「주류 면허 등에 관한 법률」 제5조에 따른 주류판매업의 면허 또는 신고

4. 「외국환거래법」 제8조제3항제1호에 따른 외국환업무의 등록

5. 「담배사업법」 제16조에 따른 담배소매인의 지정

6. 삭제 〈2015. 12. 22.〉

7. 「체육시설의 설치 · 이용에 관한 법률」 제10조에 따른 신고 체육시설업으로서 같은 법 제20조에 따른 체육시설업의 신고

8. 「해사안전법」 제34조제3항에 따른 해상 레저 활동의 허가

9. 「의료법」 제35조에 따른 부속의료기관의 개설신고 또는 개설허가

② 특별자치시장 · 특별자치도지사 · 시장 · 군수 · 구청장은 제1항에 따라 관광숙박업, 관광객이용시설업 및 국제회의업의 등록을 한 때에는 지체 없이 제1항 각 호의 신고 또는 인 · 허가 등의 소관 행정기관의 장에게 그 내용을 통보하여야 한다. 〈개정 2008. 6. 5., 2018. 6. 12.〉

제18조의2(관광숙박업자의 준수사항)

제4조제1항에 따라 등록한 관광숙박업자 중 제16조제7항에 따라 「학교보건법」 제6조제1항 제13호를 적용받지 아니하고 관광숙박시설을 설치한 자는 다음 각 호의 사항을 준수하여야 한다.

1. 관광숙박시설에서 「학교보건법」 제6조제1항제12호, 제14호부터 제16호까지 또는 제18
   호부터 제20호까지의 규정에 따른 행위 및 시설 중 어느 하나에 해당하는 행위 및 시설이
   없을 것
2. 관광숙박시설의 객실이 100실 이상일 것
3. 대통령령으로 정하는 지역 내 위치할 것
4. 대통령령으로 정하는 바에 따라 관광숙박시설 내 공용공간을 개방형 구조로 할 것
5. 「학교보건법」 제2조에 따른 학교 출입문 또는 학교설립예정지 출입문으로부터 직선거
   리로 75미터 이상에 위치할 것
[본조신설 2015. 12. 22.]

제19조(관광숙박업 등의 등급)

① 문화체육관광부장관은 관광숙박시설 및 야영장 이용자의 편의를 돕고, 관광숙박시설·야영
장 및 서비스의 수준을 효율적으로 유지·관리하기 위하여 관광숙박업자 및 야영장업자의
신청을 받아 관광숙박업 및 야영장업에 대한 등급을 정할 수 있다. 다만, 제4조제1항에 따라
호텔업 등록을 한 자 중 대통령령으로 정하는 자는 등급결정을 신청하여야 한다.
〈개정 2008. 2. 29., 2014. 3. 11., 2015. 2. 3.〉

② 문화체육관광부장관은 제1항에 따라 관광숙박업 및 야영장업에 대한 등급결정을 하는 경우
유효기간을 정하여 등급을 정할 수 있다. 〈개정 2014. 3. 11., 2015. 2. 3.〉

③ 문화체육관광부장관은 제1항에 따른 등급결정을 위하여 필요한 경우에는 관계 전문가에게
관광숙박업 및 야영장업의 시설 및 운영 실태에 관한 조사를 의뢰할 수 있다.
〈신설 2014. 3. 11., 2015. 2. 3.〉

④ 문화체육관광부장관은 제1항에 따른 등급결정 결과에 관한 사항을 공표할 수 있다.
〈신설 2014. 3. 11.〉

⑤ 문화체육관광부장관은 감염병 확산으로 「재난 및 안전관리 기본법」 제38조제2항에 따른
경계 이상의 위기경보가 발령된 경우 제1항에 따른 등급결정을 연기하거나 제2항에 따른 기
존의 등급결정의 유효기간을 연장할 수 있다. 〈신설 2021. 4. 13.〉

⑥ 관광숙박업 및 야영장업 등급의 구분에 관한 사항은 대통령령으로 정하고, 등급결정의 유효
기간·신청 시기·절차, 등급결정 결과 공표, 등급결정의 연기 및 유효기간 연장 등에 관한
사항은 문화체육관광부령으로 정한다. 〈신설 2014. 3. 11., 2015. 2. 3., 2021. 4. 13.〉
[제목개정 2015. 2. 3.]

제19조의2 삭제 〈2018. 3. 13.〉

제20조(분양 및 회원 모집)

① 관광숙박업이나 관광객 이용시설업으로서 대통령령으로 정하는 종류의 관광사업을 등록한 자 또는 그 사업계획의 승인을 받은 자가 아니면 그 관광사업의 시설에 대하여 분양(휴양 콘도미니엄만 해당한다. 이하 같다) 또는 회원 모집을 하여서는 아니 된다.

② 누구든지 다음 각 호의 어느 하나에 해당하는 행위를 하여서는 아니 된다. 〈개정 2007. 7. 19.〉

　1. 제1항에 따른 분양 또는 회원모집을 할 수 없는 자가 관광숙박업이나 관광객 이용시설업으로서 대통령령으로 정하는 종류의 관광사업 또는 이와 유사한 명칭을 사용하여 분양 또는 회원모집을 하는 행위

　2. 관광숙박시설과 관광숙박시설이 아닌 시설을 혼합 또는 연계하여 이를 분양하거나 회원을 모집하는 행위. 다만, 대통령령으로 정하는 종류의 관광숙박업의 등록을 받은 자 또는 그 사업계획의 승인을 얻은 자가 「체육시설의 설치ㆍ이용에 관한 법률」 제12조에 따라 골프장의 사업계획을 승인받은 경우에는 관광숙박시설과 해당 골프장을 연계하여 분양하거나 회원을 모집할 수 있다.

　3. 공유자 또는 회원으로부터 제1항에 따른 관광사업의 시설에 관한 이용권리를 양도받아 이를 이용할 수 있는 회원을 모집하는 행위

③ 제1항에 따라 분양 또는 회원모집을 하려는 자가 사용하는 약관에는 제5항 각 호의 사항이 포함되어야 한다.

④ 제1항에 따라 분양 또는 회원 모집을 하려는 자는 대통령령으로 정하는 분양 또는 회원 모집의 기준 및 절차에 따라 분양 또는 회원 모집을 하여야 한다.

⑤ 분양 또는 회원 모집을 한 자는 공유자ㆍ회원의 권익을 보호하기 위하여 다음 각 호의 사항에 관하여 대통령령으로 정하는 사항을 지켜야 한다.

　1. 공유지분(共有持分) 또는 회원자격의 양도ㆍ양수

　2. 시설의 이용

　3. 시설의 유지ㆍ관리에 필요한 비용의 징수

　4. 회원 입회금의 반환

　5. 회원증의 발급과 확인

　6. 공유자ㆍ회원의 대표기구 구성

　7. 그 밖에 공유자ㆍ회원의 권익 보호를 위하여 대통령령으로 정하는 사항

제20조의2(야영장업자의 준수사항)

제4조제1항에 따라 야영장업의 등록을 한 자는 문화체육관광부령으로 정하는 안전·위생기준을 지켜야 한다.

[본조신설 2015. 2. 3.]

제4절 카지노업

제21조(허가 요건 등)

① 문화체육관광부장관은 제5조제1항에 따른 카지노업(이하 "카지노업"이라 한다)의 허가신청을 받으면 다음 각 호의 어느 하나에 해당하는 경우에만 허가할 수 있다.

〈개정 2008. 2. 29., 2008. 6. 5., 2018. 6. 12.〉

1. 국제공항이나 국제여객선터미널이 있는 특별시·광역시·특별자치시·도·특별자치도(이하 "시·도"라 한다)에 있거나 관광특구에 있는 관광숙박업 중 호텔업 시설(관광숙박업의 등급 중 최상 등급을 받은 시설만 해당하며, 시·도에 최상 등급의 시설이 없는 경우에는 그 다음 등급의 시설만 해당한다) 또는 대통령령으로 정하는 국제회의업 시설의 부대시설에서 카지노업을 하려는 경우로서 대통령령으로 정하는 요건에 맞는 경우

2. 우리나라와 외국을 왕래하는 여객선에서 카지노업을 하려는 경우로서 대통령령으로 정하는 요건에 맞는 경우

② 문화체육관광부장관이 공공의 안녕, 질서유지 또는 카지노업의 건전한 발전을 위하여 필요하다고 인정하면 대통령령으로 정하는 바에 따라 제1항에 따른 허가를 제한할 수 있다.

〈개정 2008. 2. 29.〉

제21조의2(허가의 공고 등)

① 문화체육관광부장관은 카지노업의 신규허가를 하려면 미리 다음 각 호의 사항을 정하여 공고하여야 한다.

1. 허가 대상지역
2. 허가 가능업체 수
3. 허가절차 및 허가방법
4. 세부 허가기준
5. 카지노업의 건전한 운영과 관광산업의 진흥을 위하여 문화체육관광부장관이 정하는 사항

② 문화체육관광부장관은 제1항에 따른 공고를 실시한 결과 적합한 자가 없을 경우에는 카지노

업의 신규허가를 하지 아니할 수 있다.

[본조신설 2016. 2. 3.]

제22조(결격사유)

① 다음 각 호의 어느 하나에 해당하는 자는 카지노업의 허가를 받을 수 없다.

1. 19세 미만인 자

2. 「폭력행위 등 처벌에 관한 법률」 제4조에 따른 단체 또는 집단을 구성하거나 그 단체 또는 는 집단에 자금을 제공하여 금고 이상의 형을 선고받고 형이 확정된 자

3. 조세를 포탈(逋脫)하거나 「외국환거래법」을 위반하여 금고 이상의 형을 선고받고 형이 확정된 자

4. 금고 이상의 실형을 선고받고 그 집행이 끝나거나 집행을 받지 아니하기로 확정된 후 2년 이 지나지 아니한 자

5. 금고 이상의 형의 집행유예를 선고받고 그 유예기간 중에 있는 자

6. 금고 이상의 형의 선고유예를 받고 그 유예기간 중에 있는 자

7. 임원 중에 제1호부터 제6호까지의 규정 중 어느 하나에 해당하는 자가 있는 법인

② 문화체육관광부장관은 카지노업의 허가를 받은 자(이하 "카지노사업자"라 한다)가 제1항 각 호의 어느 하나에 해당하면 그 허가를 취소하여야 한다. 다만, 법인의 임원 중 그 사유에 해 당하는 자가 있는 경우 3개월 이내에 그 임원을 바꾸어 임명한 때에는 그러하지 아니하다.

〈개정 2008. 2. 29.〉

제23조(카지노업의 시설기준 등)

① 카지노업의 허가를 받으려는 자는 문화체육관광부령으로 정하는 시설 및 기구를 갖추어야 한다.

〈개정 2008. 2. 29.〉

② 카지노사업자에 대하여는 문화체육관광부령으로 정하는 바에 따라 제1항에 따른 시설 중 일 정 시설에 대하여 문화체육관광부장관이 지정ㆍ고시하는 검사기관의 검사를 받게 할 수 있 다.

〈개정 2008. 2. 29.〉

③ 카지노사업자는 제1항에 따른 시설 및 기구를 유지ㆍ관리하여야 한다.

제24조(조건부 영업허가)

① 문화체육관광부장관은 카지노업을 허가할 때 1년의 범위에서 대통령령으로 정하는 기간에 제23조제1항에 따른 시설 및 기구를 갖출 것을 조건으로 허가할 수 있다. 다만, 천재지변이 나 그 밖의 부득이한 사유가 있다고 인정하는 경우에는 해당 사업자의 신청에 따라 한 차례

에 한하여 6개월을 넘지 아니하는 범위에서 그 기간을 연장할 수 있다.

〈개정 2008. 2. 29., 2011. 4. 5.〉

② 문화체육관광부장관은 제1항에 따른 허가를 받은 자가 정당한 사유 없이 제1항에 따른 기간에 허가 조건을 이행하지 아니하면 그 허가를 즉시 취소하여야 한다.

〈개정 2008. 2. 29., 2011. 4. 5.〉

③ 제1항에 따른 허가를 받은 자는 제1항에 따른 기간 내에 허가 조건에 해당하는 필요한 시설 및 기구를 갖춘 경우 그 내용을 문화체육관광부장관에게 신고하여야 한다. 〈신설 2011. 4. 5.〉

④ 문화체육관광부장관은 제3항에 따른 신고를 받은 경우 그 내용을 검토하여 이 법에 적합하면 신고를 수리하여야 한다. 〈신설 2018. 6. 12.〉

제25조(카지노기구의 규격 및 기준 등)

① 문화체육관광부장관은 카지노업에 이용되는 기구(이하 "카지노기구"라 한다)의 형상·구조·재질 및 성능 등에 관한 규격 및 기준(이하 "공인기준등"이라 한다)을 정하여야 한다.

〈개정 2008. 2. 29.〉

② 문화체육관광부장관은 문화체육관광부령으로 정하는 바에 따라 문화체육관광부장관이 지정하는 검사기관의 검정을 받은 카지노기구의 규격 및 기준을 공인기준등으로 인정할 수 있다.

〈개정 2008. 2. 29.〉

③ 카지노사업자가 카지노기구를 영업장소(그 부대시설 등을 포함한다)에 반입·사용하는 경우에는 문화체육관광부령으로 정하는 바에 따라 그 카지노기구가 공인기준등에 맞는지에 관하여 문화체육관광부장관의 검사를 받아야 한다. 〈개정 2008. 2. 29.〉

④ 제3항에 따른 검사에 합격된 카지노기구에는 문화체육관광부령으로 정하는 바에 따라 검사에 합격하였음을 증명하는 증명서(이하 "검사합격증명서"라 한다)를 붙이거나 표시하여야 한다. 〈개정 2008. 2. 29.〉

제26조(카지노업의 영업 종류와 영업 방법 등)

① 카지노업의 영업 종류는 문화체육관광부령으로 정한다. 〈개정 2008. 2. 29.〉

② 카지노사업자는 문화체육관광부령으로 정하는 바에 따라 제1항에 따른 카지노업의 영업 종류별 영업 방법 및 배당금 등에 관하여 문화체육관광부장관에게 미리 신고하여야 한다. 신고한 사항을 변경하려는 경우에도 또한 같다. 〈개정 2008. 2. 29.〉

③ 문화체육관광부장관은 제2항에 따른 신고 또는 변경신고를 받은 경우 그 내용을 검토하여 이 법에 적합하면 신고를 수리하여야 한다. 〈신설 2018. 6. 12.〉

제27조(지도와 명령)

　문화체육관광부장관은 지나친 사행심 유발을 방지하는 등 그 밖에 공익을 위하여 필요하다고 인정하면 카지노사업자에게 필요한 지도와 명령을 할 수 있다. 　　　　　〈개정 2008. 2. 29.〉

제28조(카지노사업자 등의 준수 사항)

　① 카지노사업자(대통령령으로 정하는 종사원을 포함한다. 이하 이 조에서 같다)는 다음 각 호의 어느 하나에 해당하는 행위를 하여서는 아니 된다.

　　1. 법령에 위반되는 카지노기구를 설치하거나 사용하는 행위

　　2. 법령을 위반하여 카지노기구 또는 시설을 변조하거나 변조된 카지노기구 또는 시설을 사용하는 행위

　　3. 허가받은 전용영업장 외에서 영업을 하는 행위

　　4. 내국인(「해외이주법」 제2조에 따른 해외이주자는 제외한다)을 입장하게 하는 행위

　　5. 지나친 사행심을 유발하는 등 선량한 풍속을 해칠 우려가 있는 광고나 선전을 하는 행위

　　6. 제26조제1항에 따른 영업 종류에 해당하지 아니하는 영업을 하거나 영업 방법 및 배당금 등에 관한 신고를 하지 아니하고 영업하는 행위

　　7. 총매출액을 누락시켜 제30조제1항에 따른 관광진흥개발기금 납부금액을 감소시키는 행위

　　8. 19세 미만인 자를 입장시키는 행위

　　9. 정당한 사유 없이 그 연도 안에 60일 이상 휴업하는 행위

　② 카지노사업자는 카지노업의 건전한 육성·발전을 위하여 필요하다고 인정하여 문화체육관광부령으로 정하는 영업준칙을 지켜야 한다. 이 경우 그 영업준칙에는 다음 각 호의 사항이 포함되어야 한다. 　　　　　〈개정 2007. 7. 19., 2008. 2. 29.〉

　　1. 1일 최소 영업시간

　　2. 게임 테이블의 집전함(集錢函) 부착 및 내기금액 한도액의 표시 의무

　　3. 슬롯머신 및 비디오게임의 최소배당률

　　4. 전산시설·환전소·계산실·폐쇄회로의 관리기록 및 회계와 관련된 기록의 유지 의무

　　5. 카지노 종사원의 게임참여 불가 등 행위금지사항

제29조(카지노영업소 이용자의 준수 사항)

　카지노영업소에 입장하는 자는 카지노사업자가 외국인(「해외이주법」 제2조에 따른 해외이주자를 포함한다)임을 확인하기 위하여 신분 확인에 필요한 사항을 묻는 때에는 이에 응하여야

한다.

제30조(기금 납부)

① 카지노사업자는 총매출액의 100분의 10의 범위에서 일정 비율에 해당하는 금액을 「관광진흥개발기금법」에 따른 관광진흥개발기금에 내야 한다.

② 카지노사업자가 제1항에 따른 납부금을 납부기한까지 내지 아니하면 문화체육관광부장관은 10일 이상의 기간을 정하여 이를 독촉하여야 한다. 이 경우 체납된 납부금에 대하여는 100분의 3에 해당하는 가산금을 부과하여야 한다. 〈개정 2008. 2. 29.〉

③ 제2항에 따른 독촉을 받은 자가 그 기간에 납부금을 내지 아니하면 국세 체납처분의 예에 따라 징수한다.

④ 제1항에 따른 총매출액, 징수비율 및 부과ㆍ징수절차 등에 필요한 사항은 대통령령으로 정한다.

⑤ 제1항에 따른 납부금 또는 제2항 후단에 따른 가산금을 부과받은 자가 부과된 납부금 또는 가산금에 대하여 이의가 있는 경우에는 부과받은 날부터 30일 이내에 문화체육관광부장관에게 이의를 신청할 수 있다. 〈신설 2011. 4. 5.〉

⑥ 문화체육관광부장관은 제5항에 따라 이의신청을 받았을 때에는 그 신청을 받은 날부터 15일 이내에 이를 심의하여 그 결과를 신청인에게 서면으로 알려야 한다. 〈신설 2011. 4. 5.〉

제5절 유원시설업

제31조(조건부 영업허가)

① 특별자치시장ㆍ특별자치도지사ㆍ시장ㆍ군수ㆍ구청장은 유원시설업 허가를 할 때 5년의 범위에서 대통령령으로 정하는 기간에 제5조제2항에 따른 시설 및 설비를 갖출 것을 조건으로 허가할 수 있다. 다만, 천재지변이나 그 밖의 부득이한 사유가 있다고 인정하는 경우에는 해당 사업자의 신청에 따라 한 차례에 한하여 1년을 넘지 아니하는 범위에서 그 기간을 연장할 수 있다. 〈개정 2008. 6. 5., 2011. 4. 5., 2018. 6. 12.〉

② 특별자치시장ㆍ특별자치도지사ㆍ시장ㆍ군수ㆍ구청장은 제1항에 따른 허가를 받은 자가 정당한 사유 없이 제1항에 따른 기간에 허가 조건을 이행하지 아니하면 그 허가를 즉시 취소하여야 한다. 〈개정 2008. 6. 5., 2011. 4. 5., 2018. 6. 12.〉

③ 제1항에 따른 허가를 받은 자는 제1항에 따른 기간 내에 허가 조건에 해당하는 필요한 시설

및 기구를 갖춘 경우 그 내용을 특별자치시장·특별자치도지사·시장·군수·구청장에게 신고하여야 한다. 〈신설 2011. 4. 5., 2018. 6. 12.〉

④ 특별자치시장·특별자치도지사·시장·군수·구청장은 제3항에 따른 신고를 받은 날부터 문화체육관광부령으로 정하는 기간 내에 신고수리 여부를 신고인에게 통지하여야 한다. 〈신설 2018. 6. 12.〉

⑤ 특별자치시장·특별자치도지사·시장·군수·구청장이 제4항에서 정한 기간 내에 신고수리 여부 또는 민원 처리 관련 법령에 따른 처리기간의 연장을 신고인에게 통지하지 아니하면 그 기간(민원 처리 관련 법령에 따라 처리기간이 연장 또는 재연장된 경우에는 해당 처리기간을 말한다)이 끝난 날의 다음 날에 신고를 수리한 것으로 본다. 〈신설 2018. 6. 12.〉

제32조(물놀이형 유원시설업자의 준수사항)

제5조제2항 또는 제4항에 따라 유원시설업의 허가를 받거나 신고를 한 자(이하 "유원시설업자"라 한다)중 물놀이형 유기시설 또는 유기기구를 설치한 자는 문화체육관광부령으로 정하는 안전·위생기준을 지켜야 한다.

[전문개정 2009. 3. 25.]

제33조(안전성검사 등)

① 유원시설업자 및 유원시설업의 허가 또는 변경허가를 받으려는 자(조건부 영업허가를 받은 자로서 그 조건을 이행한 후 영업을 시작하려는 경우를 포함한다)는 문화체육관광부령으로 정하는 안전성검사 대상 유기시설 또는 유기기구에 대하여 문화체육관광부령에서 정하는 바에 따라 특별자치시장·특별자치도지사·시장·군수·구청장이 실시하는 안전성검사를 받아야 하고, 안전성검사 대상이 아닌 유기시설 또는 유기기구에 대하여는 안전성검사 대상에 해당되지 아니함을 확인하는 검사를 받아야 한다. 이 경우 특별자치시장·특별자치도지사·시장·군수·구청장은 성수기 등을 고려하여 검사시기를 지정할 수 있다.

〈개정 2008. 2. 29., 2009. 3. 25., 2011. 4. 5., 2018. 6. 12.〉

② 제1항에 따라 안전성검사를 받아야 하는 유원시설업자는 유기시설 및 유기기구에 대한 안전관리를 위하여 사업장에 안전관리자를 항상 배치하여야 한다.

③ 제2항에 따른 안전관리자는 문화체육관광부장관이 실시하는 유기시설 및 유기기구의 안전관리에 관한 교육(이하 "안전교육"이라 한다)을 정기적으로 받아야 한다. 〈신설 2015. 2. 3.〉

④ 제2항에 따른 유원시설업자는 제2항에 따른 안전관리자가 안전교육을 받도록 하여야 한다.

〈신설 2015. 2. 3.〉

⑤ 제2항에 따른 안전관리자의 자격·배치 기준 및 임무, 안전교육의 내용·기간 및 방법 등에 필요한 사항은 문화체육관광부령으로 정한다. 〈개정 2008. 2. 29., 2015. 2. 3.〉

제33조의2(사고보고의무 및 사고조사)

① 유원시설업자는 그가 관리하는 유기시설 또는 유기기구로 인하여 대통령령으로 정하는 중대한 사고가 발생한 때에는 즉시 사용중지 등 필요한 조치를 취하고 문화체육관광부령으로 정하는 바에 따라 특별자치시장·특별자치도지사·시장·군수·구청장에게 통보하여야 한다. 〈개정 2018. 6. 12.〉

② 제1항에 따라 통보를 받은 특별자치시장·특별자치도지사·시장·군수·구청장은 필요하다고 판단하는 경우에는 대통령령으로 정하는 바에 따라 유원시설업자에게 자료의 제출을 명하거나 현장조사를 실시할 수 있다. 〈개정 2018. 6. 12.〉

③ 특별자치시장·특별자치도지사·시장·군수·구청장은 제2항에 따른 자료 및 현장조사 결과에 따라 해당 유기시설 또는 유기기구가 안전에 중대한 침해를 줄 수 있다고 판단하는 경우에는 그 유원시설업자에게 대통령령으로 정하는 바에 따라 사용중지·개선 또는 철거를 명할 수 있다. 〈개정 2018. 6. 12.〉

[본조신설 2015. 5. 18.]

제34조(영업질서 유지 등)

① 유원시설업자는 영업질서 유지를 위하여 문화체육관광부령으로 정하는 사항을 지켜야 한다. 〈개정 2008. 2. 29.〉

② 유원시설업자는 법령을 위반하여 제조한 유기시설·유기기구 또는 유기기구의 부분품(部分品)을 설치하거나 사용하여서는 아니 된다.

제34조의2(유원시설안전정보시스템의 구축·운영 등)

① 문화체육관광부장관은 유원시설의 안전과 관련된 정보를 종합적으로 관리하고 해당 정보를 유원시설업자 및 관광객에게 제공하기 위하여 유원시설안전정보시스템을 구축·운영할 수 있다.

② 제1항에 따른 유원시설안전정보시스템에는 다음 각 호의 정보가 포함되어야 한다.

1. 제5조제2항에 따른 유원시설업의 허가(변경허가를 포함한다) 또는 같은 조 제4항에 따른 유원시설업의 신고(변경신고를 포함한다)에 관한 정보

2. 제9조에 따른 유원시설업자의 보험 가입 등에 관한 정보

3. 제32조에 따른 물놀이형 유원시설업자의 안전·위생에 관한 정보

4. 제33조제1항에 따른 안전성검사 또는 안전성검사 대상에 해당하지 아니함을 확인하는 검사에 관한 정보

5. 제33조제3항에 따른 안전관리자의 안전교육에 관한 정보

6. 제33조의2제1항에 따라 통보한 사고 및 그 조치에 관한 정보

7. 유원시설업자가 이 법을 위반하여 받은 행정처분에 관한 정보

8. 그 밖에 유원시설의 안전관리를 위하여 대통령령으로 정하는 정보

③ 문화체육관광부장관은 특별자치시장·특별자치도지사·시장·군수·구청장, 제80조제3항에 따라 업무를 위탁받은 기관의 장 및 유원시설업자에게 유원시설안전정보시스템의 구축·운영에 필요한 자료를 제출 또는 등록하도록 요청할 수 있다. 이 경우 요청을 받은 자는 정당한 사유가 없으면 이에 따라야 한다.

④ 문화체육관광부장관은 제2항제3호 및 제4호에 따른 정보 등을 유원시설안전정보시스템을 통하여 공개할 수 있다.

⑤ 제4항에 따른 공개의 대상, 범위, 방법 및 그 밖에 유원시설안전정보시스템의 구축·운영에 필요한 사항은 문화체육관광부령으로 정한다.

[본조신설 2020. 12. 22.]

제6절 영업에 대한 지도와 감독

제35조(등록취소 등)

① 관할 등록기관등의 장은 관광사업의 등록등을 받거나 신고를 한 자 또는 사업계획의 승인을 받은 자가 다음 각 호의 어느 하나에 해당하면 그 등록등 또는 사업계획의 승인을 취소하거나 6개월 이내의 기간을 정하여 그 사업의 전부 또는 일부의 정지를 명하거나 시설·운영의 개선을 명할 수 있다. 〈개정 2007. 7. 19., 2009. 3. 25., 2011. 4. 5., 2014. 3. 11., 2015. 2. 3., 2015. 5. 18., 2015. 12. 22., 2017. 11. 28., 2018. 6. 12., 2018. 12. 11.〉

1. 제4조에 따른 등록기준에 적합하지 아니하게 된 경우 또는 변경등록기간 내에 변경등록을 하지 아니하거나 등록한 영업범위를 벗어난 경우

1의2. 제5조제2항 및 제4항에 따라 문화체육관광부령으로 정하는 시설과 설비를 갖추지 아니하게 되는 경우

2. 제5조제3항 및 제4항 후단에 따른 변경허가를 받지 아니하거나 변경신고를 하지 아니한

경우

2의2. 제6조제2항에 따른 지정 기준에 적합하지 아니하게 된 경우

3. 제8조제4항(같은 조 제6항에 따라 준용하는 경우를 포함한다)에 따른 기한 내에 신고를 하지 아니한 경우

3의2. 제8조제8항을 위반하여 휴업 또는 폐업을 하고 알리지 아니하거나 미리 신고하지 아니한 경우

4. 제9조에 따른 보험 또는 공제에 가입하지 아니하거나 영업보증금을 예치하지 아니한 경우

4의2. 제10조제2항을 위반하여 사실과 다르게 관광표지를 붙이거나 관광표지에 기재되는 내용을 사실과 다르게 표시 또는 광고하는 행위를 한 경우

5. 제11조를 위반하여 관광사업의 시설을 타인에게 처분하거나 타인에게 경영하도록 한 경우

6. 제12조에 따른 기획여행의 실시요건 또는 실시방법을 위반하여 기획여행을 실시한 경우

7. 제14조를 위반하여 안전정보 또는 변경된 안전정보를 제공하지 아니하거나, 여행계약서 및 보험 가입 등을 증명할 수 있는 서류를 여행자에게 내주지 아니한 경우 또는 여행자의 사전 동의 없이 여행일정(선택관광 일정을 포함한다)을 변경하는 경우

8. 제15조에 따라 사업계획의 승인을 얻은 자가 정당한 사유 없이 대통령령으로 정하는 기간 내에 착공 또는 준공을 하지 아니하거나 같은 조를 위반하여 변경승인을 얻지 아니하고 사업계획을 임의로 변경한 경우

8의2. 제18조의2에 따른 준수사항을 위반한 경우

8의3. 제19조제1항 단서를 위반하여 등급결정을 신청하지 아니한 경우

9. 제20조제1항 및 제4항을 위반하여 분양 또는 회원모집을 하거나 같은 조 제5항에 따른 공유자 · 회원의 권익을 보호하기 위한 사항을 준수하지 아니한 경우

9의2. 제20조의2에 따른 준수사항을 위반한 경우

10. 제21조에 따른 카지노업의 허가 요건에 적합하지 아니하게 된 경우

11. 제23조제3항을 위반하여 카지노 시설 및 기구에 관한 유지 · 관리를 소홀히 한 경우

12. 제28조제1항 및 제2항에 따른 준수사항을 위반한 경우

13. 제30조를 위반하여 관광진흥개발기금을 납부하지 아니한 경우

14. 제32조에 따른 물놀이형 유원시설 등의 안전 · 위생기준을 지키지 아니한 경우

15. 제33조제1항에 따른 유기시설 또는 유기기구에 대한 안전성검사 및 안전성검사 대상에 해당되지 아니함을 확인하는 검사를 받지 아니하거나 같은 조 제2항에 따른 안전관리자를 배치하지 아니한 경우

16. 제34조제1항에 따른 영업질서 유지를 위한 준수사항을 지키지 아니하거나 같은 조 제2항을 위반하여 불법으로 제조한 부분품을 설치하거나 사용한 경우

16의2. 제38조제1항 단서를 위반하여 해당 자격이 없는 자를 종사하게 한 경우

17. 삭제 〈2011. 4. 5.〉

18. 제78조에 따른 보고 또는 서류제출명령을 이행하지 아니하거나 관계 공무원의 검사를 방해한 경우

19. 관광사업의 경영 또는 사업계획을 추진함에 있어서 뇌물을 주고받은 경우

20. 고의로 여행계약을 위반한 경우(여행업자만 해당한다)

② 관할 등록기관등의 장은 관광사업의 등록등을 받은 자가 다음 각 호의 어느 하나에 해당하면 6개월 이내의 기간을 정하여 그 사업의 전부 또는 일부의 정지를 명할 수 있다.

〈신설 2007. 7. 19., 2008. 2. 29., 2011. 4. 5.〉

1. 제13조제2항에 따른 등록을 하지 아니한 자에게 국외여행을 인솔하게 한 경우

2. 제27조에 따른 문화체육관광부장관의 지도와 명령을 이행하지 아니한 경우

③ 제1항 및 제2항에 따른 취소·정지처분 및 시설·운영개선명령의 세부적인 기준은 그 사유와 위반 정도를 고려하여 대통령령으로 정한다. 〈개정 2007. 7. 19.〉

④ 관할 등록기관등의 장은 관광사업에 사용할 것을 조건으로 「관세법」 등에 따라 관세의 감면을 받은 물품을 보유하고 있는 관광사업자로부터 그 물품의 수입면허를 받은 날부터 5년 이내에 그 사업의 양도·폐업의 신고 또는 통보를 받거나 그 관광사업자의 등록등의 취소를 한 경우에는 관할 세관장에게 그 사실을 즉시 통보하여야 한다. 〈개정 2007. 7. 19.〉

⑤ 관할 등록기관등의 장은 관광사업자에 대하여 제1항 및 제2항에 따라 등록등을 취소하거나 사업의 전부 또는 일부의 정지를 명한 경우에는 제18조제2항에 따라 소관 행정기관의 장(외국인투자기업인 경우에는 기획재정부장관을 포함한다)에게 그 사실을 통보할 수 있다.

〈개정 2007. 7. 19., 2008. 2. 29.〉

⑥ 관할 등록기관등의 장 외의 소관 행정기관의 장이 관광사업자에 대하여 그 사업의 정지나 취소 또는 시설의 이용을 금지하거나 제한하려면 미리 관할 등록기관등의 장과 협의하여야 한다. 〈개정 2007. 7. 19.〉

⑦ 제1항 각 호의 어느 하나에 해당하는 관광숙박업자의 위반행위가 「공중위생관리법」 제11조제1항에 따른 위반행위에 해당하면 「공중위생관리법」 의 규정에도 불구하고 이 법을 적용한다. 〈개정 2007. 7. 19.〉

제36조(폐쇄조치 등)

① 관할 등록기관등의 장은 제5조제1항·제2항 또는 제4항에 따른 허가 또는 신고 없이 영업을 하거나 제24조제2항·제31조제2항 또는 제35조에 따른 허가의 취소 또는 사업의 정지명령을 받고 계속하여 영업을 하는 자에 대하여는 그 영업소를 폐쇄하기 위하여 관계 공무원에게 다음 각 호의 조치를 하게 할 수 있다.

  1. 해당 영업소의 간판이나 그 밖의 영업표지물의 제거 또는 삭제

  2. 해당 영업소가 적법한 영업소가 아니라는 것을 알리는 게시물 등의 부착

  3. 영업을 위하여 꼭 필요한 시설물 또는 기구 등을 사용할 수 없게 하는 봉인(封印)

② 관할 등록기관등의 장은 제35조제1항제4호의2에 따라 행정처분을 한 경우에는 관계 공무원으로 하여금 이를 인터넷 홈페이지 등에 공개하게 하거나 사실과 다른 관광표지를 제거 또는 삭제하는 조치를 하게 할 수 있다. 〈신설 2014. 3. 11.〉

③ 관할 등록기관등의 장은 제1항제3호에 따른 봉인을 한 후 다음 각 호의 어느 하나에 해당하는 사유가 생기면 봉인을 해제할 수 있다. 제1항제2호에 따라 게시를 한 경우에도 또한 같다. 〈개정 2014. 3. 11.〉

  1. 봉인을 계속할 필요가 없다고 인정되는 경우

  2. 해당 영업을 하는 자 또는 그 대리인이 정당한 사유를 들어 봉인의 해제를 요청하는 경우

④ 관할 등록기관등의 장은 제1항 및 제2항에 따른 조치를 하려는 경우에는 미리 그 사실을 그 사업자 또는 그 대리인에게 서면으로 알려주어야 한다. 다만, 급박한 사유가 있으면 그러하지 아니하다. 〈개정 2014. 3. 11.〉

⑤ 제1항에 따른 조치는 영업을 할 수 없게 하는 데에 필요한 최소한의 범위에 그쳐야 한다. 〈개정 2014. 3. 11.〉

⑥ 제1항 및 제2항에 따라 영업소를 폐쇄하거나 관광표지를 제거·삭제하는 관계 공무원은 그 권한을 표시하는 증표를 지니고 이를 관계인에게 내보여야 한다. 〈개정 2014. 3. 11.〉

제37조(과징금의 부과)

① 관할 등록기관등의 장은 관광사업자가 제35조제1항 각 호 또는 제2항 각 호의 어느 하나에 해당되어 사업 정지를 명하여야 하는 경우로서 그 사업의 정지가 그 이용자 등에게 심한 불편을 주거나 그 밖에 공익을 해칠 우려가 있으면 사업 정지 처분을 갈음하여 2천만원 이하의 과징금(過徵金)을 부과할 수 있다. 〈개정 2009. 3. 25.〉

② 제1항에 따라 과징금을 부과하는 위반 행위의 종류·정도 등에 따른 과징금의 금액과 그 밖에 필요한 사항은 대통령령으로 정한다.

③ 관할 등록기관등의 장은 제1항에 따른 과징금을 내야 하는 자가 납부기한까지 내지 아니하면 국세 체납처분의 예 또는 「지방행정제재·부과금의 징수 등에 관한 법률」에 따라 징수한다. 〈개정 2013. 8. 6., 2020. 3. 24.〉

제7절 관광종사원

제38조(관광종사원의 자격 등)

① 관할 등록기관등의 장은 대통령령으로 정하는 관광 업무에는 관광종사원의 자격을 가진 자가 종사하도록 해당 관광사업자에게 권고할 수 있다. 다만, 외국인 관광객을 대상으로 하는 여행업자는 관광통역안내의 자격을 가진 사람을 관광안내에 종사하게 하여야 한다.

〈개정 2009. 3. 25.〉

② 제1항에 따른 관광종사원의 자격을 취득하려는 자는 문화체육관광부령으로 정하는 바에 따라 문화체육관광부장관이 실시하는 시험에 합격한 후 문화체육관광부장관에게 등록하여야 한다. 다만, 문화체육관광부령으로 따로 정하는 자는 시험의 전부 또는 일부를 면제할 수 있다. 〈개정 2008. 2. 29.〉

③ 문화체육관광부장관은 제2항에 따라 등록을 한 자에게 관광종사원 자격증을 내주어야 한다.

〈개정 2008. 2. 29.〉

④ 관광종사원 자격증을 가진 자는 그 자격증을 잃어버리거나 못 쓰게 되면 문화체육관광부장관에게 그 자격증의 재교부를 신청할 수 있다. 〈개정 2008. 2. 29.〉

⑤ 제2항에 따른 시험의 최종합격자 발표일을 기준으로 제7조제1항 각 호(제3호는 제외한다)의 어느 하나에 해당하는 자는 제1항에 따른 관광종사원의 자격을 취득하지 못한다.

〈개정 2011. 4. 5., 2019. 12. 3.〉

⑥ 관광통역안내의 자격이 없는 사람은 외국인 관광객을 대상으로 하는 관광안내(제1항 단서에 따라 외국인 관광객을 대상으로 하는 여행업에 종사하여 관광안내를 하는 경우에 한정한다. 이하 이 조에서 같다)를 하여서는 아니 된다. 〈신설 2016. 2. 3.〉

⑦ 관광통역안내의 자격을 가진 사람이 관광안내를 하는 경우에는 제3항에 따른 자격증을 패용하여야 한다. 〈신설 2016. 2. 3.〉

⑧ 제3항에 따른 자격증은 다른 사람에게 빌려주거나 빌려서는 아니 되며, 이를 알선해서도 아니 된다. 〈개정 2019. 12. 3.〉

⑨ 문화체육관광부장관은 제2항에 따른 시험에서 다음 각 호의 어느 하나에 해당하는 사람에

대하여는 그 시험을 정지 또는 무효로 하거나 합격결정을 취소하고, 그 시험을 정지하거나 무효로 한 날 또는 합격결정을 취소한 날부터 3년간 시험응시자격을 정지한다.

〈신설 2017. 11. 28.〉

1. 부정한 방법으로 시험에 응시한 사람
2. 시험에서 부정한 행위를 한 사람

제39조(교육)

문화체육관광부장관 또는 시 · 도지사는 관광종사원과 그 밖에 관광 업무에 종사하는 자의 업무능력 향상을 위한 교육에 필요한 지원을 할 수 있다.

[전문개정 2011. 4. 5.]

제40조(자격취소 등)

문화체육관광부장관(관광종사원 중 대통령령으로 정하는 관광종사원에 대하여는 시 · 도지사)은 제38조제1항에 따라 자격을 가진 관광종사원이 다음 각 호의 어느 하나에 해당하면 문화체육관광부령으로 정하는 바에 따라 그 자격을 취소하거나 6개월 이내의 기간을 정하여 자격의 정지를 명할 수 있다. 다만, 제1호 및 제5호에 해당하면 그 자격을 취소하여야 한다.

〈개정 2008. 2. 29., 2011. 4. 5., 2016. 2. 3.〉

1. 거짓이나 그 밖의 부정한 방법으로 자격을 취득한 경우
2. 제7조제1항 각 호(제3호는 제외한다)의 어느 하나에 해당하게 된 경우
3. 관광종사원으로서 직무를 수행하는 데에 부정 또는 비위(非違) 사실이 있는 경우
4. 삭제 〈2007. 7. 19.〉
5. 제38조제8항을 위반하여 다른 사람에게 관광종사원 자격증을 대여한 경우

제3장 관광사업자 단체

제41조(한국관광협회중앙회 설립)

① 제45조에 따른 지역별 관광협회 및 업종별 관광협회는 관광사업의 건전한 발전을 위하여 관

광업계를 대표하는 한국관광협회중앙회(이하 "협회"라 한다)를 설립할 수 있다.

② 협회를 설립하려는 자는 대통령령으로 정하는 바에 따라 문화체육관광부장관의 허가를 받아야 한다. 〈개정 2008. 2. 29.〉

③ 협회는 법인으로 한다.

④ 협회는 설립등기를 함으로써 성립한다.

제42조(정관)

협회의 정관에는 다음 각 호의 사항을 적어야 한다.

1. 목적

2. 명칭

3. 사무소의 소재지

4. 회원 및 총회에 관한 사항

5. 임원에 관한 사항

6. 업무에 관한 사항

7. 회계에 관한 사항

8. 해산(解散)에 관한 사항

9. 그 밖에 운영에 관한 중요 사항

제43조(업무)

① 협회는 다음 각 호의 업무를 수행한다.

1. 관광사업의 발전을 위한 업무

2. 관광사업 진흥에 필요한 조사 · 연구 및 홍보

3. 관광 통계

4. 관광종사원의 교육과 사후관리

5. 회원의 공제사업

6. 국가나 지방자치단체로부터 위탁받은 업무

7. 관광안내소의 운영

8. 제1호부터 제7호까지의 규정에 의한 업무에 따르는 수익사업

② 제1항제5호에 따른 공제사업은 문화체육관광부장관의 허가를 받아야 한다. 〈개정 2008. 2. 29.〉

③ 제2항에 따른 공제사업의 내용 및 운영에 필요한 사항은 대통령령으로 정한다.

제44조(「민법」의 준용)

협회에 관하여 이 법에 규정된 것 외에는 「민법」 중 사단법인(社團法人)에 관한 규정을 준용한다.

제45조(지역별 · 업종별 관광협회)

① 관광사업자는 지역별 또는 업종별로 그 분야의 관광사업의 건전한 발전을 위하여 대통령령으로 정하는 바에 따라 지역별 또는 업종별 관광협회를 설립할 수 있다.

② 제1항에 따른 업종별 관광협회는 문화체육관광부장관의 설립허가를, 지역별 관광협회는 시 · 도지사의 설립허가를 받아야 한다. 〈개정 2008. 2. 29.〉

제46조(협회에 관한 규정의 준용)

지역별 관광협회 및 업종별 관광협회의 설립 · 운영 등에 관하여는 제41조부터 제44조까지의 규정을 준용한다.

제4장 관광의 진흥과 홍보

제47조(관광정보 활용 등)

① 문화체육관광부장관은 관광에 관한 정보의 활용과 관광을 통한 국제 친선을 도모하기 위하여 관광과 관련된 국제기구와의 협력 관계를 증진하여야 한다. 〈개정 2008. 2. 29.〉

② 문화체육관광부장관은 제1항에 따른 업무를 원활히 수행하기 위하여 관광사업자 · 관광사업자 단체 또는 한국관광공사(이하 "관광사업자등"이라 한다)에게 필요한 사항을 권고 · 조정할 수 있다. 〈개정 2008. 2. 29.〉

③ 관광사업자등은 특별한 사유가 없으면 제2항에 따른 문화체육관광부장관의 권고나 조정에 협조하여야 한다. 〈개정 2008. 2. 29.〉

제47조의2(관광통계)

① 문화체육관광부장관과 지방자치단체의 장은 제49조제1항 및 제2항에 따른 관광개발기본계

획 및 권역별 관광개발계획을 효과적으로 수립·시행하고 관광산업에 활용하도록 하기 위하여 국내외의 관광통계를 작성할 수 있다.

② 문화체육관광부장관과 지방자치단체의 장은 관광통계를 작성하기 위하여 필요하면 실태조사를 하거나, 공공기관·연구소·법인·단체·민간기업·개인 등에게 협조를 요청할 수 있다.

③ 제1항 및 제2항에서 규정한 사항 외에 관광통계의 작성·관리 및 활용에 필요한 사항은 대통령령으로 정한다.

[본조신설 2009. 3. 25.]

제47조의3(장애인 관광 활동의 지원)

① 국가 및 지방자치단체는 장애인의 여행 기회를 확대하고 장애인의 관광 활동을 장려·지원하기 위하여 관련 시설을 설치하는 등 필요한 시책을 강구하여야 한다.

② 국가 및 지방자치단체는 장애인의 여행 및 관광 활동 권리를 증진하기 위하여 장애인의 관광 지원 사업과 장애인 관광 지원 단체에 대하여 경비를 보조하는 등 필요한 지원을 할 수 있다.

[본조신설 2014. 5. 28.]

제47조의4(관광취약계층의 관광복지 증진 시책 강구)

국가 및 지방자치단체는 경제적·사회적 여건 등으로 관광 활동에 제약을 받고 있는 관광취약계층의 여행 기회를 확대하고 관광 활동을 장려하기 위하여 필요한 시책을 강구하여야 한다.

[본조신설 2014. 5. 28.]

제47조의5(여행이용권의 지급 및 관리)

① 국가 및 지방자치단체는 「국민기초생활 보장법」에 따른 수급권자, 그 밖에 소득수준이 낮은 저소득층 등 대통령령으로 정하는 관광취약계층에게 여행이용권을 지급할 수 있다.

② 국가 및 지방자치단체는 여행이용권의 수급자격 및 자격유지의 적정성을 확인하기 위하여 필요한 가족관계증명·국세·지방세·토지·건물·건강보험 및 국민연금에 관한 자료 등 대통령령으로 정하는 자료를 관계 기관의 장에게 요청할 수 있고, 해당 기관의 장은 특별한 사유가 없으면 요청에 따라야 한다. 다만, 「전자정부법」 제36조제1항에 따른 행정정보 공동이용을 통하여 확인할 수 있는 사항은 예외로 한다.

③ 국가 및 지방자치단체는 제2항에 따른 자료의 확인을 위하여 「사회복지사업법」 제6조의2 제2항에 따른 정보시스템을 연계하여 사용할 수 있다.

④ 국가 및 지방자치단체는 여행이용권의 발급, 정보시스템의 구축·운영 등 여행이용권 업무의 효율적 수행을 위하여 대통령령으로 정하는 바에 따라 전담기관을 지정할 수 있다.

⑤ 제1항부터 제4항까지에서 규정한 사항 외에 여행이용권의 지급·이용 등에 필요한 사항은 대통령령으로 정한다.

⑥ 문화체육관광부장관은 여행이용권의 이용 기회 확대 및 지원 업무의 효율성을 제고하기 위하여 여행이용권을 「문화예술진흥법」 제15조의4에 따른 문화이용권 등 문화체육관광부령으로 정하는 이용권과 통합하여 운영할 수 있다.

[본조신설 2014. 5. 28.]

제47조의6(국제협력 및 해외진출 지원)

① 문화체육관광부장관은 관광산업의 국제협력 및 해외시장 진출을 촉진하기 위하여 다음 각호의 사업을 지원할 수 있다.

1. 국제전시회의 개최 및 참가 지원

2. 외국자본의 투자유치

3. 해외마케팅 및 홍보활동

4. 해외진출에 관한 정보제공

5. 수출 관련 협력체계의 구축

6. 그 밖에 국제협력 및 해외진출을 위하여 필요한 사업

② 문화체육관광부장관은 제1항에 따른 사업을 효율적으로 지원하기 위하여 대통령령으로 정하는 관계 기관 또는 단체에 이를 위탁하거나 대행하게 할 수 있으며, 이에 필요한 비용을 보조할 수 있다.

[본조신설 2018. 12. 11.]

제47조의7(관광산업 진흥 사업)

문화체육관광부장관은 관광산업의 활성화를 위하여 대통령령으로 정하는 바에 따라 다음 각호의 사업을 추진할 수 있다.

1. 관광산업 발전을 위한 정책·제도의 조사·연구 및 기획

2. 관광 관련 창업 촉진 및 창업자의 성장·발전 지원

3. 관광산업 전문인력 수급분석 및 육성

4. 관광산업 관련 기술의 연구개발 및 실용화

5. 지역에 특화된 관광 상품 및 서비스 등의 발굴·육성

6. 그 밖에 관광산업 진흥을 위하여 필요한 사항

[본조신설 2018. 12. 24.]

제47조의8(스마트관광산업의 육성)

① 국가와 지방자치단체는 기술기반의 관광산업 경쟁력을 강화하고 지역관광을 활성화하기 위하여 스마트관광산업(관광에 정보통신기술을 융합하여 관광객에게 맞춤형 서비스를 제공하고 관광콘텐츠·인프라를 지속적으로 발전시킴으로써 경제적 또는 사회적 부가가치를 창출하는 산업을 말한다. 이하 같다)을 육성하여야 한다.

② 문화체육관광부장관은 스마트관광산업의 육성을 위하여 다음 각 호의 사업을 추진·지원할 수 있다.

1. 스마트관광산업 발전을 위한 정책·제도의 조사·연구 및 기획

2. 스마트관광산업 관련 창업 촉진 및 창업자의 성장·발전 지원

3. 스마트관광산업 관련 기술의 연구개발 및 실용화

4. 스마트관광산업 기반 지역관광 개발

5. 스마트관광산업 진흥에 필요한 전문인력 양성

6. 그 밖에 스마트관광산업 육성을 위하여 필요한 사항

[본조신설 2021. 6. 15.]

제48조(관광 홍보 및 관광자원 개발)

① 문화체육관광부장관 또는 시·도지사는 국제 관광의 촉진과 국민 관광의 건전한 발전을 위하여 국내외 관광 홍보 활동을 조정하거나 관광 선전물을 심사하거나 그 밖에 필요한 사항을 지원할 수 있다. 〈개정 2008. 2. 29.〉

② 문화체육관광부장관 또는 시·도지사는 제1항에 따라 관광홍보를 원활히 추진하기 위하여 필요하면 문화체육관광부령으로 정하는 바에 따라 관광사업자등에게 해외관광시장에 대한 정기적인 조사, 관광 홍보물의 제작, 관광안내소의 운영 등에 필요한 사항을 권고하거나 지도할 수 있다. 〈개정 2008. 2. 29.〉

③ 지방자치단체의 장, 관광사업자 또는 제54조제1항에 따라 관광지·관광단지의 조성계획승인을 받은 자는 관광지·관광단지·관광특구·관광시설 등 관광자원을 안내하거나 홍보하는 내용의 옥외광고물(屋外廣告物)을 「옥외광고물 등의 관리와 옥외광고산업 진흥에 관한 법률」의 규정에도 불구하고 대통령령으로 정하는 바에 따라 설치할 수 있다. 〈개정 2016. 1. 6.〉

④ 문화체육관광부장관과 지방자치단체의 장은 관광객의 유치, 관광복지의 증진 및 관광 진흥을 위하여 대통령령으로 정하는 바에 따라 다음 각 호의 사업을 추진할 수 있다.

〈개정 2008. 2. 29., 2016. 2. 3.〉

1. 문화, 체육, 레저 및 산업시설 등의 관광자원화사업
2. 해양관광의 개발사업 및 자연생태의 관광자원화사업
3. 관광상품의 개발에 관한 사업
4. 국민의 관광복지 증진에 관한 사업
5. 유휴자원을 활용한 관광자원화사업

제48조의2(지역축제 등)

① 문화체육관광부장관은 지역축제의 체계적 육성 및 활성화를 위하여 지역축제에 대한 실태조사와 평가를 할 수 있다.

② 문화체육관광부장관은 지역축제의 통폐합 등을 포함한 그 발전방향에 대하여 지방자치단체의 장에게 의견을 제시하거나 권고할 수 있다.

③ 문화체육관광부장관은 다양한 지역관광자원을 개발 · 육성하기 위하여 우수한 지역축제를 문화관광축제로 지정하고 지원할 수 있다.

④ 제3항에 따른 문화관광축제의 지정 기준 및 지원 방법 등에 필요한 사항은 대통령령으로 정한다.

[본조신설 2009. 3. 25.]

제48조의3(지속가능한 관광활성화)

① 문화체육관광부장관은 에너지 · 자원의 사용을 최소화하고 기후변화에 대응하며 환경 훼손을 줄이고, 지역주민의 삶과 균형을 이루며 지역경제와 상생발전 할 수 있는 지속가능한 관광자원의 개발을 장려하기 위하여 정보제공 및 재정지원 등 필요한 조치를 강구할 수 있다.

〈개정 2019. 12. 3.〉

② 시 · 도지사나 시장 · 군수 · 구청장은 수용 범위를 초과한 관광객의 방문으로 자연환경이 훼손되거나 주민의 평온한 생활환경을 해칠 우려가 있어 관리할 필요가 있다고 인정되는 지역을 조례로 정하는 바에 따라 특별관리지역으로 지정할 수 있다. 이 경우 특별관리지역이 같은 시 · 도 내에서 둘 이상의 시 · 군 · 구에 걸쳐 있는 경우에는 시 · 도지사가 지정하고, 둘 이상의 시 · 도에 걸쳐 있는 경우에는 해당 시 · 도지사가 공동으로 지정한다. 〈신설 2019. 12. 3., 2021. 4. 13.〉

③ 문화체육관광부장관은 특별관리지역으로 지정할 필요가 있다고 인정하는 경우에는 시·도 지사 또는 시장·군수·구청장으로 하여금 해당 지역을 특별관리지역으로 지정하도록 권고 할 수 있다. 〈신설 2021. 4. 13.〉

④ 시·도지사나 시장·군수·구청장은 특별관리지역을 지정·변경 또는 해제할 때에는 대통 령령으로 정하는 바에 따라 미리 주민의 의견을 들어야 하며, 문화체육관광부장관 및 관계 행정기관의 장과 협의하여야 한다. 다만, 대통령령으로 정하는 경미한 사항을 변경하려는 경 우에는 예외로 한다. 〈신설 2019. 12. 3., 2021. 4. 13.〉

⑤ 시·도지사나 시장·군수·구청장은 특별관리지역을 지정·변경 또는 해제할 때에는 특별 관리지역의 위치, 면적, 지정일시, 지정·변경·해제 사유, 특별관리지역 내 조치사항, 그 밖 에 조례로 정하는 사항을 해당 지방자치단체 공보에 고시하고, 문화체육관광부장관에게 제 출하여야 한다. 〈신설 2019. 12. 3., 2021. 4. 13.〉

⑥ 시·도지사나 시장·군수·구청장은 특별관리지역에 대하여 조례로 정하는 바에 따라 관광 객 방문시간 제한, 이용료 징수, 차량·관광객 통행 제한 등 필요한 조치를 할 수 있다.
〈신설 2019. 12. 3., 2021. 4. 13.〉

⑦ 시·도지사나 시장·군수·구청장은 제6항에 따른 조례를 위반한 사람에게 「지방자치법」 제27조에 따라 1천만원 이하의 과태료를 부과·징수할 수 있다. 〈신설 2021. 4. 13.〉

⑧ 시·도지사나 시장·군수·구청장은 특별관리지역에 해당 지역의 범위, 조치사항 등을 표시 한 안내판을 설치하여야 한다. 〈신설 2021. 4. 13.〉

⑨ 문화체육관광부장관은 특별관리지역 지정 현황을 관리하고 이와 관련된 정보를 공개하여야 하며, 특별관리지역을 지정·운영하는 지방자치단체와 그 주민 등을 위하여 필요한 지원을 할 수 있다. 〈신설 2021. 4. 13.〉

⑩ 그 밖에 특별관리지역의 지정 요건, 지정 절차 등 특별관리지역 지정 및 운영에 필요한 사항 은 해당 지방자치단체의 조례로 정한다. 〈신설 2021. 4. 13.〉

[본조신설 2009. 3. 25.]

제48조의4(문화관광해설사의 양성 및 활용계획 등)

① 문화체육관광부장관은 문화관광해설사를 효과적이고 체계적으로 양성·활용하기 위하여 해마다 문화관광해설사의 양성 및 활용계획을 수립하고, 이를 지방자치단체의 장에게 알려 야 한다.

② 지방자치단체의 장은 제1항에 따른 문화관광해설사 양성 및 활용계획에 따라 관광객의 규 모, 관광자원의 보유 현황, 문화관광해설사에 대한 수요 등을 고려하여 해마다 문화관광해설

사 운영계획을 수립·시행하여야 한다. 이 경우 문화관광해설사의 양성·배치·활용 등에 관한 사항을 포함하여야 한다.

[본조신설 2011. 4. 5.]

제48조의5(관광체험교육프로그램 개발)

문화체육관광부장관 또는 지방자치단체의 장은 관광객에게 역사·문화·예술·자연 등의 관광자원과 연계한 체험기회를 제공하고, 관광을 활성화하기 위하여 관광체험교육프로그램을 개발·보급할 수 있다. 이 경우 장애인을 위한 관광체험교육프로그램을 개발하여야 한다.

[본조신설 2011. 4. 5.]

제48조의6(문화관광해설사 양성교육과정의 개설·운영)

① 문화체육관광부장관 또는 시·도지사는 문화관광해설사 양성을 위한 교육과정을 개설(開設)하여 운영할 수 있다.

② 제1항에 따른 교육과정의 개설·운영에 필요한 사항은 문화체육관광부령으로 정한다.

[전문개정 2018. 12. 11.]

제48조의7 삭제 〈2018. 12. 11.〉

제48조의8(문화관광해설사의 선발 및 활용)

① 문화체육관광부장관 또는 지방자치단체의 장은 제48조의6제1항에 따른 교육과정을 이수한 자를 문화관광해설사로 선발하여 활용할 수 있다. 〈개정 2018. 12. 11.〉

② 문화체육관광부장관 또는 지방자치단체의 장은 제1항에 따라 문화관광해설사를 선발하는 경우 문화체육관광부령으로 정하는 바에 따라 이론 및 실습을 평가하고, 3개월 이상의 실무 수습을 마친 자에게 자격을 부여할 수 있다.

③ 문화체육관광부장관 또는 지방자치단체의 장은 예산의 범위에서 문화관광해설사의 활동에 필요한 비용 등을 지원할 수 있다.

④ 그 밖에 문화관광해설사의 선발, 배치 및 활용 등에 필요한 사항은 문화체육관광부령으로 정한다.

[본조신설 2011. 4. 5.]

제48조의9(지역관광협의회 설립)

① 관광사업자, 관광 관련 사업자, 관광 관련 단체, 주민 등은 공동으로 지역의 관광진흥을 위하여 광역 및 기초 지방자치단체 단위의 지역관광협의회(이하 "협의회"라 한다)를 설립할 수 있다.

② 협의회에는 지역 내 관광진흥을 위한 이해 관련자가 고루 참여하여야 하며, 협의회를 설립하려는 자는 해당 지방자치단체의 장의 허가를 받아야 한다.

③ 협의회는 법인으로 한다.

④ 협의회는 다음 각 호의 업무를 수행한다.

　1. 지역의 관광수용태세 개선을 위한 업무

　2. 지역관광 홍보 및 마케팅 지원 업무

　3. 관광사업자, 관광 관련 사업자, 관광 관련 단체에 대한 지원

　4. 제1호부터 제3호까지의 업무에 따르는 수익사업

　5. 지방자치단체로부터 위탁받은 업무

⑤ 협의회의 운영 등에 필요한 경비는 회원이 납부하는 회비와 사업 수익금 등으로 충당하며, 지방자치단체의 장은 협의회의 운영 등에 필요한 경비의 일부를 예산의 범위에서 지원할 수 있다.

⑥ 협의회의 설립 및 지원 등에 필요한 사항은 해당 지방자치단체의 조례로 정한다.

⑦ 협의회에 관하여 이 법에 규정된 것 외에는 「민법」 중 사단법인에 관한 규정을 준용한다.

[본조신설 2015. 5. 18.]

제48조의10(한국관광 품질인증)

① 문화체육관광부장관은 관광객의 편의를 돕고 관광서비스의 수준을 향상시키기 위하여 관광사업 및 이와 밀접한 관련이 있는 사업으로서 대통령령으로 정하는 사업을 위한 시설 및 서비스 등(이하 "시설등"이라 한다)을 대상으로 품질인증(이하 "한국관광 품질인증"이라 한다)을 할 수 있다.

② 한국관광 품질인증을 받은 자는 대통령령으로 정하는 바에 따라 인증표지를 하거나 그 사실을 홍보할 수 있다.

③ 한국관광 품질인증을 받은 자가 아니면 인증표지 또는 이와 유사한 표지를 하거나 한국관광 품질인증을 받은 것으로 홍보하여서는 아니 된다.

④ 문화체육관광부장관은 한국관광 품질인증을 받은 시설등에 대하여 다음 각 호의 지원을 할 수 있다.

1. 「관광진흥개발기금법」에 따른 관광진흥개발기금의 대여 또는 보조

2. 국내 또는 국외에서의 홍보

3. 그 밖에 시설등의 운영 및 개선을 위하여 필요한 사항

⑤ 화체육관광부장관은 한국관광 품질인증을 위하여 필요한 경우에는 특별자치시장·특별자치도지사·시장·군수·구청장 및 관계 기관의 장에게 자료 제출을 요청할 수 있다. 이 경우 자료 제출을 요청받은 특별자치시장·특별자치도지사·시장·군수·구청장 및 관계 기관의 장은 특별한 사유가 없으면 이에 따라야 한다.

⑥ 한국관광 품질인증의 인증 기준·절차·방법, 인증표지 및 그 밖에 한국관광 품질인증 제도 운영에 필요한 사항은 대통령령으로 정한다.

[본조신설 2018. 3. 13.]

제48조의11(한국관광 품질인증의 취소)

문화체육관광부장관은 한국관광 품질인증을 받은 자가 다음 각 호의 어느 하나에 해당하는 경우에는 그 인증을 취소할 수 있다. 다만, 제1호에 해당하는 경우에는 인증을 취소하여야 한다.

1. 거짓이나 그 밖의 부정한 방법으로 인증을 받은 경우

2. 제48조의10제6항에 따른 인증 기준에 적합하지 아니하게 된 경우

[본조신설 2018. 3. 13.]

제5장 관광지 등의 개발

제1절 관광지 및 관광단지의 개발

제49조(관광개발기본계획 등)

① 문화체육관광부장관은 관광자원을 효율적으로 개발하고 관리하기 위하여 전국을 대상으로 다음과 같은 사항을 포함하는 관광개발기본계획(이하 "기본계획"이라 한다)을 수립하여야 한다. 〈개정 2008. 2. 29.〉

1. 전국의 관광 여건과 관광 동향(動向)에 관한 사항

2. 전국의 관광 수요와 공급에 관한 사항

3. 관광자원 보호 · 개발 · 이용 · 관리 등에 관한 기본적인 사항

4. 관광권역(觀光圈域)의 설정에 관한 사항

5. 관광권역별 관광개발의 기본방향에 관한 사항

6. 그 밖에 관광개발에 관한 사항

②시 · 도지사(특별자치도지사는 제외한다)는 기본계획에 따라 구분된 권역을 대상으로 다음 각 호의 사항을 포함하는 권역별 관광개발계획(이하 "권역계획"이라 한다)을 수립하여야 한다. 〈개정 2008. 6. 5., 2009. 3. 25.〉

1. 권역의 관광 여건과 관광 동향에 관한 사항

2. 권역의 관광 수요와 공급에 관한 사항

3. 관광자원의 보호 · 개발 · 이용 · 관리 등에 관한 사항

4. 관광지 및 관광단지의 조성 · 정비 · 보완 등에 관한 사항

4의2. 관광지 및 관광단지의 실적 평가에 관한 사항

5. 관광지 연계에 관한 사항

6. 관광사업의 추진에 관한 사항

7. 환경보전에 관한 사항

8. 그 밖에 그 권역의 관광자원의 개발, 관리 및 평가를 위하여 필요한 사항

제50조(기본계획)

①시 · 도지사는 기본계획의 수립에 필요한 관광 개발사업에 관한 요구서를 문화체육관광부장관에게 제출하여야 하고, 문화체육관광부장관은 이를 종합 · 조정하여 기본계획을 수립하고 공고하여야 한다. 〈개정 2008. 2. 29.〉

②문화체육관광부장관은 수립된 기본계획을 확정하여 공고하려면 관계 부처의 장과 협의하여야 한다. 〈개정 2008. 2. 29.〉

③확정된 기본계획을 변경하는 경우에는 제1항과 제2항을 준용한다.

④문화체육관광부장관은 관계 기관의 장에게 기본계획의 수립에 필요한 자료를 요구하거나 협조를 요청할 수 있고, 그 요구 또는 협조 요청을 받은 관계 기관의 장은 정당한 사유가 없으면 요청에 따라야 한다. 〈개정 2008. 2. 29.〉

제51조(권역계획)

①권역계획(圈域計劃)은 그 지역을 관할하는 시 · 도지사(특별자치도지사는 제외한다. 이하 이

조에서 같다)가 수립하여야 한다. 다만, 둘 이상의 시·도에 걸치는 지역이 하나의 권역계획에 포함되는 경우에는 관계되는 시·도지사와의 협의에 따라 수립하되, 협의가 성립되지 아니한 경우에는 문화체육관광부장관이 지정하는 시·도지사가 수립하여야 한다.

〈개정 2008. 2. 29., 2008. 6. 5.〉

② 시·도지사는 제1항에 따라 수립한 권역계획을 문화체육관광부장관의 조정과 관계 행정기관의 장과의 협의를 거쳐 확정하여야 한다. 이 경우 협의요청을 받은 관계 행정기관의 장은 특별한 사유가 없는 한 그 요청을 받은 날부터 30일 이내에 의견을 제시하여야 한다.

〈개정 2007. 7. 19., 2008. 2. 29.〉

③ 시·도지사는 권역계획이 확정되면 그 요지를 공고하여야 한다.

④ 확정된 권역계획을 변경하는 경우에는 제1항부터 제3항까지의 규정을 준용한다. 다만, 대통령령으로 정하는 경미한 사항의 변경에 대하여는 관계 부처의 장과의 협의를 갈음하여 문화체육관광부장관의 승인을 받아야 한다. 〈개정 2008. 2. 29.〉

⑤ 그 밖에 권역계획의 수립 기준 및 방법 등에 필요한 사항은 대통령령으로 정하는 바에 따라 문화체육관광부장관이 정한다. 〈신설 2020. 6. 9.〉

제52조(관광지의 지정 등)

① 관광지 및 관광단지(이하 "관광지등"이라 한다)는 문화체육관광부령으로 정하는 바에 따라 시장·군수·구청장의 신청에 의하여 시·도지사가 지정한다. 다만, 특별자치시 및 특별자치도의 경우에는 특별자치시장 및 특별자치도지사가 지정한다.

〈개정 2008. 2. 29., 2008. 6. 5., 2009. 3. 25., 2018. 6. 12.〉

② 시·도지사는 제1항에 따른 관광지등을 지정하려면 사전에 문화체육관광부장관 및 관계 행정기관의 장과 협의하여야 한다. 다만, 「국토의 계획 및 이용에 관한 법률」 제30조에 따라 같은 법 제36조제1항제2호다목에 따른 계획관리지역(같은 법의 규정에 따라 도시·군관리계획으로 결정되지 아니한 지역인 경우에는 종전의 「국토이용관리법」 제8조에 따라 준도시지역으로 결정·고시된 지역을 말한다)으로 결정·고시된 지역을 관광지등으로 지정하려는 경우에는 그러하지 아니하다. 〈개정 2011. 4. 5., 2011. 4. 14.〉

③ 문화체육관광부장관 및 관계 행정기관의 장은 「환경영향평가법」 등 관련 법령에 특별한 규정이 있거나 정당한 사유가 있는 경우를 제외하고는 제2항 본문에 따른 협의를 요청받은 날부터 30일 이내에 의견을 제출하여야 한다. 〈개정 2018. 6. 12.〉

④ 문화체육관광부장관 및 관계 행정기관의 장이 제3항에서 정한 기간(「민원 처리에 관한 법률」 제20조제2항에 따라 회신기간을 연장한 경우에는 그 연장된 기간을 말한다) 내에 의견

을 제출하지 아니하면 협의가 이루어진 것으로 본다. 〈신설 2018. 6. 12.〉

⑤ 관광지등의 지정 취소 또는 그 면적의 변경은 관광지등의 지정에 관한 절차에 따라야 한다. 이 경우 대통령령으로 정하는 경미한 면적의 변경은 제2항 본문에 따른 협의를 하지 아니할 수 있다. 〈개정 2007. 7. 19., 2018. 6. 12.〉

⑥ 시·도지사는 제1항 또는 제5항에 따라 지정, 지정취소 또는 그 면적변경을 한 경우에는 이를 고시하여야 한다. 〈개정 2007. 7. 19., 2018. 6. 12.〉

제52조의2(행위 등의 제한)

① 제52조에 따라 관광지등으로 지정·고시된 지역에서 건축물의 건축, 공작물의 설치, 토지의 형질 변경, 토석의 채취, 토지분할, 물건을 쌓아놓는 행위 등 대통령령으로 정하는 행위를 하려는 자는 특별자치시장·특별자치도지사·시장·군수·구청장의 허가를 받아야 한다. 허가받은 사항을 변경하려는 경우에도 또한 같다.

② 제1항에도 불구하고 재해복구 또는 재난수습에 필요한 응급조치를 위하여 하는 행위는 제1항에 따른 허가를 받지 아니하고 할 수 있다.

③ 제1항에 따라 허가를 받아야 하는 행위로서 관광지등의 지정 및 고시 당시 이미 관계 법령에 따라 허가를 받았거나 허가를 받을 필요가 없는 행위에 관하여 그 공사 또는 사업에 착수한 자는 대통령령으로 정하는 바에 따라 특별자치시장·특별자치도지사·시장·군수·구청장에게 신고한 후 이를 계속 시행할 수 있다.

④ 특별자치시장·특별자치도지사·시장·군수·구청장은 제1항을 위반한 자에게 원상회복을 명할 수 있으며, 명령을 받은 자가 그 의무를 이행하지 아니하면 「행정대집행법」에 따라 이를 대집행(代執行)할 수 있다.

⑤ 제1항에 따른 허가에 관하여 이 법에서 규정한 것을 제외하고는 「국토의 계획 및 이용에 관한 법률」 제57조부터 제60조까지 및 제62조를 준용한다.

⑥ 제1항에 따라 허가를 받은 경우에는 「국토의 계획 및 이용에 관한 법률」 제56조에 따라 허가를 받은 것으로 본다.

[본조신설 2020. 6. 9.]

제53조(조사·측량 실시)

① 시·도지사는 기본계획 및 권역계획을 수립하거나 관광지등의 지정을 위하여 필요하면 해당 지역에 대한 조사와 측량을 실시할 수 있다. 〈개정 2007. 7. 19.〉

② 제1항에 따른 조사와 측량을 위하여 필요하면 타인이 점유하는 토지에 출입할 수 있다.

③ 제2항에 따른 타인이 점유하는 토지에의 출입에 관하여는 「국토의 계획 및 이용에 관한 법률」 제130조와 제131조를 준용한다.

제54조(조성계획의 수립 등)

① 관광지등을 관할하는 시장·군수·구청장은 조성계획을 작성하여 시·도지사의 승인을 받아야 한다. 이를 변경(대통령령으로 정하는 경미한 사항의 변경은 제외한다)하려는 경우에도 또한 같다. 다만, 관광단지를 개발하려는 공공기관 등 문화체육관광부령으로 정하는 공공법인 또는 민간개발자(이하 "관광단지개발자"라 한다)는 조성계획을 작성하여 대통령령으로 정하는 바에 따라 시·도지사의 승인을 받을 수 있다. 〈개정 2008. 2. 29., 2011. 4. 5.〉

② 시·도지사는 제1항에 따른 조성계획을 승인하거나 변경승인을 하고자 하는 때에는 관계 행정기관의 장과 협의하여야 한다. 이 경우 협의요청을 받은 관계 행정기관의 장은 특별한 사유가 없는 한 그 요청을 받은 날부터 30일 이내에 의견을 제시하여야 한다. 〈개정 2007. 7. 19.〉

③ 시·도지사가 제1항에 따라 조성계획을 승인 또는 변경승인한 때에는 지체 없이 이를 고시하여야 한다. 〈개정 2007. 7. 19.〉

④ 민간개발자가 관광단지를 개발하는 경우에는 제58조제13호 및 제61조를 적용하지 아니한다. 다만, 조성계획상의 조성 대상 토지면적 중 사유지의 3분의 2 이상을 취득한 경우 남은 사유지에 대하여는 그러하지 아니하다. 〈개정 2009. 3. 25.〉

⑤ 제1항부터 제3항까지에도 불구하고 관광지등을 관할하는 특별자치시장 및 특별자치도지사는 관계 행정기관의 장과 협의하여 조성계획을 수립하고, 조성계획을 수립한 때에는 지체 없이 이를 고시하여야 한다. 〈신설 2008. 6. 5., 2018. 6. 12.〉

⑥ 제1항에 따라 조성계획의 승인을 받은 자(제5항에 따라 특별자치시장 및 특별자치도지사가 조성계획을 수립한 경우를 포함한다. 이하 "사업시행자"라 한다)가 아닌 자로서 조성계획을 시행하기 위한 사업(이하 "조성사업"이라 한다)을 하려는 자가 조성하려는 토지면적 중 사유지의 3분의 2 이상을 취득한 경우에는 대통령령으로 정하는 바에 따라 사업시행자(사업시행자가 관광단지개발자인 경우는 제외한다)에게 남은 사유지의 매수를 요청할 수 있다. 〈신설 2019. 12. 3.〉

제55조(조성계획의 시행)

① 조성사업은 이 법 또는 다른 법령에 특별한 규정이 있는 경우 외에는 사업시행자가 행한다. 〈개정 2008. 6. 5., 2018. 6. 12., 2019. 12. 3.〉

② 제54조에 따라 조성계획의 승인을 받아 관광지등을 개발하려는 자가 관광지등의 개발 촉진

을 위하여 조성계획의 승인 전에 대통령령으로 정하는 바에 따라 시·도지사의 승인을 받아
그 조성사업에 필요한 토지를 매입한 경우에는 사업시행자로서 토지를 매입한 것으로 본다.
〈개정 2018. 12. 11.〉

③ 사업시행자가 아닌 자로서 조성사업을 하려는 자는 대통령령으로 정하는 기준과 절차에 따
라 사업시행자가 특별자치시장·특별자치도지사·시장·군수·구청장인 경우에는 특별자
치시장·특별자치도지사·시장·군수·구청장의 허가를 받아서 조성사업을 할 수 있고, 사
업시행자가 관광단지개발자인 경우에는 관광단지개발자와 협의하여 조성사업을 할 수 있
다.
〈개정 2008. 6. 5., 2018. 6. 12.〉

④ 사업시행자가 아닌 자로서 조성사업(시장·군수·구청장이 조성계획의 승인을 받은 사업
만 해당한다. 이하 이 항에서 같다)을 시행하려는 자가 제15조제1항 및 제2항에 따라 사업계
획의 승인을 받은 경우에는 제3항에도 불구하고 특별자치시장·특별자치도지사·시장·군
수·구청장의 허가를 받지 아니하고 그 조성사업을 시행할 수 있다.
〈개정 2008. 6. 5., 2018. 6. 12.〉

⑤ 관광단지를 개발하려는 공공기관 등 문화체육관광부령으로 정하는 관광단지개발자는 필요
하면 용지의 매수 업무와 손실보상 업무(민간개발자인 경우에는 제54조제4항 단서에 따라
남은 사유지를 수용하거나 사용하는 경우만 해당한다)를 대통령령으로 정하는 바에 따라 관
할 지방자치단체의 장에게 위탁할 수 있다.
〈개정 2008. 2. 29., 2011. 4. 5.〉

제56조(관광지등 지정 등의 실효 및 취소 등)

① 제52조에 따라 관광지등으로 지정·고시된 관광지등에 대하여 그 고시일부터 2년 이내에 제
54조제1항에 따른 조성계획의 승인신청이 없으면 그 고시일부터 2년이 지난 다음 날에 그 관
광지등 지정은 효력을 상실한다. 제2항에 따라 조성계획의 효력이 상실된 관광지등에 대하
여 그 조성계획의 효력이 상실된 날부터 2년 이내에 새로운 조성계획의 승인신청이 없는 경
우에도 또한 같다.
〈개정 2011. 4. 5.〉

② 제54조제1항에 따라 조성계획의 승인을 받은 관광지등 사업시행자(제55조제3항에 따른 조
성사업을 하는 자를 포함한다)가 같은 조 제3항에 따라 조성계획의 승인고시일부터 2년 이내
에 사업을 착수하지 아니하면 조성계획 승인고시일부터 2년이 지난 다음 날에 그 조성계획
의 승인은 효력을 상실한다.
〈개정 2011. 4. 5.〉

③ 시·도지사는 제54조제1항에 따라 조성계획 승인을 받은 민간개발자가 사업 중단 등으로 환
경·미관을 크게 해치거나 제49조제2항제4호의2에 따른 관광지 및 관광단지의 실적 평가 결
과 조성사업의 완료가 어렵다고 판단되는 경우에는 조성계획의 승인을 취소하거나 이의 개

선을 명할 수 있다. <개정 2019. 12. 3.>

④ 시 · 도지사는 제1항과 제2항에도 불구하고 행정절차의 이행 등 부득이한 사유로 조성계획 승인신청 또는 사업 착수기한의 연장이 불가피하다고 인정되면 1년 이내의 범위에서 한 번만 그 기한을 연장할 수 있다.

⑤ 시 · 도지사는 제1항이나 제2항에 따라 지정 또는 승인의 효력이 상실된 경우 및 제3항에 따라 승인이 취소된 경우에는 지체 없이 그 사실을 고시하여야 한다.

[제목개정 2011. 4. 5.]

제57조(공공시설의 우선 설치)

국가 · 지방자치단체 또는 사업시행자는 관광지등의 조성사업과 그 운영에 관련되는 도로, 전기, 상 · 하수도 등 공공시설을 우선하여 설치하도록 노력하여야 한다.

제57조의2(관광단지의 전기시설 설치)

① 관광단지에 전기를 공급하는 자는 관광단지 조성사업의 시행자가 요청하는 경우 관광단지에 전기를 공급하기 위한 전기간선시설(電氣幹線施設) 및 배전시설(配電施設)을 관광단지 조성계획에서 도시 · 군계획시설로 결정된 도로까지 설치하되, 구체적인 설치범위는 대통령령으로 정한다. <개정 2011. 4. 14.>

② 제1항에 따라 관광단지에 전기를 공급하는 전기간선시설 및 배전시설의 설치비용은 전기를 공급하는 자가 부담한다. 다만, 관광단지 조성사업의 시행자 · 입주기업 · 지방자치단체 등의 요청에 의하여 전기간선시설 및 배전시설을 땅속에 설치하는 경우에는 전기를 공급하는 자와 땅속에 설치할 것을 요청하는 자가 각각 100분의 50의 비율로 설치비용을 부담한다.

[본조신설 2009. 3. 25.]

제58조(인 · 허가 등의 의제)

① 제54조제1항에 따라 조성계획의 승인 또는 변경승인을 받거나 같은 조 제5항에 따라 특별자치시장 및 특별자치도지사가 관계 행정기관의 장과 협의하여 조성계획을 수립한 때에는 다음 각 호의 인 · 허가 등을 받거나 신고를 한 것으로 본다. <개정 2007. 7. 19., 2007. 12. 27., 2008. 3. 21., 2008. 6. 5., 2009. 3. 25., 2010. 4. 15., 2010. 5. 31., 2011. 4. 5., 2011. 4. 14., 2014. 1. 14., 2018. 6. 12., 2020. 1. 29.>

1. 「국토의 계획 및 이용에 관한 법률」 제30조에 따른 도시 · 군관리계획(같은 법 제2조제4호다목의 계획 중 대통령령으로 정하는 시설 및 같은 호 마목의 계획 중 같은 법 제51조에

따른 지구단위계획구역의 지정 계획 및 지구단위계획만 해당한다)의 결정, 같은 법 제32조제2항에 따른 지형도면의 승인, 같은 법 제36조에 따른 용도지역 중 도시지역이 아닌 지역의 계획관리지역 지정, 같은 법 제37조에 따른 용도지구 중 개발진흥지구의 지정, 같은 법 제56조에 따른 개발행위의 허가, 같은 법 제86조에 따른 도시 · 군계획시설사업 시행자의 지정 및 같은 법 제88조에 따른 실시계획의 인가

2. 「수도법」 제17조에 따른 일반수도사업의 인가 및 같은 법 제52조에 따른 전용 상수도설치시설의 인가

3. 「하수도법」 제16조에 따른 공공하수도 공사시행 등의 허가

4. 「공유수면 관리 및 매립에 관한 법률」 제8조에 따른 공유수면 점용 · 사용허가, 같은 법 제17조에 따른 점용 · 사용 실시계획의 승인 또는 신고, 같은 법 제28조에 따른 공유수면의 매립면허, 같은 법 제35조에 따른 국가 등이 시행하는 매립의 협의 또는 승인 및 같은 법 제38조에 따른 공유수면매립실시계획의 승인

5. 삭제 〈2010. 4. 15.〉

6. 「하천법」 제30조에 따른 하천공사 등의 허가 및 실시계획의 인가, 같은 법 제33조에 따른 점용허가 및 실시계획의 인가

7. 「도로법」 제36조에 따른 도로관리청이 아닌 자에 대한 도로공사 시행의 허가 및 같은 법 제61조에 따른 도로의 점용 허가

8. 「항만법」 제9조제2항에 따른 항만개발사업 시행의 허가 및 같은 법 제10조제2항에 따른 항만개발사업실시계획의 승인

9. 「사도법」 제4조에 따른 사도개설의 허가

10. 「산지관리법」 제14조 · 제15조에 따른 산지전용허가 및 산지전용신고, 같은 법 제15조의2에 따른 산지일시사용허가 · 신고, 「산림자원의 조성 및 관리에 관한 법률」 제36조제1항 · 제4항 및 제45조제1항 · 제2항에 따른 입목벌채 등의 허가와 신고

11. 「농지법」 제34조제1항에 따른 농지 전용허가

12. 「자연공원법」 제20조에 따른 공원사업 시행 및 공원시설관리의 허가와 같은 법 제23조에 따른 행위 허가

13. 「공익사업을 위한 토지 등의 취득 및 보상에 관한 법률」 제20조제1항에 따른 사업인정

14. 「초지법」 제23조에 따른 초지전용의 허가

15. 「사방사업법」 제20조에 따른 사방지 지정의 해제

16. 「장사 등에 관한 법률」 제8조제3항에 따른 분묘의 개장신고 및 같은 법 제27조에 따른 분묘의 개장허가

17. 「폐기물관리법」 제29조에 따른 폐기물 처리시설의 설치승인 또는 신고

18. 「온천법」 제10조에 따른 온천개발계획의 승인

19. 「건축법」 제11조에 따른 건축허가, 같은 법 제14조에 따른 건축신고, 같은 법 제20조에 따른 가설건축물 건축의 허가 또는 신고

20. 제15조제1항에 따른 관광숙박업 및 제15조제2항에 따른 관광객 이용시설업·국제회의업의 사업계획 승인. 다만, 제15조에 따른 사업계획의 작성자와 제55조제1항에 따른 조성사업의 사업시행자가 동일한 경우에 한한다.

21. 「체육시설의 설치·이용에 관한 법률」 제12조에 따른 등록 체육시설업의 사업계획 승인. 다만, 제15조에 따른 사업계획의 작성자와 제55조제1항에 따른 조성사업의 사업시행자가 동일한 경우에 한한다.

22. 「유통산업발전법」 제8조에 따른 대규모점포의 개설등록

23. 「공간정보의 구축 및 관리 등에 관한 법률」 제86조제1항에 따른 사업의 착수·변경의 신고

② 제1항에 따른 인·허가 등의 의제를 받고자 하는 자는 조성계획의 승인 또는 변경승인 신청을 하는 때에 해당 법률에서 정하는 관련 서류를 제출하여야 한다. 〈신설 2007. 7. 19.〉

③ 시·도지사는 제1항 각 호의 어느 하나의 사항이 포함되어 있는 조성계획을 승인 또는 변경승인하고자 하는 때에는 미리 관계 행정기관의 장과 협의하여야 하며, 그 조성계획을 승인 또는 변경승인한 때에는 지체 없이 관계 행정기관의 장에게 그 내용을 통보하여야 한다. 〈신설 2007. 7. 19.〉

제58조(인·허가 등의 의제)

① 제54조제1항에 따라 조성계획의 승인 또는 변경승인을 받거나 같은 조 제5항에 따라 특별자치시장 및 특별자치도지사가 관계 행정기관의 장과 협의하여 조성계획을 수립한 때에는 다음 각 호의 인·허가 등을 받거나 신고를 한 것으로 본다. 〈개정 2007. 7. 19., 2007. 12. 27., 2008. 3. 21., 2008. 6. 5., 2009. 3. 25., 2010. 4. 15., 2010. 5. 31., 2011. 4. 5., 2011. 4. 14., 2014. 1. 14., 2018. 6. 12., 2020. 1. 29., 2022. 12. 27.〉

1. 「국토의 계획 및 이용에 관한 법률」 제30조에 따른 도시·군관리계획(같은 법 제2조제4호다목의 계획 중 대통령령으로 정하는 시설 및 같은 호 마목의 계획 중 같은 법 제51조에 따른 지구단위계획구역의 지정 계획 및 지구단위계획만 해당한다)의 결정, 같은 법 제32조제2항에 따른 지형도면의 승인, 같은 법 제36조에 따른 용도지역 중 도시지역이 아닌 지역의 계획관리지역 지정, 같은 법 제37조에 따른 용도지구 중 개발진흥지구의 지정, 같은

법 제56조에 따른 개발행위의 허가, 같은 법 제86조에 따른 도시·군계획시설사업 시행자의 지정 및 같은 법 제88조에 따른 실시계획의 인가

2. 「수도법」 제17조에 따른 일반수도사업의 인가 및 같은 법 제52조에 따른 전용 상수도설치시설의 인가

3. 「하수도법」 제16조에 따른 공공하수도 공사시행 등의 허가

4. 「공유수면 관리 및 매립에 관한 법률」 제8조에 따른 공유수면 점용·사용허가, 같은 법 제17조에 따른 점용·사용 실시계획의 승인 또는 신고, 같은 법 제28조에 따른 공유수면의 매립면허, 같은 법 제35조에 따른 국가 등이 시행하는 매립의 협의 또는 승인 및 같은 법 제38조에 따른 공유수면매립실시계획의 승인

5. 삭제 〈2010. 4. 15.〉

6. 「하천법」 제30조에 따른 하천공사 등의 허가 및 실시계획의 인가, 같은 법 제33조에 따른 점용허가 및 실시계획의 인가

7. 「도로법」 제36조에 따른 도로관리청이 아닌 자에 대한 도로공사 시행의 허가 및 같은 법 제61조에 따른 도로의 점용 허가

8. 「항만법」 제9조제2항에 따른 항만개발사업 시행의 허가 및 같은 법 제10조제2항에 따른 항만개발사업실시계획의 승인

9. 「사도법」 제4조에 따른 사도개설의 허가

10. 「산지관리법」 제14조·제15조에 따른 산지전용허가 및 산지전용신고, 같은 법 제15조의2에 따른 산지일시사용허가·신고, 「산림자원의 조성 및 관리에 관한 법률」 제36조제1항·제5항 및 제45조제1항·제2항에 따른 입목벌채 등의 허가와 신고

11. 「농지법」 제34조제1항에 따른 농지 전용허가

12. 「자연공원법」 제20조에 따른 공원사업 시행 및 공원시설관리의 허가와 같은 법 제23조에 따른 행위 허가

13. 「공익사업을 위한 토지 등의 취득 및 보상에 관한 법률」 제20조제1항에 따른 사업인정

14. 「초지법」 제23조에 따른 초지전용의 허가

15. 「사방사업법」 제20조에 따른 사방지 지정의 해제

16. 「장사 등에 관한 법률」 제8조제3항에 따른 분묘의 개장신고 및 같은 법 제27조에 따른 분묘의 개장허가

17. 「폐기물관리법」 제29조에 따른 폐기물 처리시설의 설치승인 또는 신고

18. 「온천법」 제10조에 따른 온천개발계획의 승인

19. 「건축법」 제11조에 따른 건축허가, 같은 법 제14조에 따른 건축신고, 같은 법 제20조에

따른 가설건축물 건축의 허가 또는 신고

20. 제15조제1항에 따른 관광숙박업 및 제15조제2항에 따른 관광객 이용시설업·국제회의업의 사업계획 승인. 다만, 제15조에 따른 사업계획의 작성자와 제55조제1항에 따른 조성사업의 사업시행자가 동일한 경우에 한한다.

21. 「체육시설의 설치·이용에 관한 법률」 제12조에 따른 등록 체육시설업의 사업계획 승인. 다만, 제15조에 따른 사업계획의 작성자와 제55조제1항에 따른 조성사업의 사업시행자가 동일한 경우에 한한다.

22. 「유통산업발전법」 제8조에 따른 대규모점포의 개설등록

23. 「공간정보의 구축 및 관리 등에 관한 법률」 제86조제1항에 따른 사업의 착수·변경의 신고

② 제1항에 따른 인·허가 등의 의제를 받고자 하는 자는 조성계획의 승인 또는 변경승인 신청을 하는 때에 해당 법률에서 정하는 관련 서류를 제출하여야 한다.　　　　〈신설 2007. 7. 19.〉

③ 시·도지사는 제1항 각 호의 어느 하나의 사항이 포함되어 있는 조성계획을 승인 또는 변경 승인하고자 하는 때에는 미리 관계 행정기관의 장과 협의하여야 하며, 그 조성계획을 승인 또는 변경승인한 때에는 지체 없이 관계 행정기관의 장에게 그 내용을 통보하여야 한다.〈신설 2007. 7. 19.〉

[시행일: 2023. 6. 28.] 제58조

제58조의2(준공검사)

① 사업시행자가 관광지등 조성사업의 전부 또는 일부를 완료한 때에는 대통령령으로 정하는 바에 따라 지체 없이 시·도지사에게 준공검사를 받아야 한다. 이 경우 시·도지사는 해당 준공검사 시행에 관하여 관계 행정기관의 장과 미리 협의하여야 한다.

② 사업시행자가 제1항에 따라 준공검사를 받은 경우에는 제58조제1항 각 호에 규정된 인·허가 등에 따른 해당 사업의 준공검사 또는 준공인가 등을 받은 것으로 본다.

[본조신설 2009. 3. 25.]

제58조의3(공공시설 등의 귀속)

① 사업시행자가 조성사업의 시행으로 「국토의 계획 및 이용에 관한 법률」 제2조제13호에 따른 공공시설을 새로 설치하거나 기존의 공공시설에 대체되는 시설을 설치한 경우 그 귀속에 관하여는 같은 법 제65조를 준용한다. 이 경우 "행정청이 아닌 경우"는 "사업시행자인 경우"로 본다.

② 제1항에 따른 공공시설 등을 등기하는 경우에는 조성계획승인서와 준공검사증명서로써 「부동산등기법」의 등기원인을 증명하는 서면을 갈음할 수 있다.

③ 제1항에 따라 「국토의 계획 및 이용에 관한 법률」을 준용할 때 관리청이 불분명한 재산 중 도로·도랑 등에 대하여는 국토교통부장관을, 하천에 대하여는 환경부장관을, 그 밖의 재산에 대하여는 기획재정부장관을 관리청으로 본다. 〈개정 2020. 12. 31.〉

[본조신설 2009. 3. 25.]

제59조(관광지등의 처분)

① 사업시행자는 조성한 토지, 개발된 관광시설 및 지원시설의 전부 또는 일부를 매각하거나 임대하거나 타인에게 위탁하여 경영하게 할 수 있다.

② 제1항에 따라 토지·관광시설 또는 지원시설을 매수·임차하거나 그 경영을 수탁한 자는 그 토지나 관광시설 또는 지원시설에 관한 권리·의무를 승계한다.

제60조(「국토의 계획 및 이용에 관한 법률」의 준용)

조성계획의 수립, 조성사업의 시행 및 관광지등의 처분에 관하여는 이 법에 규정되어 있는 것 외에는 「국토의 계획 및 이용에 관한 법률」 제90조·제100조·제130조 및 제131조를 준용한다. 이 경우 "국토교통부장관 또는 시·도지사"는 "시·도지사"로, "실시계획"은 "조성계획"으로, "인가"는 "승인"으로, "도시·군계획시설사업의 시행지구"는 "관광지등"으로, "도시·군계획시설사업의 시행자"는 "사업시행자"로, "도시·군계획시설사업"은 "조성사업"으로, "국토교통부장관"은 "문화체육관광부장관"으로, "광역도시계획 또는 도시·군계획"은 "조성계획"으로 본다.

〈개정 2008. 2. 29., 2011. 4. 14., 2013. 3. 23.〉

제61조(수용 및 사용)

① 사업시행자는 제55조에 따른 조성사업의 시행에 필요한 토지와 다음 각 호의 물건 또는 권리를 수용하거나 사용할 수 있다. 다만, 농업 용수권(用水權)이나 그 밖의 농지개량 시설을 수용 또는 사용하려는 경우에는 미리 농림축산식품부장관의 승인을 받아야 한다.

〈개정 2008. 2. 29., 2013. 3. 23.〉

1. 토지에 관한 소유권 외의 권리

2. 토지에 정착한 입목이나 건물, 그 밖의 물건과 이에 관한 소유권 외의 권리

3. 물의 사용에 관한 권리

4. 토지에 속한 토석 또는 모래와 조약돌

② 제1항에 따른 수용 또는 사용에 관한 협의가 성립되지 아니하거나 협의를 할 수 없는 경우에는 사업시행자는 「공익사업을 위한 토지 등의 취득 및 보상에 관한 법률」 제28조제1항에도 불구하고 조성사업 시행 기간에 재결(裁決)을 신청할 수 있다.

③ 제1항에 따른 수용 또는 사용의 절차, 그 보상 및 재결 신청에 관하여는 이 법에 규정되어 있는 것 외에는 「공익사업을 위한 토지 등의 취득 및 보상에 관한 법률」을 적용한다.

제62조 삭제 〈2009. 3. 25.〉

제63조(선수금)

사업시행자는 그가 개발하는 토지 또는 시설을 분양받거나 시설물을 이용하려는 자로부터 그 대금의 전부 또는 일부를 대통령령으로 정하는 바에 따라 미리 받을 수 있다.

제64조(이용자 분담금 및 원인자 부담금)

① 사업시행자는 지원시설 건설비용의 전부 또는 일부를 대통령령으로 정하는 바에 따라 그 이용자에게 분담하게 할 수 있다.

② 지 원시설 건설의 원인이 되는 공사 또는 행위가 있으면 사업시행자는 대통령령으로 정하는 바에 따라 그 공사 또는 행위의 비용을 부담하여야 할 자에게 그 비용의 전부 또는 일부를 부담하게 할 수 있다.

③ 사업시행자는 관광지등의 안에 있는 공동시설의 유지·관리 및 보수에 드는 비용의 전부 또는 일부를 대통령령으로 정하는 바에 따라 관광지등에서 사업을 경영하는 자에게 분담하게 할 수 있다.

④ 제1항에 따른 분담금 또는 제2항에 따른 부담금을 부과받은 자가 부과된 분담금 또는 부담금에 대하여 이의가 있는 경우에는 부과받은 날부터 30일 이내에 사업시행자에게 이의를 신청할 수 있다. 〈신설 2011. 4. 5.〉

⑤ 사업시행자는 제4항에 따른 이의신청을 받았을 때에는 그 신청을 받은 날부터 15일 이내에 이를 심의하여 그 결과를 신청인에게 서면으로 알려야 한다. 〈신설 2011. 4. 5.〉

제65조(강제징수)

① 제64조에 따라 이용자 분담금·원인자 부담금 또는 유지·관리 및 보수에 드는 비용을 내야 할 의무가 있는 자가 이를 이행하지 아니하면 사업시행자는 대통령령으로 정하는 바에 따라 그 지역을 관할하는 특별자치시장·특별자치도지사·시장·군수·구청장에게 그 징수를

위탁할 수 있다. 〈개정 2008. 6. 5., 2018. 6. 12.〉

② 제1항에 따라 징수를 위탁받은 특별자치시장 · 특별자치도지사 · 시장 · 군수 · 구청장은 지방세 체납처분의 예에 따라 이를 징수할 수 있다. 이 경우 특별자치시장 · 특별자치도지사 · 시장 · 군수 · 구청장에게 징수를 위탁한 자는 특별자치시장 · 특별자치도지사 · 시장 · 군수 · 구청장이 징수한 금액의 100분의 10에 해당하는 금액을 특별자치시 · 특별자치도 · 시 · 군 · 구에 내야 한다. 〈개정 2008. 6. 5., 2018. 6. 12.〉

제66조(이주대책)

① 사업시행자는 조성사업의 시행에 따른 토지 · 물건 또는 권리를 제공함으로써 생활의 근거를 잃게 되는 자를 위하여 대통령령으로 정하는 내용이 포함된 이주대책을 수립 · 실시하여야 한다.

② 제1항에 따른 이주대책의 수립에 관하여는 「공익사업을 위한 토지 등의 취득 및 보상에 관한 법률」 제78조제2항 · 제3항과 제81조를 준용한다.

제67조(입장료 등의 징수와 사용)

① 관광지등에서 조성사업을 하거나 건축, 그 밖의 시설을 한 자는 관광지등에 입장하는 자로부터 입장료를 징수할 수 있고, 관광시설을 관람하거나 이용하는 자로부터 관람료나 이용료를 징수할 수 있다.

② 제1항에 따른 입장료 · 관람료 또는 이용료의 징수 대상의 범위와 그 금액은 관광지등이 소재하는 지방자치단체의 조례로 정한다. 〈개정 2008. 6. 5., 2018. 6. 12., 2020. 6. 9.〉

③ 지방자치단체는 제1항에 따라 입장료 · 관람료 또는 이용료를 징수하면 이를 관광지등의 보존 · 관리와 그 개발에 필요한 비용에 충당하여야 한다.

제68조 삭제 〈2009. 3. 25.〉

제69조(관광지등의 관리)

① 사업시행자는 관광지등의 관리 · 운영에 필요한 조치를 하여야 한다.

② 사업시행자는 필요하면 관광사업자 단체 등에 관광지등의 관리 · 운영을 위탁할 수 있다.

제2절 관광특구

제70조(관광특구의 지정)

① 관광특구는 다음 각 호의 요건을 모두 갖춘 지역 중에서 시장·군수·구청장의 신청(특별자치시 및 특별자치도의 경우는 제외한다)에 따라 시·도지사가 지정한다. 이 경우 관광특구로 지정하려는 대상지역이 같은 시·도 내에서 둘 이상의 시·군·구에 걸쳐 있는 경우에는 해당 시장·군수·구청장이 공동으로 지정을 신청하여야 하고, 둘 이상의 시·도에 걸쳐 있는 경우에는 해당 시장·군수·구청장이 공동으로 지정을 신청하고 해당 시·도지사가 공동으로 지정하여야 한다.

〈개정 2007. 7. 19., 2008. 2. 29., 2008. 6. 5., 2018. 6. 12., 2018. 12. 24., 2019. 12. 3.〉

1. 외국인 관광객 수가 대통령령으로 정하는 기준 이상일 것
2. 문화체육관광부령으로 정하는 바에 따라 관광안내시설, 공공편익시설 및 숙박시설 등이 갖추어져 외국인 관광객의 관광수요를 충족시킬 수 있는 지역일 것
3. 관광활동과 직접적인 관련성이 없는 토지의 비율이 대통령령으로 정하는 기준을 초과하지 아니할 것
4. 제1호부터 제3호까지의 요건을 갖춘 지역이 서로 분리되어 있지 아니할 것

② 관광특구의 지정·취소·면적변경 및 고시에 관하여는 제52조제2항·제3항 및 제5항을 준용한다.
〈개정 2018. 6. 12.〉

제70조(관광특구의 지정)

① 관광특구는 다음 각 호의 요건을 모두 갖춘 지역 중에서 시장·군수·구청장의 신청(특별자치시 및 특별자치도의 경우는 제외한다)에 따라 시·도지사가 지정한다. 이 경우 관광특구로 지정하려는 대상지역이 같은 시·도 내에서 둘 이상의 시·군·구에 걸쳐 있는 경우에는 해당 시장·군수·구청장이 공동으로 지정을 신청하여야 하고, 둘 이상의 시·도에 걸쳐 있는 경우에는 해당 시장·군수·구청장이 공동으로 지정을 신청하고 해당 시·도지사가 공동으로 지정하여야 한다.

〈개정 2007. 7. 19., 2008. 2. 29., 2008. 6. 5., 2018. 6. 12., 2018. 12. 24., 2019. 12. 3.〉

1. 외국인 관광객 수가 대통령령으로 정하는 기준 이상일 것
2. 문화체육관광부령으로 정하는 바에 따라 관광안내시설, 공공편익시설 및 숙박시설 등이 갖추어져 외국인 관광객의 관광수요를 충족시킬 수 있는 지역일 것
3. 관광활동과 직접적인 관련성이 없는 토지의 비율이 대통령령으로 정하는 기준을 초과하

지 아니할 것

　　4. 제1호부터 제3호까지의 요건을 갖춘 지역이 서로 분리되어 있지 아니할 것

② 제1항 각 호 외의 부분 전단에도 불구하고 「지방자치법」 제198조제2항제1호에 따른 인구 100만 이상 대도시(이하 "특례시"라 한다)의 시장은 관할 구역 내에서 제1항 각 호의 요건을 모두 갖춘 지역을 관광특구로 지정할 수 있다.　　〈신설 2022. 5. 3.〉

③ 관광특구의 지정·취소·면적변경 및 고시에 관하여는 제52조제2항·제3항·제5항 및 제6항을 준용한다. 이 경우 "시·도지사"는 "시·도지사 또는 특례시의 시장"으로 본다.
〈개정 2018. 6. 12., 2022. 5. 3.〉

[시행일: 2023. 5. 4.] 제70조

제70조의2(지정신청에 대한 조사·분석)

　제70조제1항에 따라 시·도지사가 관광특구의 지정신청을 받은 경우에는 그 신청이 같은 항 각 호의 요건을 갖추었는지 여부와 그 밖에 관광특구의 지정에 필요한 사항을 검토하기 위하여 대통령령으로 정하는 전문기관에 조사·분석을 의뢰하여야 한다.

[본조신설 2019. 12. 3.]

제70조의2(관광특구 지정을 위한 조사·분석)

　제70조제1항 및 제2항에 따라 시·도지사 또는 특례시의 시장이 관광특구를 지정하려는 경우에는 같은 조 제1항 각 호의 요건을 갖추었는지 여부와 그 밖에 관광특구의 지정에 필요한 사항을 검토하기 위하여 대통령령으로 정하는 전문기관에 조사·분석을 의뢰하여야 한다.
〈개정 2022. 5. 3.〉

[본조신설 2019. 12. 3.]
[제목개정 2022. 5. 3.]
[시행일: 2023. 5. 4.] 제70조의2

제71조(관광특구의 진흥계획)

① 특별자치시장·특별자치도지사·시장·군수·구청장은 관할 구역 내 관광특구를 방문하는 외국인 관광객의 유치 촉진 등을 위하여 관광특구진흥계획을 수립하고 시행하여야 한다.
〈개정 2008. 6. 5., 2018. 6. 12.〉

② 제1항에 따른 관광특구진흥계획에 포함될 사항 등 관광특구진흥계획의 수립·시행에 필요한 사항은 대통령령으로 정한다.

제72조(관광특구에 대한 지원)

① 국가나 지방자치단체는 관광특구를 방문하는 외국인 관광객의 관광 활동을 위한 편의 증진 등 관광특구 진흥을 위하여 필요한 지원을 할 수 있다.

② 문화체육관광부장관은 관광특구를 방문하는 관광객의 편리한 관광 활동을 위하여 관광특구 안의 문화 · 체육 · 숙박 · 상가 · 교통 · 주차시설로서 관광객 유치를 위하여 특히 필요하다고 인정되는 시설에 대하여 「관광진흥개발기금법」에 따라 관광진흥개발기금을 대여하거나 보조할 수 있다. 〈개정 2008. 2. 29., 2009. 3. 25., 2019. 12. 3.〉

제73조(관광특구에 대한 평가 등)

① 시 · 도지사는 대통령령으로 정하는 바에 따라 제71조에 따른 관광특구진흥계획의 집행 상황을 평가하고, 우수한 관광특구에 대하여는 필요한 지원을 할 수 있다.
〈개정 2008. 2. 29., 2019. 12. 3.〉

② 시 · 도지사는 제1항에 따른 평가 결과 제70조에 따른 관광특구 지정 요건에 맞지 아니하거나 추진 실적이 미흡한 관광특구에 대하여는 대통령령으로 정하는 바에 따라 관광특구의 지정취소 · 면적조정 · 개선권고 등 필요한 조치를 하여야 한다. 〈개정 2021. 4. 13.〉

③ 문화체육관광부장관은 관광특구의 활성화를 위하여 관광특구에 대한 평가를 3년마다 실시하여야 한다. 〈신설 2019. 12. 3.〉

④ 문화체육관광부장관은 제3항에 따른 평가 결과 우수한 관광특구에 대하여는 필요한 지원을 할 수 있다. 〈신설 2019. 12. 3.〉

⑤ 문화체육관광부장관은 제3항에 따른 평가 결과 제70조에 따른 관광특구 지정 요건에 맞지 아니하거나 추진 실적이 미흡한 관광특구에 대하여는 대통령령으로 정하는 바에 따라 해당 시 · 도지사에게 관광특구의 지정취소 · 면적조정 · 개선권고 등 필요한 조치를 할 것을 요구할 수 있다. 〈신설 2019. 12. 3.〉

⑥ 제3항에 따른 평가의 내용, 절차 및 방법 등에 필요한 사항은 대통령령으로 정한다.
〈신설 2019. 12. 3.〉

제73조(관광특구에 대한 평가 등)

① 시 · 도지사 또는 특례시의 시장은 대통령령으로 정하는 바에 따라 제71조에 따른 관광특구진흥계획의 집행 상황을 평가하고, 우수한 관광특구에 대하여는 필요한 지원을 할 수 있다.
〈개정 2008. 2. 29., 2019. 12. 3., 2022. 5. 3.〉

② 시 · 도지사 또는 특례시의 시장은 제1항에 따른 평가 결과 제70조에 따른 관광특구 지정 요

건에 맞지 아니하거나 추진 실적이 미흡한 관광특구에 대하여는 대통령령으로 정하는 바에 따라 관광특구의 지정취소·면적조정·개선권고 등 필요한 조치를 하여야 한다.

〈개정 2021. 4. 13., 2022. 5. 3.〉

③ 문화체육관광부장관은 관광특구의 활성화를 위하여 관광특구에 대한 평가를 3년마다 실시하여야 한다.

〈신설 2019. 12. 3.〉

④ 문화체육관광부장관은 제3항에 따른 평가 결과 우수한 관광특구에 대하여는 필요한 지원을 할 수 있다.

〈신설 2019. 12. 3.〉

⑤ 문화체육관광부장관은 제3항에 따른 평가 결과 제70조에 따른 관광특구 지정 요건에 맞지 아니하거나 추진 실적이 미흡한 관광특구에 대하여는 대통령령으로 정하는 바에 따라 해당 시·도지사 또는 특례시의 시장에게 관광특구의 지정취소·면적조정·개선권고 등 필요한 조치를 할 것을 요구할 수 있다.

〈신설 2019. 12. 3., 2022. 5. 3.〉

⑥ 제3항에 따른 평가의 내용, 절차 및 방법 등에 필요한 사항은 대통령령으로 정한다.

〈신설 2019. 12. 3.〉

[시행일: 2023. 5. 4.] 제73조

제74조(다른 법률에 대한 특례)

① 관광특구 안에서는 「식품위생법」 제43조에 따른 영업제한에 관한 규정을 적용하지 아니한다.

〈개정 2009. 2. 6., 2011. 4. 5.〉

② 관광특구 안에서 대통령령으로 정하는 관광사업자는 「건축법」 제43조에도 불구하고 연간 180일 이내의 기간 동안 해당 지방자치단체의 조례로 정하는 바에 따라 공개 공지(空地: 공터)를 사용하여 외국인 관광객을 위한 공연 및 음식을 제공할 수 있다. 다만, 울타리를 설치하는 등 공중(公衆)이 해당 공개 공지를 사용하는 데에 지장을 주는 행위를 하여서는 아니 된다.

〈신설 2011. 4. 5., 2017. 3. 21.〉

③ 관광특구 관할 지방자치단체의 장은 관광특구의 진흥을 위하여 필요한 경우에는 시·도경찰청장 또는 경찰서장에게 「도로교통법」 제2조에 따른 차마(車馬) 또는 노면전차의 도로 통행 금지 또는 제한 등의 조치를 하여줄 것을 요청할 수 있다. 이 경우 요청받은 시·도경찰청장 또는 경찰서장은 「도로교통법」 제6조에도 불구하고 특별한 사유가 없으면 지체 없이 필요한 조치를 하여야 한다.

〈신설 2011. 4. 5., 2018. 3. 27., 2020. 12. 22.〉

[제목개정 2011. 4. 5.]

제6장 보칙

제75조 삭제 〈2007. 7. 19.〉

제76조(재정지원)

① 문화체육관광부장관은 관광에 관한 사업을 하는 지방자치단체, 관광사업자 단체 또는 관광 사업자에게 대통령령으로 정하는 바에 따라 보조금을 지급할 수 있다.　　　　〈개정 2008. 2. 29.〉

② 지방자치단체는 그 관할 구역 안에서 관광에 관한 사업을 하는 관광사업자 단체 또는 관광사 업자에게 조례로 정하는 바에 따라 보조금을 지급할 수 있다.

③ 국가 및 지방자치단체는 「국유재산법」, 「공유재산 및 물품 관리법」, 그 밖의 다른 법령 에도 불구하고 관광지등의 사업시행자에 대하여 국유·공유 재산의 임대료를 대통령령으로 정하는 바에 따라 감면할 수 있다.　　　　〈신설 2011. 4. 5.〉

제76조의2(감염병 확산 등에 따른 지원)

국가와 지방자치단체는 감염병 확산 등으로 관광사업자에게 경영상 중대한 위기가 발생한 경 우 필요한 지원을 할 수 있다.

[본조신설 2021. 8. 10.]

제77조(청문)

관할 등록기관등의 장은 다음 각 호의 어느 하나에 해당하는 처분을 하려면 청문을 하여야 한 다.　　　　〈개정 2011. 4. 5., 2018. 3. 13., 2018. 12. 11., 2019. 12. 3.〉

1. 제13조의2에 따른 국외여행 인솔자 자격의 취소
2. 제24조제2항·제31조제2항 또는 제35조제1항에 따른 관광사업의 등록등이나 사업계획승 인의 취소
3. 제40조에 따른 관광종사원 자격의 취소
4. 제48조의11에 따른 한국관광 품질인증의 취소
5. 제56조 제3항에 따른 조성계획 승인의 취소
6. 제80조제5항에 따른 카지노기구의 검사 등의 위탁 취소

제78조(보고 · 검사)

① 지방자치단체의 장은 문화체육관광부령으로 정하는 바에 따라 관광진흥정책의 수립 · 집행에 필요한 사항과 그 밖에 이 법의 시행에 필요한 사항을 문화체육관광부장관에게 보고하여야 한다. 〈개정 2008. 2. 29.〉

② 관할 등록기관등의 장은 관광진흥시책의 수립 · 집행 및 이 법의 시행을 위하여 필요하면 관광사업자 단체 또는 관광사업자에게 그 사업에 관한 보고를 하게 하거나 서류를 제출하도록 명할 수 있다.

③ 관할 등록기관등의 장은 관광진흥시책의 수립 · 집행 및 이 법의 시행을 위하여 필요하다고 인정하면 소속 공무원에게 관광사업자 단체 또는 관광사업자의 사무소 · 사업장 또는 영업소 등에 출입하여 장부 · 서류나 그 밖의 물건을 검사하게 할 수 있다.

④ 제3항의 경우 해당 공무원은 그 권한을 표시하는 증표를 지니고 이를 관계인에게 내보여야 한다.

제79조(수수료)

다음 각 호의 어느 하나에 해당하는 자는 문화체육관광부령으로 정하는 바에 따라 수수료를 내야 한다. 〈개정 2007. 7. 19., 2008. 2. 29., 2009. 3. 25., 2011. 4. 5., 2018. 3. 13., 2018. 6. 12.〉

1. 제4조제1항 및 제4항에 따라 여행업, 관광숙박업, 관광객 이용시설업 및 국제회의업의 등록 또는 변경등록을 신청하는 자

2. 제5조제1항 및 제3항에 따라 카지노업의 허가 또는 변경허가를 신청하는 자

3. 제5조제2항부터 제4항까지의 규정에 따라 유원시설업의 허가 또는 변경허가를 신청하거나 유원시설업의 신고 또는 변경신고를 하는 자

4. 제6조에 따라 관광 편의시설업 지정을 신청하는 자

5. 제8조제4항 및 제6항에 따라 지위 승계를 신고하는 자

6. 제15조제1항 및 제2항에 따라 관광숙박업, 관광객 이용시설업 및 국제회의업에 대한 사업계획의 승인 또는 변경승인을 신청하는 자

7. 제19조에 따라 관광숙박업의 등급 결정을 신청하는 자

8. 제23조제2항에 따라 카지노시설의 검사를 받으려는 자

9. 제25조제2항에 따라 카지노기구의 검정을 받으려는 자

10. 제25조제3항에 따라 카지노기구의 검사를 받으려는 자

11. 제33조제1항에 따라 안전성검사 또는 안전성검사 대상에 해당되지 아니함을 확인하는 검사를 받으려는 자

12. 제38조제2항에 따라 관광종사원 자격시험에 응시하려는 자

13. 제38조제2항에 따라 관광종사원의 등록을 신청하는 자

14. 제38조제4항에 따라 관광종사원 자격증의 재교부를 신청하는 자

15. 삭제 〈2018. 12. 11.〉

16. 제48조의10에 따라 한국관광 품질인증을 받으려는 자

제80조(권한의 위임 · 위탁 등)

① 이 법에 따른 문화체육관광부장관의 권한은 대통령령으로 정하는 바에 따라 그 일부를 시 · 도지사에게 위임할 수 있다. 〈개정 2008. 2. 29.〉

② 시 · 도지사(특별자치시장은 제외한다)는 제1항에 따라 문화체육관광부장관으로부터 위임받은 권한의 일부를 문화체육관광부장관의 승인을 받아 시장(「제주특별자치도 설치 및 국제자유도시 조성을 위한 특별법」 제11조제2항에 따른 행정시장을 포함한다) · 군수 · 구청장에게 재위임할 수 있다. 〈개정 2008. 2. 29., 2018. 6. 12.〉

③ 문화체육관광부장관 또는 시 · 도지사 및 시장 · 군수 · 구청장은 다음 각 호의 권한의 전부 또는 일부를 대통령령으로 정하는 바에 따라 한국관광공사, 협회, 지역별 · 업종별 관광협회 및 대통령령으로 정하는 전문 연구 · 검사기관, 자격검정기관이나 교육기관에 위탁할 수 있다. 〈개정 2007. 7. 19., 2008. 2. 29., 2008. 6. 5., 2009. 3. 25., 2011. 4. 5., 2015. 2. 3., 2018. 3. 13., 2018. 12. 11., 2018. 12. 24., 2019. 12. 3., 2021. 6. 15.〉

1. 제6조에 따른 관광 편의시설업의 지정 및 제35조에 따른 지정 취소

1의2. 제13조제2항 및 제3항에 따른 국외여행 인솔자의 등록 및 자격증 발급

2. 제19조제1항에 따른 관광숙박업의 등급 결정

2의2. 삭제 〈2018. 3. 13.〉

3. 제25조제3항에 따른 카지노기구의 검사

4. 제33조제1항에 따른 안전성검사 또는 안전성검사 대상에 해당되지 아니함을 확인하는 검사

4의2. 제33조제3항에 따른 안전관리자의 안전교육

5. 제38조제2항에 따른 관광종사원 자격시험 및 등록

6. 제47조의7에 따른 사업의 수행

6의2. 제47조의8제2항에 따른 사업의 수행

7. 제48조의6제1항에 따른 문화관광해설사 양성을 위한 교육과정의 개설 · 운영

8. 제48조의10 및 제48조의11에 따른 한국관광 품질인증 및 그 취소

9. 제73조제3항에 따른 관광특구에 대한 평가

④ 제3항에 따라 위탁받은 업무를 수행하는 한국관광공사, 협회, 지역별·업종별 관광협회 및 전문 연구·검사기관이나 자격검정기관의 임원 및 직원과 제23조제2항·제25조제2항에 따라 검사기관의 검사·검정 업무를 수행하는 임원 및 직원은 「형법」 제129조부터 제132조까지의 규정을 적용하는 경우 공무원으로 본다. 〈개정 2008. 6. 5.〉

⑤ 문화체육관광부장관 또는 특별자치시장·특별자치도지사·시장·군수·구청장은 제3항제3호 및 제4호에 따른 검사에 관한 권한을 위탁받은 자가 다음 각 호의 어느 하나에 해당하면 그 위탁을 취소하거나 6개월 이내의 기간을 정하여 업무의 전부 또는 일부의 정지를 명하거나 업무의 개선을 명할 수 있다. 다만, 제1호에 해당하는 경우에는 그 위탁을 취소하여야 한다. 〈신설 2019. 12. 3.〉

1. 거짓이나 그 밖의 부정한 방법으로 위탁사업자로 선정된 경우

2. 거짓이나 그 밖의 부정한 방법으로 제25조제3항 또는 제33조제1항에 따른 검사를 수행한 경우

3. 정당한 사유 없이 검사를 수행하지 아니한 경우

4. 문화체육관광부령으로 정하는 위탁 요건을 충족하지 못하게 된 경우

⑥ 제5항에 따른 위탁 취소, 업무 정지의 기준 및 절차 등에 필요한 사항은 문화체육관광부령으로 정한다. 〈신설 2019. 12. 3.〉

제7장 벌칙

제81조(벌칙)

다음 각 호의 어느 하나에 해당하는 자는 5년 이하의 징역 또는 5천만원 이하의 벌금에 처한다. 이 경우 징역과 벌금은 병과(倂科)할 수 있다.

1. 제5조제1항에 따른 카지노업의 허가를 받지 아니하고 카지노업을 경영한 자

2. 제28조제1항제1호 또는 제2호를 위반한 자

제82조(벌칙)

다음 각 호의 어느 하나에 해당하는 자는 3년 이하의 징역 또는 3천만원 이하의 벌금에 처한다. 이 경우 징역과 벌금은 병과할 수 있다. 〈개정 2009. 3. 25., 2015. 5. 18.〉

1. 제4조제1항에 따른 등록을 하지 아니하고 여행업·관광숙박업(제15조제1항에 따라 사업계획의 승인을 받은 관광숙박업만 해당한다)·국제회의업 및 제3조제1항제3호나목의 관광객 이용시설업을 경영한 자
2. 제5조제2항에 따른 허가를 받지 아니하고 유원시설업을 경영한 자
3. 제20조제1항 및 제2항을 위반하여 시설을 분양하거나 회원을 모집한 자
4. 제33조의2제3항에 따른 사용중지 등의 명령을 위반한 자

제83조(벌칙)

① 다음 각 호의 어느 하나에 해당하는 카지노사업자(제28조제1항 본문에 따른 종사원을 포함한다)는 2년 이하의 징역 또는 2천만원 이하의 벌금에 처한다. 이 경우 징역과 벌금은 병과할 수 있다. 〈개정 2007. 7. 19., 2011. 4. 5., 2015. 2. 3.〉

1. 제5조제3항에 따른 변경허가를 받지 아니하거나 변경신고를 하지 아니하고 영업을 한 자
2. 제8조제4항을 위반하여 지위승계신고를 하지 아니하고 영업을 한 자
3. 제11조제1항을 위반하여 관광사업의 시설 중 부대시설 외의 시설을 타인에게 경영하게 한 자
4. 제23조제2항에 따른 검사를 받아야 하는 시설을 검사를 받지 아니하고 이를 이용하여 영업을 한 자
5. 제25조제3항에 따른 검사를 받지 아니하거나 검사 결과 공인기준등에 맞지 아니한 카지노기구를 이용하여 영업을 한 자
6. 제25조제4항에 따른 검사합격증명서를 훼손하거나 제거한 자
7. 제28조제1항제3호부터 제8호까지의 규정을 위반한 자
8. 제35조제1항 본문에 따른 사업정지처분을 위반하여 사업정지 기간에 영업을 한 자
9. 제35조제1항 본문에 따른 개선명령을 위반한 자
10. 제35조제1항제19호를 위반한 자
11. 제78조제2항에 따른 보고 또는 서류의 제출을 하지 아니하거나 거짓으로 보고를 한 자나 같은 조 제3항에 따른 관계 공무원의 출입·검사를 거부·방해하거나 기피한 자

② 제4조제1항에 따른 등록을 하지 아니하고 야영장업을 경영한 자는 2년 이하의 징역 또는 2천만원 이하의 벌금에 처한다. 이 경우 징역과 벌금은 병과할 수 있다. 〈신설 2015. 2. 3.〉

제84조(벌칙)

다음 각 호의 어느 하나에 해당하는 자는 1년 이하의 징역 또는 1천만원 이하의 벌금에 처한다. 〈개정 2007. 7. 19., 2009. 3. 25., 2019. 12. 3., 2020. 6. 9.〉

1. 제5조제3항에 따른 유원시설업의 변경허가를 받지 아니하거나 변경신고를 하지 아니하고 영업을 한 자

2. 제5조제4항 전단에 따른 유원시설업의 신고를 하지 아니하고 영업을 한 자

2의2. 제13조제4항을 위반하여 자격증을 빌려주거나 빌린 자 또는 이를 알선한 자

2의3. 거짓이나 그 밖의 부정한 방법으로 제25조제3항 또는 제33조제1항에 따른 검사를 수행한 자

3. 제33조를 위반하여 안전성검사를 받지 아니하고 유기시설 또는 유기기구를 설치한 자

3의2. 거짓이나 그 밖의 부정한 방법으로 제33조제1항에 따른 검사를 받은 자

4. 제34조제2항을 위반하여 유기시설·유기기구 또는 유기기구의 부분품(部分品)을 설치하거나 사용한 자

4의2. 제35조제1항제14호에 해당되어 관할 등록기관등의 장이 발한 명령을 위반한 자

5. 제35조제1항제20호에 해당되어 관할 등록기관등의 장이 발한 개선명령을 위반한 자

5의2. 제38조제8항을 위반하여 자격증을 빌려주거나 빌린 자 또는 이를 알선한 자

5의3. 제52조의2제1항에 따른 허가 또는 변경허가를 받지 아니하고 같은 항에 규정된 행위를 한 자

5의4. 제52조의2제1항에 따른 허가 또는 변경허가를 거짓이나 그 밖의 부정한 방법으로 받은 자

5의5. 제52조의2제4항에 따른 원상회복명령을 이행하지 아니한 자

6. 제55조제3항을 위반하여 조성사업을 한 자

제85조(양벌규정)

법인의 대표자나 법인 또는 개인의 대리인, 사용인, 그 밖의 종업원이 그 법인 또는 개인의 업무에 관하여 제81조부터 제84조까지의 어느 하나에 해당하는 위반행위를 하면 그 행위자를 벌하는 외에 그 법인 또는 개인에게도 해당 조문의 벌금형을 과(科)한다. 다만, 법인 또는 개인이 그 위반행위를 방지하기 위하여 해당 업무에 관하여 상당한 주의와 감독을 게을리하지 아니한 경우에는 그러하지 아니하다.

[전문개정 2010. 3. 17.]

제86조(과태료)

① 다음 각 호의 어느 하나에 해당하는 자에게는 500만원 이하의 과태료를 부과한다.

〈신설 2015. 5. 18., 2019. 12. 3.〉

1. 제33조의2제1항에 따른 통보를 하지 아니한 자

2. 제38조제6항을 위반하여 관광통역안내를 한 자

② 다음 각 호의 어느 하나에 해당하는 자에게는 100만원 이하의 과태료를 부과한다.

〈개정 2011. 4. 5., 2014. 3. 11., 2015. 2. 3., 2015. 5. 18., 2016. 2. 3., 2018. 3. 13.〉

1. 삭제 〈2011. 4. 5.〉

2. 제10조제3항을 위반한 자

3. 삭제 〈2011. 4. 5.〉

4. 제28조제2항 전단을 위반하여 영업준칙을 지키지 아니한 자

4의2. 제33조제3항을 위반하여 안전교육을 받지 아니한 자

4의3. 제33조제4항을 위반하여 안전관리자에게 안전교육을 받도록 하지 아니한 자

4의4. 삭제 〈2019. 12. 3.〉

4의5. 제38조제7항을 위반하여 자격증을 패용하지 아니한 자

5. 삭제 〈2018. 12. 11.〉

6. 제48조의10제3항을 위반하여 인증표지 또는 이와 유사한 표지를 하거나 한국관광 품질인증을 받은 것으로 홍보한 자

③ 제1항 및 제2항에 따른 과태료는 대통령령으로 정하는 바에 따라 관할 등록기관등의 장이 부과 · 징수한다.

〈개정 2015. 5. 18.〉

④ 삭제 〈2009. 3. 25.〉

⑤ 삭제 〈2009. 3. 25.〉

부칙 〈제18982호, 2022. 9. 27.〉

이 법은 공포한 날부터 시행한다.

관광진흥법 시행령

[시행 2022. 12. 1.]
[대통령령 제33004호, 2022. 11. 29., 타법개정]

제1조(목적)

이 영은 「관광진흥법」에서 위임된 사항과 그 시행에 필요한 사항을 규정함을 목적으로 한다.

제2조(관광사업의 종류)

① 「관광진흥법」(이하 "법"이라 한다) 제3조제2항에 따라 관광사업의 종류를 다음 각 호와 같이 세분한다.
〈개정 2008. 2. 29., 2008. 8. 26., 2009. 1. 20., 2009. 8. 6., 2009. 10. 7., 2009. 11. 2., 2011. 12. 30., 2013. 11. 29., 2014. 7. 16., 2014. 10. 28., 2014. 11. 28., 2016. 3. 22., 2019. 4. 9., 2020. 4. 28., 2021. 3. 23.〉

　1. 여행업의 종류
　　가. 종합여행업: 국내외를 여행하는 내국인 및 외국인을 대상으로 하는 여행업[사증(査證)을 받는 절차를 대행하는 행위를 포함한다]
　　나. 국내외여행업: 국내외를 여행하는 내국인을 대상으로 하는 여행업(사증을 받는 절차를 대행하는 행위를 포함한다)
　　다. 국내여행업 : 국내를 여행하는 내국인을 대상으로 하는 여행업
　2. 호텔업의 종류
　　가. 관광호텔업 : 관광객의 숙박에 적합한 시설을 갖추어 관광객에게 이용하게 하고 숙박에 딸린 음식 · 운동 · 오락 · 휴양 · 공연 또는 연수에 적합한 시설 등(이하 "부대시설"이라 한다)을 함께 갖추어 관광객에게 이용하게 하는 업(業)
　　나. 수상관광호텔업 : 수상에 구조물 또는 선박을 고정하거나 매어 놓고 관광객의 숙박에 적합한 시설을 갖추거나 부대시설을 함께 갖추어 관광객에게 이용하게 하는 업
　　다. 한국전통호텔업 : 한국전통의 건축물에 관광객의 숙박에 적합한 시설을 갖추거나 부대시설을 함께 갖추어 관광객에게 이용하게 하는 업
　　라. 가족호텔업 : 가족단위 관광객의 숙박에 적합한 시설 및 취사도구를 갖추어 관광객에게 이용하게 하거나 숙박에 딸린 음식 · 운동 · 휴양 또는 연수에 적합한 시설을 함께 갖추어 관광객에게 이용하게 하는 업
　　마. 호스텔업: 배낭여행객 등 개별 관광객의 숙박에 적합한 시설로서 샤워장, 취사장 등의 편의시설과 외국인 및 내국인 관광객을 위한 문화 · 정보 교류시설 등을 함께 갖추어 이용하게 하는 업
　　바. 소형호텔업: 관광객의 숙박에 적합한 시설을 소규모로 갖추고 숙박에 딸린 음식 · 운동 · 휴양 또는 연수에 적합한 시설을 함께 갖추어 관광객에게 이용하게 하는 업
　　사. 의료관광호텔업: 의료관광객의 숙박에 적합한 시설 및 취사도구를 갖추거나 숙박에 딸

린 음식 · 운동 또는 휴양에 적합한 시설을 함께 갖추어 주로 외국인 관광객에게 이용하게 하는 업

3. 관광객 이용시설업의 종류

가. 전문휴양업 : 관광객의 휴양이나 여가 선용을 위하여 숙박업 시설(「공중위생관리법 시행령」 제2조제1항제1호 및 제2호의 시설을 포함하며, 이하 "숙박시설"이라 한다)이나 「식품위생법 시행령」 제21조제8호가목 · 나목 또는 바목에 따른 휴게음식점영업, 일반음식점영업 또는 제과점영업의 신고에 필요한 시설(이하 "음식점시설"이라 한다)을 갖추고 별표 1 제4호가목(2)(가)부터 (거)까지의 규정에 따른 시설(이하 "전문휴양시설"이라 한다) 중 한 종류의 시설을 갖추어 관광객에게 이용하게 하는 업

나. 종합휴양업

(1) 제1종 종합휴양업 : 관광객의 휴양이나 여가 선용을 위하여 숙박시설 또는 음식점시설을 갖추고 전문휴양시설 중 두 종류 이상의 시설을 갖추어 관광객에게 이용하게 하는 업이나, 숙박시설 또는 음식점시설을 갖추고 전문휴양시설 중 한 종류 이상의 시설과 종합유원시설업의 시설을 갖추어 관광객에게 이용하게 하는 업

(2) 제2종 종합휴양업 : 관광객의 휴양이나 여가 선용을 위하여 관광숙박업의 등록에 필요한 시설과 제1종 종합휴양업의 등록에 필요한 전문휴양시설 중 두 종류 이상의 시설 또는 전문휴양시설 중 한 종류 이상의 시설 및 종합유원시설업의 시설을 함께 갖추어 관광객에게 이용하게 하는 업

다. 야영장업

1) 일반야영장업: 야영장비 등을 설치할 수 있는 공간을 갖추고 야영에 적합한 시설을 함께 갖추어 관광객에게 이용하게 하는 업

2) 자동차야영장업: 자동차를 주차하고 그 옆에 야영장비 등을 설치할 수 있는 공간을 갖추고 취사 등에 적합한 시설을 함께 갖추어 자동차를 이용하는 관광객에게 이용하게 하는 업

라. 관광유람선업

1) 일반관광유람선업: 「해운법」에 따른 해상여객운송사업의 면허를 받은 자나 「유선 및 도선사업법」에 따른 유선사업의 면허를 받거나 신고한 자가 선박을 이용하여 관광객에게 관광을 할 수 있도록 하는 업

2) 크루즈업 : 「해운법」에 따른 순항(順航) 여객운송사업이나 복합 해상여객운송사업의 면허를 받은 자가 해당 선박 안에 숙박시설, 위락시설 등 편의시설을 갖춘 선박을 이용하여 관광객에게 관광을 할 수 있도록 하는 업

마. 관광공연장업 : 관광객을 위하여 적합한 공연시설을 갖추고 공연물을 공연하면서 관광객에게 식사와 주류를 판매하는 업

바. 외국인관광 도시민박업: 「국토의 계획 및 이용에 관한 법률」 제6조제1호에 따른 도시지역(「농어촌정비법」에 따른 농어촌지역 및 준농어촌지역은 제외한다. 이하 이 조에서 같다)의 주민이 자신이 거주하고 있는 다음의 어느 하나에 해당하는 주택을 이용하여 외국인 관광객에게 한국의 가정문화를 체험할 수 있도록 적합한 시설을 갖추고 숙식 등을 제공(도시지역에서 「도시재생 활성화 및 지원에 관한 특별법」 제2조제6호에 따른 도시재생활성화계획에 따라 같은 조 제9호에 따른 마을기업이 외국인 관광객에게 우선하여 숙식 등을 제공하면서, 외국인 관광객의 이용에 지장을 주지 아니하는 범위에서 해당 지역을 방문하는 내국인 관광객에게 그 지역의 특성화된 문화를 체험할 수 있도록 숙식 등을 제공하는 것을 포함한다)하는 업

1) 「건축법 시행령」 별표 1 제1호가목 또는 다목에 따른 단독주택 또는 다가구주택

2) 「건축법 시행령」 별표 1 제2호가목, 나목 또는 다목에 따른 아파트, 연립주택 또는 다세대주택

사. 한옥체험업: 한옥(「한옥 등 건축자산의 진흥에 관한 법률」 제2조제2호에 따른 한옥을 말한다)에 관광객의 숙박 체험에 적합한 시설을 갖추고 관광객에게 이용하게 하거나, 전통 놀이 및 공예 등 전통문화 체험에 적합한 시설을 갖추어 관광객에게 이용하게 하는 업

4. 국제회의업의 종류

가. 국제회의시설업 : 대규모 관광 수요를 유발하는 국제회의를 개최할 수 있는 시설을 설치하여 운영하는 업

나. 국제회의기획업 : 대규모 관광 수요를 유발하는 국제회의의 계획·준비·진행 등의 업무를 위탁받아 대행하는 업

5. 유원시설업(遊園施設業)의 종류

가. 종합유원시설업 : 유기시설이나 유기기구를 갖추어 관광객에게 이용하게 하는 업으로서 대규모의 대지 또는 실내에서 법 제33조에 따른 안전성검사 대상 유기시설 또는 유기기구 여섯 종류 이상을 설치하여 운영하는 업

나. 일반유원시설업 : 유기시설이나 유기기구를 갖추어 관광객에게 이용하게 하는 업으로서 법 제33조에 따른 안전성검사 대상 유기시설 또는 유기기구 한 종류 이상을 설치하여 운영하는 업

다. 기타유원시설업 : 유기시설이나 유기기구를 갖추어 관광객에게 이용하게 하는 업으로

　　　서 법 제33조에 따른 안전성검사 대상이 아닌 유기시설 또는 유기기구를 설치하여 운영하는 업

6. 관광 편의시설업의 종류

　가. 관광유흥음식점업: 식품위생 법령에 따른 유흥주점 영업의 허가를 받은 자가 관광객이 이용하기 적합한 한국 전통 분위기의 시설을 갖추어 그 시설을 이용하는 자에게 음식을 제공하고 노래와 춤을 감상하게 하거나 춤을 추게 하는 업

　나. 관광극장유흥업: 식품위생 법령에 따른 유흥주점 영업의 허가를 받은 자가 관광객이 이용하기 적합한 무도(舞蹈)시설을 갖추어 그 시설을 이용하는 자에게 음식을 제공하고 노래와 춤을 감상하게 하거나 춤을 추게 하는 업

　다. 외국인전용 유흥음식점업 : 식품위생 법령에 따른 유흥주점영업의 허가를 받은 자가 외국인이 이용하기 적합한 시설을 갖추어 외국인만을 대상으로 주류나 그 밖의 음식을 제공하고 노래와 춤을 감상하게 하거나 춤을 추게 하는 업

　라. 관광식당업 : 식품위생 법령에 따른 일반음식점영업의 허가를 받은 자가 관광객이 이용하기 적합한 음식 제공시설을 갖추고 관광객에게 특정 국가의 음식을 전문적으로 제공하는 업

　마. 관광순환버스업 : 「여객자동차 운수사업법」에 따른 여객자동차운송사업의 면허를 받거나 등록을 한 자가 버스를 이용하여 관광객에게 시내와 그 주변 관광지를 정기적으로 순회하면서 관광할 수 있도록 하는 업

　바. 관광사진업 : 외국인 관광객과 동행하며 기념사진을 촬영하여 판매하는 업

　사. 여객자동차터미널시설업 : 「여객자동차 운수사업법」에 따른 여객자동차터미널사업의 면허를 받은 자가 관광객이 이용하기 적합한 여객자동차터미널시설을 갖추고 이들에게 휴게시설·안내시설 등 편익시설을 제공하는 업

　아. 관광펜션업 : 숙박시설을 운영하고 있는 자가 자연·문화 체험관광에 적합한 시설을 갖추어 관광객에게 이용하게 하는 업

　자. 관광궤도업 : 「궤도운송법」에 따른 궤도사업의 허가를 받은 자가 주변 관람과 운송에 적합한 시설을 갖추어 관광객에게 이용하게 하는 업

　차. 삭제〈2020. 4. 28.〉

　카. 관광면세업: 다음의 어느 하나에 해당하는 자가 판매시설을 갖추고 관광객에게 면세물품을 판매하는 업

　　1) 「관세법」 제196조에 따른 보세판매장의 특허를 받은 자

　　2) 「외국인관광객 등에 대한 부가가치세 및 개별소비세 특례규정」 제5조에 따라 면세판

매장의 지정을 받은 자

    타. 관광지원서비스업: 주로 관광객 또는 관광사업자 등을 위하여 사업이나 시설 등을 운영하는 업으로서 문화체육관광부장관이 「통계법」 제22조제2항 단서에 따라 관광 관련 산업으로 분류한 쇼핑업, 운수업, 숙박업, 음식점업, 문화·오락·레저스포츠업, 건설업, 자동차임대업 및 교육서비스업 등. 다만, 법에 따라 등록·허가 또는 지정(이 영 제2조제6호가목부터 카목까지의 규정에 따른 업으로 한정한다)을 받거나 신고를 해야 하는 관광사업은 제외한다.

② 제1항제6호아목은 「제주특별자치도 설치 및 국제자유도시 조성을 위한 특별법」을 적용받는 지역에 대하여는 적용하지 아니한다.

제3조(등록절차)

① 법 제4조제1항에 따라 등록을 하려는 자는 문화체육관광부령으로 정하는 바에 따라 관광사업 등록신청서를 특별자치시장·특별자치도지사·시장·군수·구청장(자치구의 구청장을 말한다. 이하 같다)에게 제출하여야 한다.   〈개정 2009. 10. 7., 2019. 4. 9.〉

② 특별자치시장·특별자치도지사·시장·군수·구청장은 법 제17조에 따른 관광숙박업 및 관광객 이용시설업 등록심의위원회의 심의를 거쳐야 할 관광사업의 경우에는 그 심의를 거쳐 등록 여부를 결정한다.   〈개정 2009. 10. 7., 2019. 4. 9.〉

[제목개정 2009. 10. 7.]

제4조(등록증의 발급)

① 제3조에 따라 등록신청을 받은 특별자치시장·특별자치도지사·시장·군수·구청장은 신청한 사항이 제5조에 따른 등록기준에 맞으면 문화체육관광부령으로 정하는 등록증을 신청인에게 발급하여야 한다.   〈개정 2008. 2. 29., 2009. 10. 7., 2019. 4. 9.〉

② 특별자치시장·특별자치도지사·시장·군수·구청장은 제1항에 따른 등록증을 발급하려면 법 제18조제1항에 따라 의제되는 인·허가증을 한꺼번에 발급할 수 있도록 해당 인·허가기관의 장에게 인·허가증의 송부를 요청할 수 있다.   〈개정 2009. 10. 7., 2019. 4. 9.〉

③ 특별자치시장·특별자치도지사·시장·군수·구청장은 제1항 및 제2항에 따라 등록증을 발급하면 문화체육관광부령으로 정하는 바에 따라 관광사업자등록대장을 작성하고 관리·보존하여야 한다.   〈개정 2008. 2. 29., 2009. 10. 7., 2019. 4. 9.〉

④ 특별자치시장·특별자치도지사·시장·군수·구청장은 등록한 관광사업자가 제1항에 따라 발급받은 등록증을 잃어버리거나 그 등록증이 헐어 못쓰게 되어버린 경우에는 문화체육

관광부령으로 정하는 바에 따라 다시 발급하여야 한다.

〈개정 2008. 2. 29., 2009. 10. 7., 2019. 4. 9.〉

제5조(등록기준)

법 제4조제3항에 따른 관광사업의 등록기준은 별표 1과 같다. 다만, 휴양 콘도미니엄업과 전문휴양업 중 온천장 및 농어촌휴양시설을 2012년 11월 1일부터 2014년 10월 31일까지 제3조제1항에 따라 등록 신청하면 다음 각 호의 기준에 따른다. 〈개정 2012. 10. 29., 2013. 10. 31.〉

1. 휴양 콘도미니엄업의 경우 별표 1 제3호가목(1)에도 불구하고 같은 단지 안에 20실 이상 객실을 갖추어야 한다.

2. 전문휴양업 중 온천장의 경우 별표 1 제4호가목(2)(사)에도 불구하고 다음 각 목의 요건을 갖추어야 한다.

   가. 온천수를 이용한 대중목욕시설이 있을 것

   나. 정구장·탁구장·볼링장·활터·미니골프장·배드민턴장·롤러스케이트장·보트장 등의 레크리에이션 시설 중 두 종류 이상의 시설을 갖추거나 제2조제5호에 따른 유원시설업 시설이 있을 것

3. 전문휴양업 중 농어촌휴양시설의 경우 별표 1 제4호가목(2)(차)에도 불구하고 다음 각 목의 요건을 갖추어야 한다.

   가. 「농어촌정비법」에 따른 농어촌 관광휴양단지 또는 관광농원의 시설을 갖추고 있을 것

   나. 관광객의 관람이나 휴식에 이용될 수 있는 특용작물·나무 등을 재배하거나 어류·희귀동물 등을 기르고 있을 것

제6조(변경등록)

① 법 제4조제4항에 따른 변경등록사항은 다음 각 호와 같다. 〈개정 2015. 3. 17., 2020. 4. 28.〉

1. 사업계획의 변경승인을 받은 사항(사업계획의 승인을 받은 관광사업만 해당한다)

2. 상호 또는 대표자의 변경

3. 객실 수 및 형태의 변경(휴양 콘도미니엄업을 제외한 관광숙박업만 해당한다)

4. 부대시설의 위치·면적 및 종류의 변경(관광숙박업만 해당한다)

5. 여행업의 경우에는 사무실 소재지의 변경 및 영업소의 신설, 국제회의기획업의 경우에는 사무실 소재지의 변경

6. 부지 면적의 변경, 시설의 설치 또는 폐지(야영장업만 해당한다)

7. 객실 수 및 면적의 변경, 편의시설 면적의 변경, 체험시설 종류의 변경(한옥체험업만 해당한다)

② 제1항에 따른 변경등록을 하려는 자는 그 변경사유가 발생한 날부터 30일 이내에 문화체육관광부령으로 정하는 바에 따라 변경등록신청서를 특별자치시장 · 특별자치도지사 · 시장 · 군수 · 구청장에게 제출하여야 한다. 다만, 제1항제5호의 변경등록사항 중 사무실 소재지를 변경한 경우에는 변경등록신청서를 새로운 소재지의 관할 특별자치시장 · 특별자치도지사 · 시장 · 군수 · 구청장에게 제출할 수 있다. 〈개정 2008. 2. 29., 2009. 10. 7., 2019. 4. 9.〉

제7조(허가대상 유원시설업)

법 제5조제2항에서 "대통령령으로 정하는 유원시설업"이란 종합유원시설업 및 일반유원시설업을 말한다.

제8조(상호의 사용제한)

법 제10조제3항 및 제4항에 따라 관광사업자가 아닌 자는 다음 각 호의 업종 구분에 따른 명칭을 포함하는 상호를 사용할 수 없다. 〈개정 2009. 1. 20., 2010. 6. 15., 2014. 9. 11., 2016. 3. 22.〉

1. 관광숙박업과 유사한 영업의 경우 관광호텔과 휴양 콘도미니엄

2. 관광유람선업과 유사한 영업의 경우 관광유람

3. 관광공연장업과 유사한 영업의 경우 관광공연

4. 삭제 〈2014. 7. 16.〉

5. 관광유흥음식점업, 외국인전용 유흥음식점업 또는 관광식당업과 유사한 영업의 경우 관광식당

5의2. 관광극장유흥업과 유사한 영업의 경우 관광극장

6. 관광펜션업과 유사한 영업의 경우 관광펜션

7. 관광면세업과 유사한 영업의 경우 관광면세

제8조의2(외국인 의료관광 유치 · 지원 관련 기관)

① 법 제12조의2제1항에서 "대통령령으로 정하는 기준을 충족하는 외국인 의료관광 유치 · 지원 관련 기관"이란 다음 각 호의 어느 하나에 해당하는 것을 말한다.

〈개정 2013. 11. 29., 2016. 6. 21.〉

1. 「의료 해외진출 및 외국인환자 유치 지원에 관한 법률」 제6조제1항에 따라 등록한 외국인환자 유치 의료기관(이하 "외국인환자 유치 의료기관"이라 한다) 또는 같은 조 제2항에

따라 등록한 외국인환자 유치업자(이하 "유치업자"라 한다)

2. 「한국관광공사법」에 따른 한국관광공사

3. 그 밖에 법 제12조의2제1항에 따른 의료관광(이하 "의료관광"이라 한다)의 활성화를 위한 사업의 추진실적이 있는 보건 · 의료 · 관광 관련 기관 중 문화체육관광부장관이 고시하는 기관

② 법 제12조의2제1항에 따른 외국인 의료관광 유치 · 지원 관련 기관에 대한 관광진흥개발기금의 대여나 보조의 기준 및 절차는 「관광진흥개발기금법」에서 정하는 바에 따른다.

[본조신설 2009. 10. 7.]

제8조의3(외국인 의료관광 지원)

① 문화체육관광부장관은 법 제12조의2제2항에 따라 외국인 의료관광을 지원하기 위하여 외국인 의료관광 전문인력을 양성하는 전문교육기관 중에서 우수 전문교육기관이나 우수 교육과정을 선정하여 지원할 수 있다.

② 문화체육관광부장관은 외국인 의료관광 안내에 대한 편의를 제공하기 위하여 국내외에 외국인 의료관광 유치 안내센터를 설치 · 운영할 수 있다.

③ 문화체육관광부장관은 의료관광의 활성화를 위하여 지방자치단체의 장이나 외국인환자 유치 의료기관 또는 유치업자와 공동으로 해외마케팅사업을 추진할 수 있다. 〈개정 2013. 11. 29.〉

[본조신설 2009. 10. 7.]

제9조(사업계획 변경승인)

① 법 제15조제1항 후단에 따라 관광숙박업의 사업계획 변경에 관한 승인을 받아야 하는 경우는 다음 각 호와 같다. 〈개정 2011. 12. 30.〉

1. 부지 및 대지 면적을 변경할 때에 그 변경하려는 면적이 당초 승인받은 계획면적의 100분의 10 이상이 되는 경우

2. 건축 연면적을 변경할 때에 그 변경하려는 연면적이 당초 승인받은 계획면적의 100분의 10 이상이 되는 경우

3. 객실 수 또는 객실면적을 변경하려는 경우(휴양 콘도미니엄업만 해당한다)

4. 변경하려는 업종의 등록기준에 맞는 경우로서, 호텔업과 휴양 콘도미니엄업 간의 업종변경 또는 호텔업 종류 간의 업종 변경

② 법 제15조제2항 후단에 따라 관광객 이용시설업이나 국제회의업의 사업계획의 변경승인을 받을 수 있는 경우는 다음 각 호와 같다.

1. 전문휴양업이나 종합휴양업의 경우 부지, 대지 면적 또는 건축 연면적을 변경할 때에 그 변경하려는 면적이 당초 승인받은 계획면적의 100분의 10 이상이 되는 경우

2. 국제회의업의 경우 국제회의시설 중 다음 각 목의 어느 하나에 해당하는 변경을 하려는 경우

　　가. 「국제회의산업 육성에 관한 법률 시행령」 제3조제2항에 따른 전문회의시설의 회의실 수 또는 옥내전시면적을 변경할 때에 그 변경하려는 회의실 수 또는 옥내전시면적이 당초 승인받은 계획의 100분의 10 이상이 되는 경우

　　나. 「국제회의산업 육성에 관한 법률 시행령」 제3조제4항에 따른 전시시설의 회의실 수 또는 옥내전시면적을 변경할 때에 그 변경하려는 회의실 수 또는 옥내전시면적이 당초 승인받은 계획의 100분의 10 이상이 되는 경우

제10조(사업계획의 승인신청 등)

① 법 제15조제1항 및 제2항에 따라 관광호텔업 · 수상관광호텔업 · 한국전통호텔업 · 가족호텔업 · 호스텔업 · 소형호텔업 · 의료관광호텔업과 휴양 콘도미니엄업 및 제12조 각 호의 어느 하나에 해당하는 관광사업의 사업계획(이하 "사업계획"이라 한다) 승인을 받으려는 자는 문화체육관광부령으로 정하는 바에 따라 사업계획 승인신청서를 특별자치시장 · 특별자치도지사 · 시장 · 군수 · 구청장에게 제출하여야 한다.

〈개정 2008. 2. 29., 2009. 1. 20., 2010. 6. 15., 2013. 11. 29., 2019. 4. 9.〉

② 제9조에 따라 사업계획의 변경승인을 받으려는 자는 문화체육관광부령으로 정하는 바에 따라 사업계획 변경승인신청서를 특별자치시장 · 특별자치도지사 · 시장 · 군수 · 구청장에게 제출하여야 한다. 〈개정 2008. 2. 29., 2009. 1. 20., 2019. 4. 9.〉

③ 제1항과 제2항에 따라 사업계획의 승인 또는 변경승인신청서를 접수한 특별자치시장 · 특별자치도지사 · 시장 · 군수 · 구청장은 해당 관광사업이 법 제16조제1항에 따라 인 · 허가 등이 의제되는 사업인 경우에는 같은 조 제2항에 따라 소관 행정기관의 장과 협의하여야 한다.

〈개정 2009. 1. 20., 2019. 4. 9.〉

④ 제3항에 따라 협의 요청을 받은 소관 행정기관의 장은 협의 요청을 받은 날부터 30일 이내에 그 의견을 제출하여야 한다. 이 경우 그 기간 이내에 의견 제출이 없는 때에는 협의가 이루어진 것으로 본다. 〈개정 2014. 11. 28.〉

제11조(사업계획승인의 통보)

특별자치시장 · 특별자치도지사 · 시장 · 군수 · 구청장은 제10조에 따라 신청한 사업계획 또는

사업계획의 변경을 승인하는 경우에는 사업계획승인 또는 변경승인을 신청한 자에게 지체 없이 통보하여야 한다. 〈개정 2009. 1. 20., 2019. 4. 9.〉

제12조(사업계획승인 대상 관광객 이용시설업, 국제회의업)

법 제15조제2항 전단에서 "대통령령으로 정하는 관광객 이용시설업이나 국제회의업"이란 다음 각 호의 관광사업을 말한다.

1. 전문휴양업
2. 종합휴양업
3. 관광유람선업
4. 국제회의시설업

제13조(사업계획 승인기준)

① 법 제15조에 따른 사업계획의 승인 및 변경승인의 기준은 다음 각 호와 같다.

〈개정 2010. 6. 15., 2013. 11. 29., 2014. 11. 28., 2016. 3. 22., 2018. 12. 18., 2019. 4. 9.〉

1. 사업계획의 내용이 관계 법령의 규정에 적합할 것
2. 사업계획의 시행에 필요한 자금을 조달할 능력 및 방안이 있을 것
3. 일반 주거지역의 관광숙박시설 및 그 시설 안의 위락시설은 주거환경을 보호하기 위하여 다음 각 목의 기준에 맞아야 하고, 준주거지역의 경우에는 다목의 기준에 맞을 것. 다만, 일반 주거지역에서의 사업계획의 변경승인(신축 또는 기존 건축물 전부를 철거하고 다시 축조하는 개축을 하는 경우는 포함하지 아니한다)의 경우에는 가목의 기준을 적용하지 아니하고, 일반 주거지역의 호스텔업의 시설의 경우에는 라목의 기준을 적용하지 아니한다.
   가. 다음의 구분에 따라 사람 또는 차량의 통행이 가능하도록 대지가 도로에 연접할 것. 다만, 특별자치시·특별자치도·시·군·구(자치구를 말한다. 이하 같다)는 주거환경을 보호하기 위하여 필요하면 지역 특성을 고려하여 조례로 이 기준을 강화할 수 있다.
   1) 관광호텔업, 수상관광호텔업, 한국전통호텔업, 가족호텔업, 의료관광호텔업 및 휴양 콘도미니엄업 : 대지가 폭 12미터 이상의 도로에 4미터 이상 연접할 것
   2) 호스텔업 및 소형호텔업 : 대지가 폭 8미터(관광객의 수, 관광특구와의 거리 등을 고려하여 특별자치시장·특별자치도지사·시장·군수·구청장이 지정하여 고시하는 지역에서 20실 이하의 객실을 갖추어 경영하는 호스텔업의 경우에는 4미터) 이상의 도로에 4미터 이상 연접할 것
   나. 건축물(관광숙박시설이 설치되는 건축물 전부를 말한다) 각 부분의 높이는 그 부분으

로부터 인접대지를 조망할 수 있는 창이나 문 등의 개구부가 있는 벽면에서 직각 방향으로 인접된 대지의 경계선[대지와 대지 사이가 공원·광장·도로·하천이나 그 밖의 건축이 허용되지 아니하는 공지(空地)인 경우에는 그 인접된 대지의 반대편 경계선을 말한다]까지의 수평거리의 두 배를 초과하지 아니할 것

    다. 소음 공해를 유발하는 시설은 지하층에 설치하거나 그 밖의 방법으로 주변의 주거환경을 해치지 아니하도록 할 것

    라. 대지 안의 조경은 대지면적의 15퍼센트 이상으로 하되, 대지 경계선 주위에는 다 자란 나무를 심어 인접 대지와 차단하는 수림대(樹林帶)를 조성할 것

4. 연간 내국인 투숙객 수가 객실의 연간 수용가능 총인원의 40퍼센트를 초과하지 아니할 것(의료관광호텔업만 해당한다)

② 특별자치시장·특별자치도지사·시장·군수·구청장은 휴양 콘도미니엄업의 규모를 축소하는 사업계획에 대한 변경승인신청을 받은 경우에는 다음 각 호의 어느 하나의 감소 비율이 당초 승인한 분양 및 회원 모집 계획상의 피분양자 및 회원(이하 이 항에서 "회원등"이라 한다) 총 수에 대한 사업계획 변경승인 예정일 현재 실제로 미분양 및 모집 미달이 되고 있는 잔여 회원등 총 수의 비율(이하 이 항에서 "미분양률"이라 한다)을 초과하지 아니하는 한도에서 그 변경승인을 하여야 한다. 다만, 사업자가 이미 분양받거나 회원권을 취득한 회원등에 대하여 그 대지면적 및 객실면적(전용 및 공유면적을 말하며, 이하 이 항에서 같다)의 감소분에 비례하여 분양가격 또는 회원 모집가격을 인하하여 해당 회원등에게 통보한 경우에는 미분양률을 초과하여 변경승인을 할 수 있다. 〈개정 2009. 1. 20., 2019. 4. 9.〉

1. 당초계획(승인한 사업계획을 말한다. 이하 이 항에서 같다)상의 대지면적에 대한 변경계획상의 대지면적 감소비율

2. 당초계획상의 객실 수에 대한 변경계획상의 객실 수 감소비율

3. 당초계획상의 전체 객실면적에 대한 변경계획상의 전체 객실면적 감소비율

제14조(관광숙박시설 건축지역)

법 제16조제5항제2호에서 "대통령령으로 정하는 지역"이란 다음 각 호의 지역을 말한다.

    1. 일반주거지역

    2. 준주거지역

    3. 준공업지역

    4. 자연녹지지역

제14조의2(학교환경위생 정화구역 내 관광숙박시설의 설치)

① 법 제16조제6항 및 같은 조 제7항제3호에서 "대통령령으로 정하는 지역"이란 각각 다음 각
호의 지역을 말한다.

1. 서울특별시

2. 경기도

② 법 제16조제7항에 따라 「학교보건법」 제6조제1항제13호를 적용하지 아니하는 관광숙박
시설은 법 제16조제7항제4호에 따라 그 투숙객이 차량 또는 도보 등을 통하여 해당 관광숙박
시설에 드나들 수 있는 출입구, 주차장, 로비 등의 공용공간을 외부에서 조망할 수 있는 개방
적인 구조로 하여야 한다.

[본조신설 2016. 3. 22.]

제15조(위원장의 직무 등)

① 법 제17조제1항에 따른 관광숙박업 및 관광객 이용시설업 등록심의위원회(이하 "위원회"라
한다) 위원장은 위원회를 대표하고, 위원회의 직무를 총괄한다.

② 부위원장은 위원장을 보좌하고, 위원장이 부득이한 사유로 직무를 수행할 수 없을 때에는 그
직무를 대행한다.

제16조(회의)

① 위원장은 위원회의 회의를 소집하고 그 의장이 된다.

② 삭제 〈2019. 4. 9.〉

제17조(의견 청취)

위원장은 위원회의 심의사항과 관련하여 필요하다고 인정하면 관계인 또는 안전·소방 등에
대한 전문가를 출석시켜 그 의견을 들을 수 있다.

제18조(간사)

위원회의 서무를 처리하기 위하여 위원회에 간사 1명을 둔다.

제19조(운영세칙)

이 영에 규정된 사항 외에 위원회의 운영에 필요한 사항은 위원회의 의결을 거쳐 위원장이 정한
다.

제20조(등록심의대상 관광사업)

① 법 제17조제1항 및 제3항제1호에서 "대통령령으로 정하는 관광객 이용시설업이나 국제회의 업"이란 제12조 각 호의 어느 하나에 해당하는 관광사업을 말한다.

② 법 제17조제4항 단서에서 "대통령령으로 정하는 경미한 사항의 변경"이란 법 제17조제3항에 따른 심의사항의 변경 중 관계되는 기관이 둘 이하인 경우의 심의사항 변경을 말한다.

제21조(인ㆍ허가 등을 받은 것으로 보는 영업)

법 제18조제1항제2호에서 "대통령령으로 정하는 영업"이란 「식품위생법 시행령」 제21조제8호가목부터 라목까지 및 바목에 따른 휴게음식점영업ㆍ일반음식점영업ㆍ단란주점영업ㆍ유흥주점영업 및 제과점영업을 말한다. 〈개정 2009. 8. 6.〉

제21조의2(관광숙박업자의 준수사항)

① 법 제18조의2제3호에서 "대통령령으로 정하는 지역"이란 다음 각 호의 지역을 말한다.

1. 서울특별시

2. 경기도

② 법 제16조제7항에 따라 「학교보건법」 제6조제1항제13호를 적용받지 아니하고 관광숙박 시설을 설치한 자는 법 제18조의2제4호에 따라 그 투숙객이 차량 또는 도보 등을 통하여 해당 관광숙박시설에 드나들 수 있는 출입구, 주차장, 로비 등의 공용공간을 외부에서 조망할 수 있는 개방적인 구조로 하여야 한다.

[본조신설 2016. 3. 22.]

제22조(호텔업의 등급결정)

① 법 제19조제1항 단서에서 "대통령령으로 정하는 자"란 관광호텔업, 수상관광호텔업, 한국전통호텔업, 가족호텔업, 소형호텔업 또는 의료관광호텔업의 등록을 한 자를 말한다.

〈개정 2014. 9. 11., 2019. 11. 19.〉

② 법 제19조제5항에 따라 관광숙박업 중 호텔업의 등급은 5성급ㆍ4성급ㆍ3성급ㆍ2성급 및 1성급으로 구분한다. 〈개정 2014. 9. 11., 2014. 11. 28.〉

③ 삭제 〈2014. 9. 11.〉

[제목개정 2014. 9. 11.]

제22조의2 삭제 〈2018. 6. 5.〉

제23조(분양 및 회원모집 관광사업)

① 법 제20조제1항 및 제2항제1호에서 "대통령령으로 정하는 종류의 관광사업"이란 다음 각 호의 사업을 말한다.

1. 휴양 콘도미니엄업 및 호텔업

2. 관광객 이용시설업 중 제2종 종합휴양업

② 법 제20조제2항제2호 단서에서 "대통령령으로 정하는 종류의 관광숙박업"이란 다음 각 호의 숙박업을 말한다. 〈개정 2008. 8. 26.〉

1. 휴양 콘도미니엄업

2. 호텔업

3. 삭제 〈2008. 8. 26.〉

제24조(분양 및 회원모집의 기준 및 시기)

① 법 제20조제4항에 따른 휴양 콘도미니엄업 시설의 분양 및 회원모집 기준과 호텔업 및 제2종 종합휴양업 시설의 회원모집 기준은 다음 각 호와 같다. 다만, 제2종 종합휴양업 시설 중 등록 체육시설업 시설에 대한 회원모집에 관하여는 「체육시설의 설치·이용에 관한 법률」에서 정하는 바에 따른다. 〈개정 2008. 11. 26., 2010. 6. 15., 2014. 9. 11., 2018. 9. 18.〉

1. 다음 각 목의 구분에 따른 소유권 등을 확보할 것. 이 경우 분양(휴양 콘도미니엄업만 해당한다. 이하 같다) 또는 회원모집 당시 해당 휴양 콘도미니엄업, 호텔업 및 제2종 종합휴양업의 건물이 사용승인된 경우에는 해당 건물의 소유권도 확보하여야 한다.

　가. 휴양 콘도미니엄업 및 호텔업(수상관광호텔은 제외한다)의 경우 : 해당 관광숙박시설이 건설되는 대지의 소유권

　나. 수상관광호텔의 경우 : 구조물 또는 선박의 소유권

　다. 제2종 종합휴양업의 경우 : 회원모집 대상인 해당 제2종 종합휴양업 시설이 건설되는 부지의 소유권 또는 사용권

2. 제1호에 따른 대지·부지 및 건물이 저당권의 목적물로 되어 있는 경우에는 그 저당권을 말소할 것. 다만, 공유제(共有制)일 경우에는 분양받은 자의 명의로 소유권 이전등기를 마칠 때까지, 회원제일 경우에는 저당권이 말소될 때까지 분양 또는 회원모집과 관련한 사고로 인하여 분양을 받은 자나 회원에게 피해를 주는 경우 그 손해를 배상할 것을 내용으로 저당권 설정금액에 해당하는 보증보험에 가입한 경우에는 그러하지 아니하다.

3. 분양을 하는 경우 한 개의 객실당 분양인원은 5명 이상으로 하되, 가족(부부 및 직계존비속을 말한다)만을 수분양자로 하지 아니할 것. 다만, 다음 각 목의 어느 하나에 해당하는 경우에는 그러하지 아니하다.

　　가. 공유자가 법인인 경우

　　나. 「출입국관리법 시행령」 별표 1의2 제24호차목에 따라 법무부장관이 정하여 고시한 투자지역에 건설되는 휴양 콘도미니엄으로서 공유자가 외국인인 경우

4. 삭제 〈2015. 11. 18.〉

5. 공유자 또는 회원의 연간 이용일수는 365일을 객실당 분양 또는 회원모집계획 인원수로 나눈 범위 이내일 것

6. 주거용으로 분양 또는 회원모집을 하지 아니할 것

② 제1항에 따라 휴양 콘도미니엄업, 호텔업 및 제2종 종합휴양업의 분양 또는 회원을 모집하는 경우 그 시기 등은 다음 각 호와 같다. 〈개정 2008. 2. 29.〉

1. 휴양 콘도미니엄업 및 제2종 종합휴양업의 경우

　　가. 해당 시설공사의 총 공사 공정이 문화체육관광부령으로 정하는 공정률 이상 진행된 때부터 분양 또는 회원모집을 하되, 분양 또는 회원을 모집하려는 총 객실 중 공정률에 해당하는 객실을 대상으로 분양 또는 회원을 모집할 것

　　나. 공정률에 해당하는 객실 수를 초과하여 분양 또는 회원을 모집하려는 경우에는 분양 또는 회원모집과 관련한 사고로 인하여 분양을 받은 자나 회원에게 피해를 주는 경우 그 손해를 배상할 것을 내용으로 공정률을 초과하여 분양 또는 회원을 모집하려는 금액에 해당하는 보증보험에 관광사업의 등록 시까지 가입할 것

2. 호텔업의 경우

　　관광사업의 등록 후부터 회원을 모집할 것. 다만, 제2종 종합휴양업에 포함된 호텔업의 경우에는 제1호가목 및 나목을 적용한다.

제25조(분양 또는 회원모집계획서의 제출)

① 제24조에 따라 분양 또는 회원을 모집하려는 자는 문화체육관광부령으로 정하는 바에 따라 분양 또는 회원모집계획서를 특별자치시장 · 특별자치도지사 · 시장 · 군수 · 구청장에게 제출하여야 한다. 〈개정 2008. 2. 29., 2009. 1. 20., 2019. 4. 9.〉

② 제1항에 따라 제출한 분양 또는 회원모집계획서의 내용이 사업계획승인 내용과 다른 경우에는 사업계획 변경승인신청서를 함께 제출하여야 한다.

③ 제1항과 제2항에 따라 분양 또는 회원모집계획서를 제출받은 특별자치시장 · 특별자치도지

사·시장·군수·구청장은 이를 검토한 후 지체 없이 그 결과를 상대방에게 알려야 한다.

〈개정 2009. 1. 20., 2019. 4. 9.〉

④ 제1항부터 제3항까지의 규정은 분양 또는 회원모집계획을 변경하는 경우에 이를 준용한다.

제26조(공유자 또는 회원의 보호)

분양 또는 회원모집을 한 자는 법 제20조제5항에 따라 공유자 또는 회원의 권익 보호를 위하여 다음 각 호의 사항을 지켜야 한다. 〈개정 2008. 2. 29., 2014. 9. 11., 2015. 11. 18., 2018. 9. 18., 2021. 1. 5.〉

1. 공유지분 또는 회원자격의 양도·양수 : 공유지분 또는 회원자격의 양도·양수를 제한하지 아니할 것. 다만, 제24조제1항제3호에 따라 휴양 콘도미니엄의 객실을 분양받은 자가 해당 객실을 법인이 아닌 내국인(「출입국관리법 시행령」 별표 1의2 제24호차목에 따라 법무부장관이 정하여 고시한 투자지역에 위치하지 아니한 휴양 콘도미니엄의 경우 법인이 아닌 외국인을 포함한다)에게 양도하려는 경우에는 양수인이 같은 호 각 목 외의 부분 본문에 따른 분양기준에 적합하도록 하여야 한다.

2. 시설의 이용 : 공유자 또는 회원이 이용하지 아니하는 객실만을 공유자 또는 회원이 아닌 자에게 이용하게 할 것. 이 경우 객실이용계획을 수립하여 제6호에 따른 공유자·회원의 대표기구와 미리 협의하여야 하며, 객실이용명세서를 작성하여 공유자·회원의 대표기구에 알려야 한다.

3. 시설의 유지·관리에 필요한 비용의 징수

   가. 해당 시설을 선량한 관리자로서의 주의의무를 다하여 관리하되, 시설의 유지·관리에 드는 비용 외의 비용을 징수하지 아니할 것

   나. 시설의 유지·관리에 드는 비용의 징수에 관한 사항을 변경하려는 경우에는 공유자·회원의 대표기구와 협의하고, 그 협의 결과를 공유자 및 회원에게 공개할 것

   다. 시설의 유지·관리에 드는 비용 징수금의 사용명세를 매년 공유자·회원의 대표기구에 공개할 것

4. 회원의 입회금(회원자격을 부여받은 대가로 회원을 모집하는 자에게 지급하는 비용을 말한다)의 반환 : 회원의 입회기간 및 입회금의 반환은 관광사업자 또는 사업계획승인을 받은 자와 회원 간에 체결한 계약에 따르되, 회원의 입회기간이 끝나 입회금을 반환해야 하는 경우에는 입회금 반환을 요구받은 날부터 10일 이내에 반환할 것

5. 회원증의 발급 및 확인 : 문화체육관광부령으로 정하는 바에 따라 공유자나 회원에게 해당 시설의 공유자나 회원임을 증명하는 회원증을 문화체육관광부령으로 정하는 기관으로부터 확인받아 발급할 것

6. 공유자 · 회원의 대표기구의 구성 및 운영

가. 20명 이상의 공유자 · 회원으로 대표기구를 구성할 것. 이 경우 그 분양 또는 회원모집을 한 자와 그 대표자 및 임직원은 대표기구에 참여할 수 없다.

나. 가목에 따라 대표기구를 구성하는 경우(결원을 충원하는 경우를 포함한다)에는 그 공유자 · 회원 모두를 대상으로 전자우편 또는 휴대전화 문자메세지로 통지하거나 해당 사업자의 인터넷 홈페이지에 게시하는 등의 방법으로 그 사실을 알리고 대표기구의 구성원을 추천받거나 신청받도록 할 것

다. 공유자 · 회원의 권익에 관한 사항(제3호나목에 관한 사항은 제외한다)은 대표기구와 협의할 것

라. 휴양 콘도미니엄업에 대한 특례

1) 가목에도 불구하고 한 개의 법인이 복수의 휴양 콘도미니엄업을 등록한 경우에는 그 법인이 등록한 휴양 콘도미니엄업의 전부 또는 일부를 대상으로 대표기구를 통합하여 구성할 수 있도록 하되, 통합하여 구성된 대표기구(이하 "통합 대표기구"라 한다)에는 각각의 등록된 휴양 콘도미니엄업 시설의 공유자 및 회원이 다음의 기준에 따라 포함되도록 할 것

가) 공유자와 회원이 모두 있는 등록된 휴양 콘도미니엄업의 경우: 공유자 및 회원 각각 1명 이상

나) 공유자 또는 회원만 있는 등록된 휴양 콘도미니엄업의 경우: 공유자 또는 회원 1명 이상

2) 1)에 따라 통합 대표기구를 구성한 경우에도 특정 휴양 콘도미니엄업 시설의 공유자 · 회원의 권익에 관한 사항으로서 통합 대표기구의 구성원 10명 이상 또는 해당 휴양 콘도미니엄업 시설의 공유자 · 회원 10명 이상이 요청하는 경우에는 해당 휴양 콘도미니엄업 시설의 공유자 · 회원 20명 이상으로 그 휴양 콘도미니엄업의 해당 안건만을 협의하기 위한 대표기구를 구성하여 해당 안건에 관하여 통합 대표기구를 대신하여 협의하도록 할 것

7. 그 밖의 공유자 · 회원의 권익 보호에 관한 사항 : 분양 또는 회원모집계약서에 사업계획의 승인번호 · 일자(관광사업으로 등록된 경우에는 등록번호 · 일자), 시설물의 현황 · 소재지, 연간 이용일수 및 회원의 입회기간을 명시할 것

제27조(카지노업의 허가요건 등)

① 법 제21조제1항제1호에서 "대통령령으로 정하는 국제회의업 시설"이란 제2조제1항제4호가

목의 국제회의시설업의 시설을 말한다.

② 법 제21조제1항에 따른 카지노업의 허가요건은 다음 각 호와 같다.

〈개정 2008. 2. 29., 2012. 11. 20., 2015. 8. 4.〉

1. 관광호텔업이나 국제회의시설업의 부대시설에서 카지노업을 하려는 경우

가. 삭제 〈2015. 8. 4.〉

    나. 외래관광객 유치계획 및 장기수지전망 등을 포함한 사업계획서가 적정할 것

    다. 나목에 규정된 사업계획의 수행에 필요한 재정능력이 있을 것

    라. 현금 및 칩의 관리 등 영업거래에 관한 내부통제방안이 수립되어 있을 것

    마. 그 밖에 카지노업의 건전한 운영과 관광산업의 진흥을 위하여 문화체육관광부장관이 공고하는 기준에 맞을 것

2. 우리나라와 외국 간을 왕래하는 여객선에서 카지노업을 하려는 경우

가. 여객선이 2만톤급 이상으로 문화체육관광부장관이 공고하는 총톤수 이상일 것

나. 삭제 〈2012. 11. 20.〉

다. 제1호나목부터 마목까지의 규정에 적합할 것

③ 문화체육관광부장관은 법 제21조제2항에 따라 최근 신규허가를 한 날 이후에 전국 단위의 외래관광객이 60만 명 이상 증가한 경우에만 신규허가를 할 수 있되, 다음 각 호의 사항을 고려하여 그 증가인원 60만 명당 2개 사업 이하의 범위에서 할 수 있다.

〈개정 2008. 2. 29., 2015. 8. 4.〉

1. 전국 단위의 외래관광객 증가 추세 및 지역의 외래관광객 증가 추세

2. 카지노이용객의 증가 추세

3. 기존 카지노사업자의 총 수용능력

4. 기존 카지노사업자의 총 외화획득실적

5. 그 밖에 카지노업의 건전한 운영과 관광산업의 진흥을 위하여 필요한 사항

④ 삭제 〈2016. 8. 2.〉

제28조(카지노업의 조건부 영업허가 기간)

법 제24조제1항 본문에서 "대통령령으로 정하는 기간"이란 조건부 영업허가를 받은 날부터 1년 이내를 말한다.

[전문개정 2011. 10. 6.]

제29조(카지노업의 종사원의 범위)

법 제28조제1항 각 호 외의 부분에서 "대통령령으로 정하는 종사원"이란 그 직위와 명칭이 무엇이든 카지노사업자를 대리하거나 그 지시를 받아 상시 또는 일시적으로 카지노영업에 종사하는 자를 말한다.

제29조의2 삭제 〈2014. 8. 6.〉

제30조(관광진흥개발기금으로의 납부금 등)

① 법 제30조제1항에 따른 총매출액은 카지노영업과 관련하여 고객으로부터 받은 총금액에서 고객에게 지급한 총금액을 공제한 금액을 말한다.　　　　　　　　　〈개정 2021. 1. 5.〉

② 법 제30조제4항에 따른 관광진흥개발기금 납부금(이하 "납부금"이라 한다)의 징수비율은 다음 각 호의 어느 하나와 같다.

　1. 연간 총매출액이 10억원 이하인 경우 : 총매출액의 100분의 1

　2. 연간 총매출액이 10억원 초과 100억원 이하인 경우 : 1천만원＋총매출액 중 10억원을 초과하는 금액의 100분의 5

　3. 연간 총매출액이 100억원을 초과하는 경우 : 4억6천만원＋총매출액 중 100억원을 초과하는 금액의 100분의 10

③ 카지노사업자는 매년 3월 말까지 공인회계사의 감사보고서가 첨부된 전년도의 재무제표를 문화체육관광부장관에게 제출하여야 한다.　　　　　　　　　　　　〈개정 2008. 2. 29.〉

④ 문화체육관광부장관은 매년 4월 30일까지 제2항에 따라 전년도의 총매출액에 대하여 산출한 납부금을 서면으로 명시하여 2개월 이내의 기한을 정하여 한국은행에 개설된 관광진흥개발기금의 출납관리를 위한 계정에 납부할 것을 알려야 한다. 이 경우 그 납부금을 2회 나누어 내게 할 수 있되, 납부기한은 다음 각 호와 같다.　　　〈개정 2008. 2. 29., 2010. 2. 24.〉

　1. 제1회: 해당 연도 6월 30일까지

　2. 제2회: 해당 연도 9월 30일까지

　3. 삭제 〈2010. 2. 24.〉

　4. 삭제 〈2010. 2. 24.〉

⑤ 카지노사업자는 천재지변이나 그 밖에 이에 준하는 사유로 납부금을 그 기한까지 납부할 수 없는 경우에는 그 사유가 없어진 날부터 7일 이내에 내야 한다.

⑥ 카지노사업자는 다음 각 호의 요건을 모두 갖춘 경우 문화체육관광부장관에게 제4항 각 호에 따른 납부기한의 45일 전까지 납부기한의 연기를 신청할 수 있다.　　〈신설 2021. 3. 23.〉

1. 「감염병의 예방 및 관리에 관한 법률」 제2조제2호에 따른 제1급감염병 확산으로 인한 매출액 감소가 문화체육관광부장관이 정하여 고시하는 기준에 해당할 것

2. 제1호에 따른 매출액 감소로 납부금을 납부하는 데 어려움이 있다고 인정될 것

⑦ 문화체육관광부장관은 제6항에 따른 신청을 받은 때에는 제4항에도 불구하고 「관광진흥개발기금법」 제6조에 따른 기금운용위원회의 심의를 거쳐 1년 이내의 범위에서 납부기한을 한 차례 연기할 수 있다.   〈신설 2021. 3. 23.〉

제31조(유원시설업의 조건부 영업허가 기간 등)

① 법 제31조제1항 본문에서 "대통령령으로 정하는 기간"이란 조건부 영업허가를 받은 날부터 다음 각 호의 구분에 따른 기간을 말한다.

1. 종합유원시설업을 하려는 경우: 5년 이내

2. 일반유원시설업을 하려는 경우: 3년 이내

② 법 제31조제1항 단서에서 "그 밖의 부득이한 사유"란 다음 각 호의 어느 하나에 해당하는 사유를 말한다.

1. 천재지변에 준하는 불가항력적인 사유가 있는 경우

2. 조건부 영업허가를 받은 자의 귀책사유가 아닌 사정으로 부지의 조성, 시설 및 설비의 설치가 지연되는 경우

3. 그 밖의 기술적인 문제로 시설 및 설비의 설치가 지연되는 경우

[전문개정 2011. 10. 6.]

제31조의2(유기시설 등에 의한 중대한 사고)

① 법 제33조의2제1항에서 "대통령령으로 정하는 중대한 사고"란 다음 각 호의 어느 하나에 해당하는 경우가 발생한 사고를 말한다.

1. 사망자가 발생한 경우

2. 의식불명 또는 신체기능 일부가 심각하게 손상된 중상자가 발생한 경우

3. 사고 발생일부터 3일 이내에 실시된 의사의 최초 진단결과 2주 이상의 입원 치료가 필요한 부상자가 동시에 3명 이상 발생한 경우

4. 사고 발생일부터 3일 이내에 실시된 의사의 최초 진단결과 1주 이상의 입원 치료가 필요한 부상자가 동시에 5명 이상 발생한 경우

5. 유기시설 또는 유기기구의 운행이 30분 이상 중단되어 인명 구조가 이루어진 경우

② 유원시설업자는 법 제33조의2제2항에 따라 자료의 제출 명령을 받은 날부터 7일 이내에 해

당 자료를 제출하여야 한다. 다만, 특별자치시장·특별자치도지사·시장·군수·구청장은 유원시설업자가 정해진 기간 내에 자료를 제출하는 것이 어렵다고 사유를 소명한 경우에는 10일의 범위에서 그 제출 기한을 연장할 수 있다. 〈개정 2019. 4. 9.〉

③ 특별자치시장·특별자치도지사·시장·군수·구청장은 법 제33조의2제2항에 따라 현장조사를 실시하려면 미리 현장조사의 일시, 장소 및 내용 등을 포함한 조사계획을 유원시설업자에게 문서로 알려야 한다. 다만, 긴급하게 조사를 실시하여야 하거나 부득이한 사유가 있는 경우에는 그러하지 아니하다. 〈개정 2019. 4. 9.〉

④ 특별자치시장·특별자치도지사·시장·군수·구청장은 제3항에 따른 현장조사를 실시하는 경우에는 재난관리에 관한 전문가를 포함한 3명 이내의 사고조사반을 구성하여야 한다. 〈개정 2019. 4. 9.〉

⑤ 특별자치시장·특별자치도지사·시장·군수·구청장은 법 제33조의2제2항에 따른 자료 및 현장조사 결과에 따라 해당 유기시설 또는 유기기구가 안전에 중대한 침해를 줄 수 있다고 판단하는 경우에는 같은 조 제3항에 따라 다음 각 호의 구분에 따른 조치를 명할 수 있다. 〈개정 2019. 4. 9.〉

1. 사용중지 명령: 유기시설 또는 유기기구를 계속 사용할 경우 이용자 등의 안전에 지장을 줄 우려가 있는 경우

2. 개선 명령: 유기시설 또는 유기기구의 구조 및 장치의 결함은 있으나 해당 시설 또는 기구의 개선 조치를 통하여 안전 운행이 가능한 경우

3. 철거 명령: 유기시설 또는 유기기구의 구조 및 장치의 중대한 결함으로 정비·수리 등이 곤란하여 안전 운행이 불가능한 경우

⑥ 유원시설업자는 제5항에 따른 조치 명령에 대하여 이의가 있는 경우에는 조치 명령을 받은 날부터 2개월 이내에 이의 신청을 할 수 있다.

⑦ 특별자치시장·특별자치도지사·시장·군수·구청장은 제6항에 따른 이의 신청이 있는 경우에는 최초 구성된 사고조사반의 반원 중 1명을 포함하여 3명 이내의 사고조사반을 새로 구성하여 현장조사를 하여야 한다. 〈개정 2019. 4. 9.〉

⑧ 법 제33조의2제3항에 따라 개선 명령을 받은 유원시설업자는 유기시설 또는 유기기구의 개선을 완료한 후 제65조제1항제3호에 따라 유기시설 또는 유기기구의 안전성 검사 및 안전성 검사 대상에 해당되지 아니함을 확인하는 검사에 관한 권한을 위탁받은 업종별 관광협회 또는 전문 연구·검사기관으로부터 해당 시설 또는 기구의 운행 적합 여부를 검사받아 그 결과를 관할 특별자치시장·특별자치도지사·시장·군수·구청장에게 제출하여야 한다. 〈개정 2019. 4. 9.〉

[본조신설 2015. 11. 18.]

제32조(사업계획승인시설의 착공 및 준공기간)

법 제35조제1항제8호에서 "대통령령으로 정하는 기간"이란 다음 각 호의 기간을 말한다.

〈개정 2009. 6. 30.〉

    1. 2011년 6월 30일 이전에 법 제15조에 따른 사업계획의 승인을 받은 경우

       가. 착공기간: 사업계획의 승인을 받은 날부터 4년

       나. 준공기간: 착공한 날부터 7년

    2. 2011년 7월 1일 이후에 법 제15조에 따른 사업계획의 승인을 받은 경우

       가. 착공기간: 사업계획의 승인을 받은 날부터 2년

       나. 준공기간: 착공한 날부터 5년

제33조(행정처분의 기준 등)

① 법 제35조제1항 및 제2항에 따라 문화체육관광부장관, 특별시장·광역시장·특별자치시장·도지사·특별자치도지사(이하 "시·도지사"라 한다) 또는 시장·군수·구청장(이하 "등록기관등의 장"이라 한다)이 행정처분을 하기 위한 위반행위의 종류와 그 처분기준은 별표 2와 같다. 〈개정 2008. 2. 29., 2009. 10. 7., 2019. 4. 9.〉

② 등록기관등의 장이 제1항에 따라 행정처분을 한 경우에는 문화체육관광부령으로 정하는 행정처분기록대장에 그 처분내용을 기록·유지하여야 한다. 〈개정 2008. 2. 29.〉

제34조(과징금을 부과할 위반행위의 종류와 과징금의 금액)

① 법 제37조제2항에 따라 과징금을 부과하는 위반행위의 종류와 위반 정도에 따른 과징금의 금액은 별표 3과 같다.

② 등록기관등의 장은 사업자의 사업규모, 사업지역의 특수성과 위반행위의 정도 및 위반횟수 등을 고려하여 제1항에 따른 과징금 금액의 2분의 1 범위에서 가중하거나 감경할 수 있다. 다만, 가중하는 경우에도 과징금의 총액은 2천만원을 초과할 수 없다.

제35조(과징금의 부과 및 납부)

① 등록기관등의 장은 법 제37조에 따라 과징금을 부과하려면 그 위반행위의 종류와 과징금의 금액 등을 명시하여 납부할 것을 서면으로 알려야 한다.

② 제1항에 따라 통지를 받은 자는 20일 이내에 과징금을 등록기관등의 장이 정하는 수납기관

에 내야 한다. 다만, 천재지변이나 그 밖의 부득이한 사유로 그 기간에 과징금을 낼 수 없는 경우에는 그 사유가 없어진 날부터 7일 이내에 내야 한다.

③ 제2항에 따라 과징금을 받은 수납기관은 영수증을 납부자에게 발급하여야 한다.

④ 과징금의 수납기관은 제2항에 따라 과징금을 받은 경우에는 지체 없이 그 사실을 등록기관 등의 장에게 통보하여야 한다.

⑤ 삭제 〈2021. 9. 24.〉

제36조(자격을 필요로 하는 관광 업무 자격기준)

법 제38조제1항에 따라 등록기관등의 장이 관광종사원의 자격을 가진 자가 종사하도록 권고할 수 있거나 종사하게 하여야 하는 관광 업무 및 업무별 자격기준은 별표 4와 같다. 〈개정 2009. 10. 7.〉

[제목개정 2009. 10. 7.]

제37조(시 · 도지사 관할 관광종사원)

법 제40조 각 호 외의 부분 본문에서 "대통령령으로 정하는 관광종사원"이란 다음 각 호에 해당하는 자를 말한다.

    1. 국내여행안내사

    2. 호텔서비스사

제38조(한국관광협회중앙회의 설립요건)

① 법 제41조제2항에 따라 한국관광협회중앙회(이하 "협회"라 한다)를 설립하려면 제41조에 따른 지역별 관광협회 및 업종별 관광협회의 대표자 3분의 1 이상으로 구성되는 발기인이 정관을 작성하여 지역별 관광협회 및 업종별 관광협회의 대표자 과반수로 구성되는 창립총회의 의결을 거쳐야 한다.

② 협회의 설립 후 임원이 임명될 때까지 필요한 업무는 발기인이 수행한다.

제39조(공제사업의 허가 등)

① 법 제43조제2항에 따라 협회가 공제사업의 허가를 받으려면 공제규정을 첨부하여 문화체육관광부장관에게 신청하여야 한다.   〈개정 2008. 2. 29.〉

② 제1항에 따른 공제규정에는 사업의 실시방법, 공제계약, 공제분담금 및 책임준비금의 산출방법에 관한 사항이 포함되어야 한다.

③ 제1항에 따른 공제규정을 변경하려면 문화체육관광부장관의 승인을 받아야 한다.

〈개정 2008. 2. 29.〉

④ 공제사업을 하는 자는 공제규정에서 정하는 바에 따라 매 사업연도 말에 그 사업의 책임준비금을 계상하고 적립하여야 한다.

⑤ 공제사업에 관한 회계는 협회의 다른 사업에 관한 회계와 구분하여 경리하여야 한다.

제40조(공제사업의 내용) 법 제43조제3항에 따른 공제사업의 내용은 다음 각 호와 같다.

1. 관광사업자의 관광사업행위와 관련된 사고로 인한 대물 및 대인배상에 대비하는 공제 및 배상업무

2. 관광사업행위에 따른 사고로 인하여 재해를 입은 종사원에 대한 보상업무

3. 그 밖에 회원 상호간의 경제적 이익을 도모하기 위한 업무

제41조(지역별 또는 업종별 관광협회의 설립)

법 제45조제1항에 따라 지역별 관광협회 또는 업종별 관광협회를 설립할 수 있는 범위는 다음 각 호와 같다. 〈개정 2009. 1. 20., 2019. 4. 9.〉

1. 지역별 관광협회는 특별시 · 광역시 · 특별자치시 · 도 및 특별자치도를 단위로 설립하되, 필요하다고 인정되는 지역에는 지부를 둘 수 있다.

2. 업종별 관광협회는 업종별로 업무의 특수성을 고려하여 전국을 단위로 설립할 수 있다.

제41조의2(관광통계 작성 범위)

법 제47조의2제1항에 따른 관광통계의 작성 범위는 다음 각 호와 같다.

1. 외국인 방한(訪韓) 관광객의 관광행태에 관한 사항

2. 국민의 관광행태에 관한 사항

3. 관광사업자의 경영에 관한 사항

4. 관광지와 관광단지의 현황 및 관리에 관한 사항

5. 그 밖에 문화체육관광부장관 또는 지방자치단체의 장이 관광산업의 발전을 위하여 필요하다고 인정하는 사항

[본조신설 2009. 10. 7.]

제41조의3(관광취약계층의 범위)

법 제47조의5제1항에서 "「국민기초생활 보장법」에 따른 수급권자, 그 밖에 소득수준이 낮은 저소득층 등 대통령령으로 정하는 관광취약계층"이란 다음 각 호의 어느 하나에 해당하는 사람을 말한다. 〈개정 2015. 11. 30.〉

1. 「국민기초생활 보장법」 제2조제2호에 따른 수급자

2. 「국민기초생활 보장법」 제2조제10호에 따른 차상위계층에 해당하는 사람 중 다음 각 목의 어느 하나에 해당하는 사람

　가. 「국민기초생활 보장법」 제7조제1항제7호에 따른 자활급여 수급자

　나. 「장애인복지법」 제49조제1항에 따른 장애수당 수급자 또는 같은 법 제50조에 따른 장애아동수당 수급자

　다. 「장애인연금법」 제5조에 따른 장애인연금 수급자

　라. 「국민건강보험법 시행령」 별표 2 제3호라목의 경우에 해당하는 사람

3. 「한부모가족지원법」 제5조에 따른 지원대상자

4. 그 밖에 경제적·사회적 제약 등으로 인하여 관광 활동을 영위하기 위하여 지원이 필요한 사람으로서 문화체육관광부장관이 정하여 고시하는 기준에 해당하는 사람

[본조신설 2014. 11. 28.]

[종전 제41조의3은 제41조의7로 이동 〈2014. 11. 28.〉]

제41조의4(여행이용권의 지급에 필요한 자료)

법 제47조의5제2항 본문에서 "가족관계증명·국세·지방세·토지·건물·건강보험 및 국민연금에 관한 자료 등 대통령령으로 정하는 자료"란 다음 각 호의 자료를 말한다.

1. 제41조의3에 따른 관광취약계층에 해당함을 확인하기 위한 자료

2. 주민등록등본

3. 가족관계증명서

[본조신설 2014. 11. 28.]

[종전 제41조의4는 제41조의8로 이동 〈2014. 11. 28.〉]

제41조의5(여행이용권 업무의 전담기관)

① 법 제47조의5제4항에 따른 여행이용권 업무의 전담기관(이하 "전담기관"이라 한다)의 지정 요건은 다음 각 호와 같다.

1. 제3항 각 호의 업무를 수행하기 위한 인적·재정적 능력을 보유할 것

2. 제3항 각 호의 업무를 수행하는 데에 필요한 시설을 갖출 것

3. 여행이용권에 관한 홍보를 효율적으로 수행하기 위한 관련 기관 또는 단체와의 협력체계를 갖출 것

② 문화체육관광부장관은 제1항 각 호의 요건을 모두 갖춘 전담기관을 지정하였을 때에는 그

사실을 문화체육관광부의 인터넷 홈페이지에 게시하여야 한다.

③ 전담기관이 수행하는 업무는 다음 각 호와 같다.

  1. 여행이용권의 발급에 관한 사항

  2. 법 제47조의5제4항에 따른 정보시스템의 구축·운영

  3. 여행이용권 이용활성화를 위한 관광단체 및 관광시설 등과의 협력

  4. 여행이용권 이용활성화를 위한 조사·연구·교육 및 홍보

  5. 여행이용권 이용자의 편의 제고를 위한 사업

  6. 여행이용권 관련 통계의 작성 및 관리

  7. 그 밖에 문화체육관광부장관이 여행이용권 업무의 효율적 수행을 위하여 필요하다고 인정하는 사무

[본조신설 2014. 11. 28.]

제41조의6(여행이용권의 발급)

전담기관 또는 특별자치시장·시장(제주특별자치도의 경우에는 「제주특별자치도 설치 및 국제자유도시 조성을 위한 특별법」 에 따른 행정시장을 말한다)·군수·구청장은 문화체육관광부령으로 정하는 바에 따라 여행이용권을 발급한다. 〈개정 2019. 4. 9.〉

[본조신설 2014. 11. 28.]

제41조의7(문화관광축제의 지정 기준)

법 제48조의2제3항에 따른 문화관광축제의 지정 기준은 문화체육관광부장관이 다음 각 호의 사항을 고려하여 정한다.

  1. 축제의 특성 및 콘텐츠

  2. 축제의 운영능력

  3. 관광객 유치 효과 및 경제적 파급효과

  4. 그 밖에 문화체육관광부장관이 정하는 사항

[본조신설 2009. 10. 7.]

[제41조의3에서 이동 〈2014. 11. 28.〉]

제41조의8(문화관광축제의 지원 방법)

① 법 제48조의2제3항에 따라 문화관광축제로 지정받으려는 지역축제의 개최자는 관할 특별시·광역시·특별자치시·도·특별자치도를 거쳐 문화체육관광부장관에게 지정신청을 하

여야 한다. 〈개정 2019. 4. 9.〉

② 제1항에 따른 지정신청을 받은 문화체육관광부장관은 제41조의7에 따른 지정 기준에 따라 문화관광축제를 지정한다. 〈개정 2014. 11. 28., 2019. 4. 9.〉

③ 문화체육관광부장관은 지정받은 문화관광축제를 예산의 범위에서 지원할 수 있다.

〈개정 2019. 4. 9.〉

[본조신설 2009. 10. 7.]

[제41조의4에서 이동 〈2014. 11. 28.〉]

제41조의9(특별관리지역의 지정 · 변경 · 해제)

① 시 · 도지사 또는 시장 · 군수 · 구청장은 법 제48조의3제4항 본문에 따라 주민의 의견을 들으려는 경우에는 해당 지역의 주민을 대상으로 공청회를 개최해야 한다. 〈개정 2021. 10. 14.〉

② 시 · 도지사 또는 시장 · 군수 · 구청장은 법 제48조의3제4항 본문에 따른 협의를 하려는 경우에는 문화체육관광부령으로 정하는 서류를 문화체육관광부장관 및 관계 행정기관의 장에게 제출해야 한다. 〈신설 2021. 10. 14.〉

③ 법 제48조의3제4항 본문에 따라 협의 요청을 받은 문화체육관광부장관 및 관계 행정기관의 장은 협의 요청을 받은 날부터 30일 이내에 의견을 제출해야 한다. 〈개정 2021. 10. 14.〉

④ 법 제48조의3제4항 단서에서 "대통령령으로 정하는 경미한 사항을 변경하는 경우"란 다음 각 호의 변경에 해당하지 않는 경우를 말한다. 〈신설 2021. 10. 14.〉

1. 특별관리지역의 위치 또는 면적의 변경

2. 특별관리지역의 지정기간의 변경

3. 특별관리지역 내 조치사항 중 다음 각 목에 해당하는 사항의 변경

가. 관광객 방문제한 시간

나. 특별관리지역 방문에 부과되는 이용료

다. 차량 · 관광객 통행제한 지역

라. 그 밖에 가목부터 다목까지에 준하는 조치사항으로서 주민의 의견을 듣거나 문화체육관광부장관 및 관계 행정기관의 장과 협의를 할 필요가 있다고 인정되는 사항

[본조신설 2020. 6. 2.]

[종전 제41조의9는 제41조의10으로 이동 〈2020. 6. 2.〉]

제41조의10(한국관광 품질인증의 대상)

법 제48조의10제1항에서 "대통령령으로 정하는 사업"이란 다음 각 호의 어느 하나에 해당하는

사업을 말한다. 〈개정 2019. 7. 9., 2020. 4. 28.〉

1. 제2조제1항제3호다목의 야영장업
2. 제2조제1항제3호바목의 외국인관광 도시민박업
3. 제2조제1항제3호사목의 한옥체험업
4. 제2조제1항제6호라목의 관광식당업
5. 제2조제1항제6호카목의 관광면세업
6. 「공중위생관리법」 제2조제1항제2호에 따른 숙박업(법 제3조제1항제2호에 따른 관광숙박업을 제외한다)
7. 「외국인관광객 등에 대한 부가가치세 및 개별소비세 특례규정」 제4조제2항에 따른 외국인관광객면세판매장
8. 그 밖에 관광사업 및 이와 밀접한 관련이 있는 사업으로서 문화체육관광부장관이 정하여 고시하는 사업

[본조신설 2018. 6. 5.]

[제41조의9에서 이동, 종전 제41조의10은 제41조의11로 이동 〈2020. 6. 2.〉]

제41조의11(한국관광 품질인증의 인증 기준)

① 법 제48조의10제1항에 따른 한국관광 품질인증(이하 "한국관광 품질인증"이라 한다)의 인증 기준은 다음 각 호와 같다.

1. 관광객 편의를 위한 시설 및 서비스를 갖출 것
2. 관광객 응대를 위한 전문 인력을 확보할 것
3. 재난 및 안전관리 위험으로부터 관광객을 보호할 수 있는 사업장 안전관리 방안을 수립할 것
4. 해당 사업의 관련 법령을 준수할 것

② 한국관광 품질인증의 인증 기준에 관한 세부사항은 문화체육관광부령으로 정한다.

[본조신설 2018. 6. 5.]

[제41조의10에서 이동, 종전 제41조의11은 제41조의12로 이동 〈2020. 6. 2.〉]

제41조의12(한국관광 품질인증의 절차 및 방법 등)

① 한국관광 품질인증을 받으려는 자는 문화체육관광부령으로 정하는 품질인증 신청서를 문화체육관광부장관에게 제출하여야 한다.

② 문화체육관광부장관은 제1항에 따라 제출된 신청서의 내용을 평가 · 심사한 결과 제41조의

11에 따른 인증 기준에 적합하면 신청서를 제출한 자에게 문화체육관광부령으로 정하는 인증서를 발급해야 한다. 〈개정 2020. 6. 2.〉

③ 문화체육관광부장관은 제2항에 따른 평가 · 심사 결과 제41조의11에 따른 인증 기준에 부적합하면 신청서를 제출한 자에게 그 결과와 사유를 알려주어야 한다. 〈개정 2020. 6. 2.〉

④ 한국관광 품질인증의 유효기간은 제2항에 따라 인증서가 발급된 날부터 3년으로 한다.

⑤ 제1항부터 제3항까지에서 규정한 사항 외에 한국관광 품질인증의 절차 및 방법에 관한 세부 사항은 문화체육관광부령으로 정한다.

[본조신설 2018. 6. 5.]

[제41조의11에서 이동, 종전 제41조의12는 제41조의13으로 이동 〈2020. 6. 2.〉]

제41조의13(한국관광 품질인증의 인증표지)

한국관광 품질인증의 인증표지는 별표 4의2와 같다.

[본조신설 2018. 6. 5.]

[제41조의12에서 이동 〈2020. 6. 2.〉]

제42조(관광개발계획의 수립시기)

① 법 제49조제1항에 따른 관광개발기본계획(이하 "기본계획"이라 한다)은 10년마다 수립한다. 〈개정 2020. 6. 2., 2020. 12. 8.〉

② 문화체육관광부장관은 사회적 · 경제적 여건 변화 등을 고려하여 5년마다 제1항에 따른 기본계획을 전반적으로 재검토하고 개선이 필요한 사항을 정비해야 한다. 〈신설 2020. 6. 2., 2020. 12. 8.〉

③ 법 제49조제2항에 따른 권역별 관광개발계획(이하 "권역계획"이라 한다)은 5년마다 수립한다. 〈신설 2020. 6. 2., 2020. 12. 8.〉

제43조(경미한 권역계획의 변경)

법 제51조제4항 단서에서 "대통령령으로 정하는 경미한 사항의 변경"이란 다음 각 호의 어느 하나에 해당하는 것을 말한다. 〈개정 2020. 12. 8.〉

1. 기본계획의 범위에서 하는 법 제49조제2항제1호 · 제2호 또는 제6호부터 제8호까지에 관한 사항의 변경

2. 법 제49조제2항제3호부터 제5호까지에 관한 사항 중 다음 각 목의 변경

가. 관광자원의 보호 · 이용 및 관리 등에 관한 사항

나. 관광지 또는 관광단지(이하 "관광지등"이라 한다)의 면적(권역계획상의 면적을 말한
   다. 이하 다목과 라목에서 같다)의 축소

다. 관광지등 면적의 100분의 30 이내의 확대

라. 지형여건 등에 따른 관광지등의 구역 조정(그 면적의 100분의 30 이내에서 조정하는
   경우만 해당한다)이나 명칭 변경

제43조의2(권역계획의 수립 기준 및 방법 등)

① 문화체육관광부장관은 권역계획이 기본계획에 부합되도록 권역계획의 수립 기준 및 방법
   등을 포함하는 권역계획 수립지침을 작성하여 특별시장·광역시장·특별자치시장·도지사
   에게 보내야 한다.

② 제1항에 따른 권역계획 수립지침에는 다음 각 호의 사항이 포함되어야 한다.

   1. 기본계획과 권역계획의 관계

   2. 권역계획의 기본사항과 수립절차

   3. 권역계획의 수립 시 고려사항 및 주요 항목

   4. 그 밖에 권역계획의 수립에 필요한 사항

[본조신설 2020. 12. 8.]

제44조(경미한 면적 변경)

법 제52조제5항 후단에서 "대통령령으로 정하는 경미한 면적의 변경"이란 다음 각 호의 것을 말
한다.   〈개정 2020. 6. 2.〉

   1. 지적조사 또는 지적측량의 결과에 따른 면적의 정정 등으로 인한 면적의 변경

   2. 관광지등 지정면적의 100분의 30 이내의 면적(「농지법」 제28조에 따른 농업진흥지역의
      농지가 1만 제곱미터 이상, 농업진흥지역이 아닌 지역의 농지가 6만 제곱미터 이상 추가로
      포함되는 경우는 제외한다)의 변경

제45조(관광지등의 지정·고시 등)

① 법 제52조제6항에 따른 시·도지사의 고시에는 다음 각 호의 사항이 포함되어야 한다.
                                                                       〈개정 2019. 4. 9.〉

   1. 고시연월일

   2. 관광지등의 위치 및 면적

   3. 관광지등의 구역이 표시된 축척 2만 5천분의 1 이상의 지형도

② 시·도지사(특별자치시장·특별자치도지사는 제외한다)는 관광지등을 지정·고시하는 경우에는 그 지정내용을 관계 시장·군수·구청장에게 통지하여야 한다.

〈개정 2009. 1. 20., 2019. 4. 9.〉

③ 특별자치시장·특별자치도지사와 제2항에 따른 통지를 받은 시장·군수·구청장은 관광지등의 지번·지목·지적 및 소유자가 표시된 토지조서를 갖추어 두고 일반인이 열람할 수 있도록 하여야 한다.

〈개정 2009. 1. 20., 2019. 4. 9.〉

제45조의2(행위 등의 제한)

① 법 제52조의2제1항 전단에서 "건축물의 건축, 공작물의 설치, 토지의 형질 변경, 토석의 채취, 토지분할, 물건을 쌓아놓는 행위 등 대통령령으로 정하는 행위"란 다음 각 호의 어느 하나에 해당하는 행위를 말한다.

1. 건축물의 건축: 「건축법」 제2조제1항제2호에 따른 건축물(가설건축물을 포함한다)의 건축, 대수선 또는 용도변경

2. 공작물의 설치: 인공을 가하여 제작한 시설물(「건축법」 제2조제1항제2호에 따른 건축물은 제외한다)의 설치

3. 토지의 형질 변경: 절토(땅깎기)·성토(흙쌓기)·정지(땅고르기)·포장(흙덮기) 등의 방법으로 토지의 형상을 변경하는 행위, 토지의 굴착(땅파기) 또는 공유수면의 매립

4. 토석의 채취: 흙·모래·자갈·바위 등의 토석을 채취하는 행위(제3호에 따른 토지의 형질 변경을 목적으로 하는 것은 제외한다)

5. 토지분할

6. 물건을 쌓아놓는 행위: 옮기기 어려운 물건을 1개월 이상 쌓아놓는 행위

7. 죽목(竹木)을 베어내거나 심는 행위

② 특별자치시장·특별자치도지사·시장·군수·구청장은 법 제52조의2제1항에 따른 허가를 하려는 경우 법 제54조제1항 단서에 따른 조성계획의 승인을 받은 자가 이미 있는 때에는 그 의견을 들어야 한다.

③ 법 제52조의2제3항에 따른 신고를 하려는 자는 관광지등으로 지정·고시된 날부터 30일 이내에 문화체육관광부령으로 정하는 신고서에 다음 각 호의 서류를 첨부하여 해당 특별자치시장·특별자치도지사·시장·군수·구청장에게 제출해야 한다.

1. 관계 법령에 따른 허가를 받았거나 허가를 받을 필요가 없음을 증명할 수 있는 서류

2. 신고일 기준시점의 공정도를 확인할 수 있는 사진

3. 배치도 등 공사 또는 사업 관련 도서(제1항제3호 또는 제4호에 따른 토지의 형질 변경 또

는 토석의 채취에 해당하는 경우로 한정한다)

[본조신설 2020. 12. 8.]

제46조(조성계획의 승인신청)

① 법 제54조제1항에 따라 관광지등 조성계획의 승인 또는 변경승인을 받으려는 자는 다음 각 호의 서류를 첨부하여 조성계획의 승인 또는 변경승인을 신청하여야 한다. 다만, 조성계획의 변경승인을 신청하는 경우에는 변경과 관계되지 아니하는 사항에 대한 서류는 첨부하지 아니하고, 제4호에 따른 국·공유지에 대한 소유권 또는 사용권을 증명할 수 있는 서류는 조성계획 승인 후 공사착공 전에 제출할 수 있다. 〈개정 2008. 2. 29.〉

1. 문화체육관광부령으로 정하는 내용을 포함하는 관광시설계획서·투자계획서 및 관광지 등 관리계획서

2. 지번·지목·지적·소유자 및 시설별 면적이 표시된 토지조서

3. 조감도

4. 법 제2조제8호의 민간개발자가 개발하는 경우에는 해당 토지의 소유권 또는 사용권을 증명할 수 있는 서류. 다만, 민간개발자가 개발하는 경우로서 해당 토지 중 사유지의 3분의 2 이상을 취득한 경우에는 취득한 토지에 대한 소유권을 증명할 수 있는 서류와 국·공유지에 대한 소유권 또는 사용권을 증명할 수 있는 서류

② 법 제54조제1항 단서에 따라 관광단지개발자가 조성계획의 승인 또는 변경승인을 신청하는 경우에는 특별자치시장·특별자치도지사·시장·군수·구청장에게 조성계획 승인 또는 변경승인신청서를 제출하여야 하며, 조성계획 승인 또는 변경승인신청서를 제출받은 시장·군수·구청장은 제출받은 날부터 20일 이내에 검토의견서를 첨부하여 시·도지사(특별자치시장·특별자치도지사는 제외한다)에게 제출하여야 한다. 〈개정 2009. 1. 20., 2019. 4. 9.〉

제47조(경미한 조성계획의 변경)

① 법 제54조제1항 후단에서 "대통령령으로 정하는 경미한 사항의 변경"이란 다음 각 호의 어느 하나에 해당하는 것을 말한다. 〈개정 2020. 6. 2.〉

1. 관광시설계획면적의 100분의 20 이내의 변경

2. 관광시설계획 중 시설지구별 토지이용계획면적(조성계획의 변경승인을 받은 경우에는 그 변경승인을 받은 토지이용계획면적을 말한다)의 100분의 30 이내의 변경(시설지구별 토지이용계획면적이 2천200제곱미터 미만인 경우에는 660제곱미터 이내의 변경)

3. 관광시설계획 중 시설지구별 건축 연면적(조성계획의 변경승인을 받은 경우에는 그 변경

승인을 받은 건축 연면적을 말한다)의 100분의 30 이내의 변경(시설지구별 건축 연면적이 2천200제곱미터 미만인 경우에는 660제곱미터 이내의 변경)

4. 관광시설계획 중 숙박시설지구에 설치하려는 시설(조성계획의 변경승인을 받은 경우에는 그 변경승인을 받은 시설을 말한다)의 변경(숙박시설지구 안에 설치할 수 있는 시설 간 변경에 한정한다)으로서 숙박시설지구의 건축 연면적의 100분의 30 이내의 변경(숙박시설지구의 건축 연면적이 2천200제곱미터 미만인 경우에는 660제곱미터 이내의 변경)

5. 관광시설계획 중 시설지구에 설치하는 시설의 명칭 변경

6. 법 제54조제1항에 따라 조성계획의 승인을 받은 자(같은 조 제5항에 따라 특별자치시장 및 특별자치도지사가 조성계획을 수립한 경우를 포함한다. 이하 "사업시행자"라 한다)의 성명(법인인 경우에는 그 명칭 및 대표자의 성명을 말한다) 또는 사무소 소재지의 변경. 다만, 양도·양수, 분할, 합병 및 상속 등으로 인해 사업시행자의 지위나 자격에 변경이 있는 경우는 제외한다.

② 관광지등 조성계획의 승인을 받은 자는 제1항에 따라 경미한 조성계획의 변경을 하는 경우에는 관계 행정기관의 장과 조성계획 승인권자에게 각각 통보하여야 한다.

제47조의2(사유지의 매수 요청)

① 법 제54조제6항에 따라 남은 사유지의 매수를 요청하려는 자는 문화체육관광부령으로 정하는 바에 따라 사유지 매수요청서를 사업시행자(사업시행자가 같은 조 제1항 단서에 따른 관광단지개발자인 경우는 제외한다. 이하 이 조에서 같다)에게 제출해야 한다.

② 사업시행자는 제1항에 따라 사유지의 매수 요청을 받은 경우에는 다음 각 호의 사항을 검토해야 한다.

1. 사유지의 매수 필요성 및 시급성

2. 사유지의 매수를 요청한 자가 토지소유자 및 관계인과 성실하게 협의에 임하였는지 여부

3. 사유지의 매수를 요청한 자와 토지소유자 간의 협의 가능 여부

4. 그 밖에 사업시행자가 사유지의 매수를 위하여 검토가 필요하다고 인정하는 사항

③ 사업시행자는 법 제54조제6항에 따른 매수 요청을 받아들인 경우에는 사유지의 매수를 요청한 자에게 매수 업무에 드는 비용을 받을 수 있다.

[본조신설 2020. 6. 2.]

[종전 제47조의2는 제47조의3으로 이동 〈2020. 6. 2.〉]

제47조의3(조성사업용 토지 매입의 승인 신청)

　법 제55조제2항에 따라 시·도지사의 승인을 받아 조성사업(조성계획을 시행하기 위한 사업을 말한다. 이하 같다)에 필요한 토지를 매입하려는 자는 문화체육관광부령으로 정하는 승인신청서에 다음 각 호의 서류를 첨부하여 시·도지사에게 승인을 신청해야 한다.

　　1. 다음 각 목의 사항이 포함된 토지 매입계획서

　　　가. 매입 예정 토지의 세목

　　　나. 토지의 매입 예정 시기

　　2. 매입 예정 토지의 사업계획서(시설물 및 공작물 등의 위치·규모 및 용도가 포함된 설치계획을 포함한다)

　　3. 다음 각 목의 사항이 포함된 자금계획서

　　　가. 재원조달계획

　　　나. 연차별 자금투입계획

　　4. 조성사업 예정지를 표시한 도면

[본조신설 2019. 6. 11.]

[제47조의2에서 이동 〈2020. 6. 2.〉]

제48조(조성사업의 시행허가 등)

① 법 제55조제3항에 따라 조성사업의 시행허가를 받거나 협의를 하려는 자는 문화체육관광부령으로 정하는 바에 따라 특별자치시장·특별자치도지사·시장·군수·구청장 또는 사업시행자에게 각각 신청해야 한다.　　　　　〈개정 2008. 2. 29., 2009. 1. 20., 2019. 4. 9., 2020. 6. 2.〉

② 특별자치시장·특별자치도지사·시장·군수·구청장 또는 사업시행자는 제1항에 따른 허가 또는 협의를 하려면 해당 조성사업에 대하여 다음 각 호의 사항을 검토하여야 한다.

〈개정 2009. 1. 20., 2019. 4. 9.〉

　　1. 조성계획에 저촉 여부
　　2. 관광지등의 자연경관 및 특성에 적합 여부

제49조(용지매수 및 보상업무의 위탁)

① 관광단지개발자는 법 제55조제5항에 따라 조성사업을 위한 용지의 매수 업무와 손실보상 업무를 관할 지방자치단체의 장에게 위탁하려면 그 위탁 내용에 다음 각 호의 사항을 명시하여야 한다.

　　1. 위탁업무의 시행지 및 시행기간

2. 위탁업무의 종류 · 규모 · 금액

3. 위탁업무 수행에 필요한 비용과 그 지급방법

4. 그 밖에 위탁업무를 수행하는 데에 필요한 사항

② 지방자치단체의 장은 제1항에 따라 위탁을 받은 경우에는 문화체육관광부령으로 정하는 바에 따라 그 업무를 위탁한 자에게 수수료를 청구할 수 있다. 〈개정 2008. 2. 29.〉

제49조의2(전기간선시설 등의 설치범위)

법 제57조의2제1항에 따라 전기간선시설(電氣幹線施設) 및 배전시설(配電施設)을 설치하여야 하는 구체적인 설치범위는 관광단지 조성사업구역 밖의 기간(基幹)이 되는 시설로부터 조성사업 구역 안의 토지이용계획상 6미터 이상의 도시 · 군계획시설로 결정된 도로에 접하는 개별필지의 경계선까지를 말한다. 〈개정 2012. 4. 10.〉

[본조신설 2009. 10. 7.]

제50조(인 · 허가 등의 의제)

법 제58조제1항제1호에서 "대통령령으로 정하는 시설"이란 「국토의 계획 및 이용에 관한 법률 시행령」 제2조제1항제2호에 따른 유원지를 말한다.

제50조의2(준공검사)

① 사업시행자가 법 제58조의2제1항에 따라 조성사업의 전부 또는 일부를 완료하여 준공검사를 받으려는 때에는 다음 각 호의 사항을 적은 준공검사신청서를 시 · 도지사에게 제출하여야 한다.

1. 사업시행자의 성명(법인인 경우에는 법인의 명칭 및 대표자의 성명을 말한다) · 주소

2. 조성사업의 명칭

3. 조성사업을 완료한 지역의 위치 및 면적

4. 조성사업기간

② 제1항에 따른 준공검사신청서에는 다음 각 호의 서류 및 도면을 첨부해야 한다.

〈개정 2009. 12. 14., 2010. 10. 14., 2015. 6. 1., 2016. 8. 31., 2019. 7. 2., 2020. 12. 8.〉

1. 준공설계도서(착공 전의 사진 및 준공사진을 첨부한다)

2. 「공간정보의 구축 및 관리 등에 관한 법률」에 따라 지적소관청이 발행하는 발행하는 지적측량성과도

3. 법 제58조의3에 따른 공공시설 및 토지 등의 귀속조사문서와 도면(민간개발자인 사업시

행자의 경우에는 용도폐지된 공공시설 및 토지 등에 대한 「감정평가 및 감정평가사에 관한 법률」 제2조제4호에 따른 감정평가법인등의 평가조서와 새로 설치된 공공시설의 공사비 산출 명세서를 포함한다)

4. 「공유수면 관리 및 매립에 관한 법률」 제46조, 제35조제4항 및 같은 법 시행령 제51조에 따라 사업시행자가 취득할 대상 토지와 국가 또는 지방자치단체에 귀속될 토지 등의 내역서(공유수면을 매립하는 경우에만 해당한다)

5. 환지계획서 및 신ㆍ구 지적대조도(환지를 하는 경우에만 해당한다)

6. 개발된 토지 또는 시설 등의 관리ㆍ처분 계획

③ 제1항에 따른 준공검사 신청을 받은 시ㆍ도지사는 검사일정을 정하여 준공검사 신청 내용에 포함된 공공시설을 인수하거나 관리하게 될 국가기관 또는 지방자치단체의 장에게 검사일 5일 전까지 통보하여야 하며, 준공검사에 참여하려는 국가기관 또는 지방자치단체의 장은 준공검사일 전날까지 참여를 요청하여야 한다.

④ 제1항에 따른 준공검사 신청을 받은 시ㆍ도지사는 준공검사를 하여 해당 조성사업이 법 제54조에 따라 승인된 조성계획대로 완료되었다고 인정하는 경우에는 준공검사증명서를 발급하고, 다음 각 호의 사항을 공보에 고시하여야 한다.

1. 조성사업의 명칭

2. 사업시행자의 성명 및 주소

3. 조성사업을 완료한 지역의 위치 및 면적

4. 준공년월일

5. 주요 시설물의 관리ㆍ처분에 관한 사항

6. 그 밖에 시ㆍ도지사가 필요하다고 인정하는 사항

[본조신설 2009. 10. 7.]

제51조 삭제 〈2009. 10. 7.〉

제52조(선수금)

사업시행자는 법 제63조에 따라 선수금을 받으려는 경우에는 그 금액 및 납부방법에 대하여 토지 또는 시설을 분양받거나 시설물을 이용하려는 자와 협의하여야 한다.

제53조(이용자 분담금)

① 사업시행자는 법 제64조제1항에 따라 지원시설의 이용자에게 분담금을 부담하게 하려는 경

우에는 지원시설의 건설사업명 · 건설비용 · 부담금액 · 납부방법 및 납부기한을 서면에 구체적으로 밝혀 그 이용자에게 분담금의 납부를 요구하여야 한다.

② 제1항에 따른 지원시설의 건설비용은 다음 각 호의 비용을 합산한 금액으로 한다.

　1. 공사비(조사측량비 · 설계비 및 관리비는 제외한다)

　2. 보상비(감정비를 포함한다)

③ 제1항에 따른 분담금액은 지원시설의 이용자의 수 및 이용횟수 등을 고려하여 사업시행자가 이용자와 협의하여 산정한다.

제54조(원인자 부담금)

사업시행자가 법 제64조제2항에 따라 원인자 부담금을 부담하게 하려는 경우에는 이용자 분담금에 관한 제53조를 준용한다.

제55조(유지 · 관리 및 보수 비용의 분담)

① 사업시행자는 법 제64조제3항에 따라 공동시설의 유지 · 관리 및 보수 비용을 분담하게 하려는 경우에는 공동시설의 유지 · 관리 · 보수 현황, 분담금액, 납부방법, 납부기한 및 산출내용을 적은 서류를 첨부하여 관광지등에서 사업을 경영하는 자에게 그 납부를 요구하여야 한다.

② 제1항에 따른 공동시설의 유지 · 관리 및 보수 비용의 분담비율은 시설사용에 따른 수익의 정도에 따라 사업시행자가 사업을 경영하는 자와 협의하여 결정한다.

③ 사업시행자는 유지 · 관리 · 보수 비용의 분담 및 사용 현황을 매년 결산하여 비용분담자에게 통보하여야 한다.

제56조(이용자 분담금 및 원인자 부담금의 징수위탁)

사업시행자는 법 제65조제1항에 따라 특별자치시장 · 특별자치도지사 · 시장 · 군수 · 구청장에게 법 제64조에 따른 이용자 분담금, 원인자 부담금 또는 유지 · 관리 및 보수 비용(이하 이 조에서 "분담금등"이라 한다)의 징수를 위탁하려면 그 위탁 내용에 다음 각 호의 사항을 명시하여야 한다.

〈개정 2009. 1. 20., 2019. 4. 9.〉

　1. 분담금등의 납부의무자의 성명 · 주소

　2. 분담금등의 금액

　3. 분담금등의 납부사유 및 납부기간

　4. 그 밖에 분담금등의 징수에 필요한 사항

제57조(이주대책의 내용)

사업시행자가 법 제66조제1항에 따라 수립하는 이주대책에는 다음 각 호의 사항이 포함되어야 한다.

1. 택지 및 농경지의 매입

2. 택지 조성 및 주택 건설

3. 이주보상금

4. 이주방법 및 이주시기

5. 이주대책에 따른 비용

6. 그 밖에 필요한 사항

제58조(관광특구의 지정요건)

① 법 제70조제1항제1호에서 "대통령령으로 정하는 기준"이란 문화체육관광부장관이 고시하는 기준을 갖춘 통계전문기관의 통계결과 해당 지역의 최근 1년간 외국인 관광객 수가 10만명(서울특별시는 50만 명)인 것을 말한다. 〈개정 2008. 2. 29.〉

② 법 제70조제1항제3호에서 "대통령령으로 정하는 기준"이란 관광특구 전체 면적 중 관광활동과 직접적인 관련성이 없는 토지가 차지하는 비율이 10퍼센트인 것을 말한다. 〈개정 2020. 6. 2.〉

제58조의2(관광특구의 지정신청에 대한 조사 · 분석 전문기관)

법 제70조의2에서 "대통령령으로 정하는 전문기관"이란 다음 각 호의 기관 또는 단체를 말한다.

1. 「문화기본법」 제11조의2에 따른 한국문화관광연구원

2. 「정부출연연구기관 등의 설립 · 운영 및 육성에 관한 법률」에 따른 정부출연연구기관으로서 관광정책 및 관광산업에 관한 연구를 수행하는 기관

3. 다음 각 목의 요건을 모두 갖춘 기관 또는 단체

   가. 관광특구 지정신청에 대한 조사 · 분석 업무를 수행할 조직을 갖추고 있을 것

   나. 관광특구 지정신청에 대한 조사 · 분석 업무와 관련된 분야의 박사학위를 취득한 전문인력을 확보하고 있을 것

   다. 관광특구 지정신청에 대한 조사 · 분석 업무와 관련하여 전문적인 조사 · 연구 · 평가 등을 한 실적이 있을 것

[본조신설 2020. 6. 2.]

제59조(관광특구진흥계획의 수립ㆍ시행)

① 특별자치시장ㆍ특별자치도지사ㆍ시장ㆍ군수ㆍ구청장은 법 제71조에 따른 관광특구진흥계획(이하 "진흥계획"이라 한다)을 수립하기 위하여 필요한 경우에는 해당 특별자치시ㆍ특별자치도ㆍ시ㆍ군ㆍ구 주민의 의견을 들을 수 있다. 〈개정 2009. 1. 20., 2019. 4. 9.〉

② 특별자치시장ㆍ특별자치도지사ㆍ시장ㆍ군수ㆍ구청장은 다음 각 호의 사항이 포함된 진흥계획을 수립ㆍ시행한다. 〈개정 2008. 2. 29., 2009. 1. 20., 2019. 4. 9.〉

1. 외국인 관광객을 위한 관광편의시설의 개선에 관한 사항

2. 특색 있고 다양한 축제, 행사, 그 밖에 홍보에 관한 사항

3. 관광객 유치를 위한 제도개선에 관한 사항

4. 관광특구를 중심으로 주변지역과 연계한 관광코스의 개발에 관한 사항

5. 그 밖에 관광질서 확립 및 관광서비스 개선 등 관광객 유치를 위하여 필요한 사항으로서 문화체육관광부령으로 정하는 사항

③ 특별자치시장ㆍ특별자치도지사ㆍ시장ㆍ군수ㆍ구청장은 수립된 진흥계획에 대하여 5년마다 그 타당성을 검토하고 진흥계획의 변경 등 필요한 조치를 하여야 한다.
〈개정 2009. 1. 20., 2019. 4. 9.〉

제60조(진흥계획의 평가 및 조치)

① 시ㆍ도지사는 법 제73조제1항에 따라 진흥계획의 집행 상황을 연 1회 평가하여야 하며, 평가 시에는 관광 관련 학계ㆍ기관 및 단체의 전문가와 지역주민, 관광 관련 업계 종사자가 포함된 평가단을 구성하여 평가하여야 한다.

② 시ㆍ도지사는 제1항에 따른 평가 결과를 평가가 끝난 날부터 1개월 이내에 문화체육관광부장관에게 보고하여야 하며, 문화체육관광부장관은 시ㆍ도지사가 보고한 사항 외에 추가로 평가가 필요하다고 인정되면 진흥계획의 집행 상황을 직접 평가할 수 있다. 〈개정 2008. 2. 29.〉

③ 법 제73조제2항에 따라 시ㆍ도지사는 진흥계획의 집행 상황에 대한 평가 결과에 따라 다음 각 호의 구분에 따른 조치를 해야 한다. 〈개정 2021. 10. 14.〉

1. 관광특구의 지정요건에 3년 연속 미달하여 개선될 여지가 없다고 판단되는 경우에는 관광특구 지정 취소

2. 진흥계획의 추진실적이 미흡한 관광특구로서 제3호에 따라 개선권고를 3회 이상 이행하지 아니한 경우에는 관광특구 지정 취소

3. 진흥계획의 추진실적이 미흡한 관광특구에 대하여는 지정 면적의 조정 또는 투자 및 사업계획 등의 개선 권고

[제목개정 2020. 6. 2.]

제60조의2(관광특구의 평가 및 조치)

① 문화체육관광부장관은 법 제73조제3항에 따라 관광특구에 대하여 다음 각 호의 사항을 평가해야 한다.

1. 법 제70조에 따른 관광특구 지정 요건을 충족하는지 여부

2. 최근 3년간의 진흥계획 추진 실적

3. 외국인 관광객의 유치 실적

4. 그 밖에 관광특구의 활성화를 위하여 평가가 필요한 사항으로서 문화체육관광부령으로 정하는 사항

② 문화체육관광부장관은 법 제73조제3항에 따른 관광특구의 평가를 위하여 평가 대상지역의 특별자치시장·특별자치도지사·시장·군수·구청장에게 평가 관련 자료의 제출을 요구할 수 있으며, 필요한 경우 현지조사를 할 수 있다.

③ 문화체육관광부장관은 법 제73조제3항에 따라 관광특구에 대한 평가를 하려는 경우에는 세부 평가계획을 수립하여 평가 대상지역의 특별자치시장·특별자치도지사·시장·군수·구청장에게 평가실시일 90일 전까지 통보해야 한다.

④ 문화체육관광부장관은 법 제73조제5항에 따라 다음 각 호의 구분에 따른 조치를 해당 시·도지사에게 요구할 수 있다.

1. 법 제70조에 따른 관광특구의 지정 요건에 맞지 않아 개선될 여지가 없다고 판단되는 경우: 관광특구 지정 취소

2. 진흥계획 추진 실적이 미흡한 경우: 면적조정 또는 개선권고

3. 제2호에 따른 면적조정 또는 개선권고를 이행하지 않은 경우: 관광특구 지정 취소

⑤ 시·도지사는 제4항 각 호의 구분에 따른 조치 요구를 받은 날부터 1개월 이내에 조치계획을 문화체육관광부장관에게 보고해야 한다.

[본조신설 2020. 6. 2.]

[종전 제60조의2는 제60조의3으로 이동 〈2020. 6. 2.〉]

제60조의3(「건축법」에 대한 특례를 적용받는 관광사업자의 범위)

법 제74조제2항 본문에서 "대통령령으로 정하는 관광사업자"란 다음 각 호의 어느 하나에 해당하는 관광사업을 경영하는 자를 말한다. 〈개정 2021. 3. 23.〉

1. 법 제3조제1항제2호에 따른 관광숙박업

2. 법 제3조제1항제4호에 따른 국제회의업

3. 제2조제1항제1호가목에 따른 종합여행업

4. 제2조제1항제3호마목에 따른 관광공연장업

5. 제2조제1항제6호라목, 사목 및 카목에 따른 관광식당업, 여객자동차터미널시설업 및 관광
   면세업

[전문개정 2017. 6. 20.]

〈2020. 6. 2.〉]

제61조(국고보조금의 지급신청)

① 법 제76조제1항에 따른 보조금을 받으려는 자는 문화체육관광부령으로 정하는 바에 따라 문
   화체육관광부장관에게 신청하여야 한다.   〈개정 2008. 2. 29.〉

② 문화체육관광부장관은 제1항에 따른 신청을 받은 경우 필요하다고 인정하면 관계 공무원의
   현지조사 등을 통하여 그 신청의 내용과 조건을 심사할 수 있다.   〈개정 2008. 2. 29.〉

제62조(보조금의 지급결정 등)

① 문화체육관광부장관은 제61조에 따른 신청이 타당하다고 인정되면 보조금의 지급을 결정하
   고 그 사실을 신청인에게 알려야 한다.   〈개정 2008. 2. 29.〉

② 제1항에 따른 보조금은 원칙적으로 사업완료 전에 지급하되, 필요한 경우 사업완료 후에 지
   급할 수 있다.

③ 보조금을 받은 자(이하 "보조사업자"라 한다)는 문화체육관광부장관이 정하는 바에 따라 그
   사업추진 실적을 문화체육관광부장관에게 보고하여야 한다.   〈개정 2008. 2. 29.〉

제63조(사업계획의 변경 등)

① 보조사업자는 사업계획을 변경 또는 폐지하거나 그 사업을 중지하려는 경우에는 미리 문화
   체육관광부장관의 승인을 받아야 한다.   〈개정 2008. 2. 29.〉

② 보조사업자는 다음 각 호의 어느 하나에 해당하는 사실이 발생한 경우에는 지체 없이 문화체
   육관광부장관에게 신고하여야 한다. 다만, 사망한 경우에는 그 상속인이, 합병한 경우에는
   그 합병으로 존속되거나 새로 설립된 법인의 대표자가, 해산한 경우에는 그 청산인이 신고하
   여야 한다.   〈개정 2008. 2. 29.〉

1. 성명(법인인 경우에는 그 명칭 또는 대표자의 성명)이나 주소를 변경한 경우

2. 정관이나 규약을 변경한 경우

3. 해산하거나 파산한 경우

4. 사업을 시작하거나 종료한 경우

제64조(보조금의 사용 제한 등)

① 보조사업자는 보조금을 지급받은 목적 외의 용도로 사용할 수 없다.

② 문화체육관광부장관은 보조금의 지급결정을 받은 자 또는 보조사업자가 다음 각 호의 어느 하나에 해당하는 경우에는 보조금의 지급결정의 취소, 보조금의 지급정지 또는 이미 지급한 보조금의 전부 또는 일부의 반환을 명할 수 있다. 〈개정 2008. 2. 29.〉

1. 거짓이나 그 밖의 부정한 방법으로 보조금의 지급을 신청하였거나 받은 경우

2. 보조금의 지급조건을 위반한 경우

제64조의2(공유 재산의 임대료 감면)

① 법 제76조제3항에 따른 공유 재산의 임대료 감면율은 고용창출, 지역경제 활성화에 미치는 영향 등을 고려하여 공유 재산 임대료의 100분의 30의 범위에서 해당 지방자치단체의 조례로 정한다.

② 법 제76조제3항에 따라 공유 재산의 임대료를 감면받으려는 관광지등의 사업시행자는 해당 지방자치단체의 장에게 감면 신청을 하여야 한다.

[본조신설 2011. 10. 6.]

제65조(권한의 위탁)

① 등록기관등의 장은 법 제80조제3항에 따라 다음 각 호의 권한을 한국관광공사, 협회, 지역별·업종별 관광협회, 전문 연구·검사기관, 자격검정기관 또는 교육기관에 각각 위탁한다. 이 경우 문화체육관광부장관 또는 시·도지사는 제3호, 제3호의2, 제6호 및 제8호의 경우 위탁한 업종별 관광협회, 전문 연구·검사기관 또는 관광 관련 교육기관의 명칭·주소 및 대표자 등을 고시해야 한다.

〈개정 2008. 2. 29., 2009. 1. 20., 2009. 10. 7., 2011. 10. 6., 2015. 8. 4., 2018. 6. 5., 2019. 4. 9., 2020. 6. 2.〉

1. 법 제6조 및 법 제35조에 따른 관광 편의시설업 중 관광식당업·관광사진업 및 여객자동차터미널시설업의 지정 및 지정취소에 관한 권한 : 지역별 관광협회

1의2. 법 제13조제2항 및 제3항에 따른 국외여행 인솔자의 등록 및 자격증 발급에 관한 권한: 업종별 관광협회

1의3. 삭제 〈2018. 6. 5.〉

2. 법 제25조제3항에 따른 카지노기구의 검사에 관한 권한 : 법 제25조제2항에 따라 문화체육관광부장관이 지정하는 검사기관(이하 "카지노기구 검사기관"이라 한다)

3. 법 제33조제1항에 따른 유기시설 또는 유기기구의 안전성검사 및 안전성검사 대상에 해당되지 아니함을 확인하는 검사에 관한 권한 : 문화체육관광부령으로 정하는 인력과 시설 등을 갖추고 문화체육관광부령으로 정하는 바에 따라 문화체육관광부장관이 지정한 업종별 관광협회 또는 전문 연구 · 검사기관

3의2. 법 제33조제3항에 따른 안전관리자의 안전교육에 관한 권한: 업종별 관광협회 또는 안전 관련 전문 연구 · 검사기관

4. 법 제38조에 따른 관광종사원 중 관광통역안내사 · 호텔경영사 및 호텔관리사의 자격시험, 등록 및 자격증의 발급에 관한 권한 : 한국관광공사. 다만, 자격시험의 출제, 시행, 채점 등 자격시험의 관리에 관한 업무는 「한국산업인력공단법」에 따른 한국산업인력공단에 위탁한다.

5. 법 제38조에 따른 관광종사원 중 국내여행안내사 및 호텔서비스사의 자격시험, 등록 및 자격증의 발급에 관한 권한 : 협회. 다만, 자격시험의 출제, 시행, 채점 등 자격시험의 관리에 관한 업무는 「한국산업인력공단법」에 따른 한국산업인력공단에 위탁한다.

6. 법 제48조의6제1항에 따른 문화관광해설사 양성을 위한 교육과정의 개설 · 운영에 관한 권한: 한국관광공사 또는 다음 각 목의 요건을 모두 갖춘 관광 관련 교육기관

가. 기본소양, 전문지식, 현장실무 등 문화관광해설사 양성교육(이하 이 호에서 "양성교육"이라 한다)에 필요한 교육과정 및 교육내용을 갖추고 있을 것

나. 강사 등 양성교육에 필요한 인력과 조직을 갖추고 있을 것

다. 강의실, 회의실 등 양성교육에 필요한 시설과 장비를 갖추고 있을 것

7. 법 제48조의10 및 제48조의11에 따른 한국관광 품질인증 및 그 취소에 관한 업무: 한국관광공사

8. 법 제73조제3항에 따른 관광특구에 대한 평가: 제58조의2 각 호에 따른 조사 · 분석 전문기관

② 제1항제1호에 따라 위탁받은 업무를 수행한 지역별 관광협회는 이를 시 · 도지사에게 보고하여야 한다.

③ 시 · 도지사는 제2항에 따라 지역별 관광협회로부터 보고받은 사항을 매월 종합하여 다음 달 10일까지 문화체육관광부장관에게 보고하여야 한다.　　　　　〈개정 2008. 2. 29.〉

④ 제1항제2호에 따라 카지노기구의 검사에 관한 권한을 위탁받은 카지노기구 검사기관은 문화체육관광부령으로 정하는 바에 따라 제1항제2호의 검사에 관한 업무 규정을 정하여 문화

체육관광부장관의 승인을 받아야 한다. 이를 변경하는 경우에도 또한 같다. 〈개정 2008. 2. 29.〉

⑤ 제1항제3호에 따라 위탁받은 업무를 수행한 업종별 관광협회 또는 전문 연구·검사기관은 그 업무를 수행하면서 법령 위반 사항을 발견한 경우에는 지체 없이 관할 특별자치시장·특별자치도지사·시장·군수·구청장에게 이를 보고하여야 한다.

〈개정 2009. 1. 20., 2011. 10. 6., 2019. 4. 9.〉

⑥ 제1항제1호의2 및 제4호부터 제7호까지의 규정에 따라 위탁받은 업무를 수행한 한국관광공사, 협회, 업종별 관광협회, 한국산업인력공단 및 관광 관련 교육기관은 국외여행 인솔자의 등록 및 자격증 발급, 관광종사원의 자격시험, 등록 및 자격증의 발급, 문화관광해설사 양성을 위한 교육과정의 개설·운영, 한국관광 품질인증 및 그 취소에 관한 업무를 수행한 경우에는 이를 분기별로 종합하여 다음 분기 10일까지 문화체육관광부장관 또는 시·도지사에게 보고하여야 한다. 〈개정 2008. 2. 29., 2009. 10. 7., 2011. 10. 6., 2018. 6. 5., 2019. 4. 9.〉

⑦ 제1항제7호에 따라 한국관광 품질인증 및 그 취소에 관한 업무를 위탁받은 한국관광공사는 문화체육관광부령으로 정하는 바에 따라 한국관광 품질인증 및 그 취소에 관한 업무 규정을 정하여 문화체육관광부장관의 승인을 받아야 한다. 이를 변경하는 경우에도 또한 같다.

〈신설 2018. 6. 5.〉

제66조(등급결정 권한의 위탁)

① 문화체육관광부장관은 법 제80조제3항제2호에 따라 법 제19조제1항에 따른 호텔업의 등급결정권을 다음 각 호의 요건을 모두 갖춘 법인으로서 문화체육관광부장관이 정하여 고시하는 법인에 위탁한다. 〈개정 2008. 2. 29., 2014. 11. 28.〉

1. 문화체육관광부장관의 허가를 받아 설립된 비영리법인이거나 「공공기관의 운영에 관한 법률」에 따른 공공기관일 것

2. 관광숙박업의 육성과 서비스 개선 등에 관한 연구 및 계몽활동 등을 하는 법인일 것

3. 문화체육관광부령으로 정하는 기준에 맞는 자격을 가진 평가요원을 50명 이상 확보하고 있을 것

② 문화체육관광부장관은 제1항에 따른 위탁 업무 수행에 필요한 경비의 전부 또는 일부를 호텔업 등급결정권을 위탁받은 법인에 지원할 수 있다. 〈개정 2014. 11. 28.〉

③ 제1항에 따른 호텔업 등급결정권 위탁 기준 등 호텔업 등급결정권의 위탁에 필요한 사항은 문화체육관광부장관이 정하여 고시한다. 〈신설 2014. 11. 28.〉

제66조의2(고유식별정보의 처리)

① 문화체육관광부장관(제65조에 따라 문화체육관광부장관의 권한을 위임·위탁받은 자를 포함한다) 및 지방자치단체의 장(해당 권한이 위임·위탁된 경우에는 그 권한을 위임·위탁받은 자를 포함한다)은 다음 각 호의 사무를 수행하기 위하여 불가피한 경우 「개인정보 보호법 시행령」 제19조에 따른 주민등록번호, 여권번호 또는 외국인등록번호가 포함된 자료를 처리할 수 있다. 〈신설 2017. 3. 27., 2018. 6. 5.〉

  1. 법 제4조에 따른 여행업, 관광숙박업, 관광객 이용시설업 및 국제회의업의 등록 등에 관한 사무

  2. 법 제5조에 따른 카지노업 또는 유원시설업의 허가 또는 신고 등에 관한 사무

  3. 법 제6조에 따른 관광 편의시설업의 지정 등에 관한 사무

  4. 법 제8조에 따른 관광사업의 양수 등에 관한 사무

  5. 법 제15조에 따른 사업계획의 승인 등에 관한 사무

  6. 법 제48조의8에 따른 문화관광해설사의 선발 및 활용 등에 관한 사무

  7. 법 제48조의10 및 제48조의11에 따른 한국관광 품질인증 및 그 취소에 관한 사무

② 다음 각 호의 어느 하나에 해당하는 자는 법 제9조에 따른 공제 또는 영업보증금 예치 사무를 수행하기 위하여 불가피한 경우 「개인정보 보호법 시행령」 제19조제1호 또는 제4호에 따른 주민등록번호 또는 외국인등록번호가 포함된 자료를 처리할 수 있다.

〈신설 2017. 3. 8., 2017. 3. 27.〉

  1. 법 제43조제2항 및 이 영 제39조제1항에 따라 공제사업의 허가를 받은 협회

  2. 영업보증금 예치 사무를 수행하는 문화체육관광부령으로 정하는 자

③ 법 제20조에 따라 관광사업의 시설에 대하여 분양 또는 회원 모집을 한 자는 같은 조 제5항제5호에 따른 회원증의 발급과 확인에 관한 사무를 수행하기 위하여 불가피한 경우 「개인정보 보호법 시행령」 제19조에 따른 주민등록번호 또는 외국인등록번호가 포함된 자료를 처리할 수 있다. 〈신설 2017. 3. 27.〉

④ 카지노사업자는 법 제28조제2항에 따른 카지노사업자의 영업준칙을 이행(카지노영업소의 이용자의 도박 중독 등을 이유로 그 이용자의 출입을 제한하기 위한 경우 및 카지노영업소 이용자의 출입일수 관리를 위한 경우로 한정한다)하기 위한 사무를 수행하기 위하여 불가피한 경우 「개인정보 보호법 시행령」 제19조제1호, 제2호 또는 제4호에 따른 주민등록번호, 여권번호 또는 외국인등록번호가 포함된 자료를 처리할 수 있다.

〈개정 2015. 2. 3., 2017. 3. 8., 2017. 3. 27.〉

⑤ 문화체육관광부장관(제65조에 따라 문화체육관광부장관의 권한을 위임·위탁받은 자를 포

함한다)은 법 제38조제2항부터 제4항까지의 규정에 따른 관광종사원의 자격 취득 및 자격증 교부에 관한 사무를 수행하기 위하여 불가피한 경우 「개인정보 보호법 시행령」 제19조제1호 또는 제4호에 따른 주민등록번호 또는 외국인등록번호가 포함된 자료를 처리할 수 있다.

〈개정 2017. 3. 8., 2017. 3. 27.〉

⑥ 문화체육관광부장관(법 제80조에 따라 문화체육관광부장관의 권한을 위임·위탁받은 자를 포함한다), 전담기관 및 지방자치단체의 장(해당 권한이 위임·위탁된 경우에는 그 권한을 위임·위탁받은 자를 포함한다)은 법 제47조의5에 따른 여행이용권의 지급 및 관리에 관한 사무를 수행하기 위하여 불가피한 경우 「개인정보 보호법 시행령」 제19조에 따른 주민등록번호, 여권번호, 운전면허의 면허번호 또는 외국인등록번호가 포함된 자료를 처리할 수 있다. 〈신설 2014. 11. 28., 2017. 3. 8., 2017. 3. 27.〉

[본조신설 2014. 8. 6.]

[종전 제66조의2는 제66조의3으로 이동 〈2014. 8. 6.〉]

제66조의3(규제의 재검토)

문화체육관광부장관은 다음 각 호의 사항에 대하여 다음 각 호의 기준일을 기준으로 3년마다(매 3년이 되는 해의 1월 1일 전까지를 말한다) 그 타당성을 검토하여 개선 등의 조치를 해야 한다.

1. 제5조 및 별표 1에 따른 관광사업의 등록기준(같은 표 제2호사목에 따른 의료관광호텔업의 등록기준은 제외한다): 2020년 1월 1일
2. 제22조에 따른 호텔업 등급결정 대상 중 가족호텔업의 포함 여부: 2022년 1월 1일

[전문개정 2022. 3. 8.]

제67조(과태료의 부과)

법 제86조제1항 및 제2항에 따른 과태료의 부과기준은 별표 5와 같다. 〈개정 2015. 11. 18.〉

[전문개정 2008. 8. 26.]

부칙 〈제33004호, 2022. 11. 29.〉

(소방시설 설치 및 관리에 관한 법률 시행령)

제1조(시행일)

이 영은 2022년 12월 1일부터 시행한다.   〈단서 생략〉

제2조 부터 제15조까지 생략

제16조(다른 법령의 개정)

①부터 ⑤까지 생략

⑥ 관광진흥법 시행령 일부를 다음과 같이 개정한다.

별표 1 제4호사목(5) 중 "「화재예방, 소방시설 설치·유지 및 안전관리에 관한 법률」"을 "「화재의 예방 및 안전관리에 관한 법률」, 「소방시설 설치 및 관리에 관한 법률」"로 한다.

⑦부터 ㊈까지 생략

제17조 생략

관광진흥법
시행규칙

[시행 2022. 10. 17.]
[문화체육관광부령 제492호, 2022. 10. 17., 일부개정]

제1조 목적

이 규칙은 「관광진흥법」 및 같은 법 시행령에서 위임된 사항과 그 시행에 필요한 사항을 규정함을 목적으로 한다.

제2조(관광사업의 등록신청)

① 「관광진흥법 시행령」(이하 "영"이라 한다) 제3조제1항에 따라 관광사업의 등록을 하려는 자는 별지 제1호서식의 관광사업 등록신청서에 다음 각 호의 서류를 첨부하여 특별자치시장·특별자치도지사·시장·군수·구청장(자치구의 구청장을 말한다. 이하 같다)에게 제출해야 한다. 〈개정 2009. 3. 31., 2009. 10. 22., 2015. 4. 22., 2019. 4. 25., 2021. 4. 19.〉

1. 사업계획서
2. 신청인(법인의 경우에는 대표자 및 임원)이 내국인인 경우에는 성명 및 주민등록번호를 기재한 서류
2의2. 신청인(법인의 경우에는 대표자 및 임원)이 외국인인 경우에는 「관광진흥법」(이하 "법"이라 한다) 제7조제1항 각 호(여행업의 경우에는 법 제11조의2제1항을 포함한다)의 결격사유에 해당하지 않음을 증명하는 다음 각 목의 어느 하나에 해당하는 서류. 다만, 법 또는 다른 법령에 따라 인·허가 등을 받아 사업자등록을 하고 해당 영업 또는 사업을 영위하고 있는 자(법인의 경우에는 최근 1년 이내에 법인세를 납부한 시점부터 등록 신청 시점까지의 기간 동안 대표자 및 임원의 변경이 없는 경우로 한정한다)는 해당 영업 또는 사업의 인·허가증 등 인·허가 등을 받았음을 증명하는 서류와 최근 1년 이내에 소득세(법인의 경우에는 법인세를 말한다)를 납부한 사실을 증명하는 서류를 제출하는 경우에는 그 영위하고 있는 영업 또는 사업의 관련 법령에서 정하는 결격사유와 중복되는 법 제7조제1항 각 호(여행업의 경우에는 법 제11조의2제1항을 포함한다)의 결격사유에 한하여 다음 각 목의 서류를 제출하지 않을 수 있다.
   가. 해당 국가의 정부나 그 밖의 권한 있는 기관이 발행한 서류 또는 공증인이 공증한 신청인의 진술서로서 「재외공관 공증법」에 따라 해당 국가에 주재하는 대한민국공관의 영사관이 확인한 서류
   나. 「외국공문서에 대한 인증의 요구를 폐지하는 협약」을 체결한 국가의 경우에는 해당 국가의 정부나 그 밖의 권한 있는 기관이 발행한 서류 또는 공증인이 공증한 신청인의 진술서로서 해당 국가의 아포스티유(Apostille) 확인서 발급 권한이 있는 기관이 그 확인서를 발급한 서류
3. 부동산의 소유권 또는 사용권을 증명하는 서류(부동산의 등기사항증명서를 통하여 부동

산의 소유권 또는 사용권을 확인할 수 없는 경우만 해당한다)

4. 회원을 모집할 계획인 호텔업, 휴양콘도미니엄업의 경우로서 각 부동산에 저당권이 설정되어 있는 경우에는 영 제24조제1항제2호 단서에 따른 보증보험가입 증명서류

5. 「외국인투자 촉진법」에 따른 외국인투자를 증명하는 서류(외국인투자기업만 해당한다)

② 제1항에 따른 신청서를 제출받은 특별자치시장·특별자치도지사·시장·군수·구청장은 「전자정부법」 제36조제1항에 따른 행정정보의 공동이용을 통하여 다음 각 호의 서류를 확인하여야 한다. 다만, 제3호 및 제4호의 경우 신청인이 확인에 동의하지 않는 경우에는 그 서류(제4호의 경우에는 「액화석유가스의 안전관리 및 사업법 시행규칙」 제71조제10항 단서에 따른 완성검사 합격 확인서로 대신할 수 있다)를 첨부하도록 해야 한다.

〈개정 2009. 3. 31., 2009. 10. 22., 2011. 3. 30., 2012. 4. 5., 2015. 4. 22., 2019. 3. 4., 2019. 4. 25.〉

1. 법인 등기사항증명서(법인만 해당한다)

2. 부동산의 등기사항증명서

3. 「전기사업법 시행규칙」 제38조제3항에 따른 전기안전점검확인서(호텔업 또는 국제회의시설업의 등록만 해당한다)

4. 「액화석유가스의 안전관리 및 사업법 시행규칙」 제71조제10항제1호에 따른 액화석유가스 사용시설완성검사증명서(야영장업의 등록만 해당한다)

③ 여행업 및 국제회의기획업의 등록을 하려는 자는 제1항에 따른 서류 외에 공인회계사 또는 세무사가 확인한 등록신청 당시의 대차대조표(개인의 경우에는 영업용 자산명세서 및 그 증명서류)를 첨부하여야 한다.

④ 관광숙박업, 관광객 이용시설업 및 국제회의시설업의 등록을 하려는 자는 제1항에 따른 서류 외에 다음 각 호의 서류를 첨부해야 하며, 사업계획승인된 내용에 변경이 없는 사항의 경우에는 제1항 각 호의 서류 중 그와 관련된 서류를 제출하지 않는다.

〈개정 2015. 3. 6., 2019. 3. 4., 2020. 4. 28., 2021. 12. 31.〉

1. 법 제15조에 따라 승인을 받은 사업계획(이하 "사업계획"이라 한다)에 포함된 부대영업을 하기 위하여 다른 법령에 따라 소관관청에 신고를 하였거나 인·허가 등을 받은 경우에는 각각 이를 증명하는 서류(제2호 또는 제3호의 서류에 따라 증명되는 경우에는 제외한다)

2. 법 제18조제1항에 따라 신고를 하였거나 인·허가 등을 받은 것으로 의제되는 경우에는 각각 그 신고서 또는 신청서와 그 첨부서류

3. 법 제18조제1항 각 호에서 규정된 신고를 하였거나 인·허가 등을 받은 경우에는 각각 이를 증명하는 서류

3의2. 야영장업을 경영하기 위하여 다른 법령에 따른 인·허가 등을 받은 경우 이를 증명하는

서류(야영장업의 등록만 해당한다)

3의3. 「전기안전관리법 시행규칙」 제11조제3항에 따른 사용전점검 확인증(야영장업의 등록만 해당한다)

3의4. 「먹는물관리법」에 따른 먹는물 수질검사기관이 「먹는물 수질기준 및 검사 등에 관한 규칙」 제3조제2항에 따라 발행한 수질검사성적서(야영장에서 수돗물이 아닌 지하수 등을 먹는 물로 사용하는 경우로서 야영장업의 등록만 해당한다)

4. 시설의 평면도 및 배치도

5. 다음 각 목의 구분에 따른 시설별 일람표

　　가. 관광숙박업: 별지 제2호서식의 시설별 일람표

　　나. 전문휴양업 및 종합휴양업: 별지 제3호서식의 시설별 일람표

　　다. 야영장업: 별지 제3호의2서식의 시설별 일람표

　　라. 한옥체험업: 별지 제3호의3서식의 시설별 일람표

　　마. 국제회의시설업: 별지 제4호서식의 시설별 일람표

⑤ 제1항부터 제3항까지의 규정에도 불구하고 「체육시설의 설치·이용에 관한 법률 시행령」 제20조에 따라 등록한 등록체육시설업의 경우에는 등록증 사본으로 첨부서류를 갈음할 수 있다.

⑥ 특별자치시장·특별자치도지사·시장·군수·구청장은 제2항에 따른 확인 결과 「전기사업법」 제66조의2제1항에 따른 전기안전점검 또는 「액화석유가스의 안전관리 및 사업법」 제44조제2항에 따른 액화석유가스 사용시설완성검사를 받지 아니한 경우에는 관계기관 및 신청인에게 그 내용을 통지해야 한다. 〈신설 2012. 4. 5., 2019. 3. 4., 2019. 4. 25.〉

⑦ 특별자치시장·특별자치도지사·시장·군수·구청장은 제1항에 따른 관광사업등록 신청을 받은 경우 그 신청내용이 등록기준에 적합하다고 인정되는 경우에는 별지 제5호서식의 관광사업 등록증을 신청인에게 발급하여야 한다. 〈개정 2009. 10. 22., 2012. 4. 5., 2019. 4. 25.〉

제3조(관광사업의 변경등록)

① 제2조에 따라 관광사업을 등록한 자가 법 제4조제4항에 따라 등록사항을 변경하려는 경우에는 그 변경사유가 발생한 날부터 30일 이내에 별지 제6호서식의 관광사업 변경등록신청서에 변경사실을 증명하는 서류를 첨부하여 특별자치시장·특별자치도지사·시장·군수·구청장에게 제출하여야 한다. 〈개정 2009. 10. 22., 2019. 4. 25.〉

② 제1항에 따라 변경등록신청서를 제출받은 특별자치시장·특별자치도지사·시장·군수·구청장은 「전자정부법」 제36조제1항에 따른 행정정보의 공동이용을 통하여 다음 각

호의 서류를 확인해야 한다. 다만, 제1호 및 제2호의 경우 신청인이 확인에 동의하지 않는 경우에는 그 서류(제2호의 경우에는 「액화석유가스의 안전관리 및 사업법 시행규칙」 제71조 제10항 단서에 따른 완성검사 합격 확인서로 대신할 수 있다)를 첨부하도록 해야 한다.

〈신설 2012. 4. 5., 2019. 3. 4., 2019. 4. 25.〉

1. 「전기사업법 시행규칙」 제38조제3항에 따른 전기안전점검확인서(영업소의 소재지 또는 면적의 변경 등으로 「전기사업법」 제66조의2제1항에 따른 전기안전점검을 받아야 하는 경우로서 호텔업 또는 국제회의시설업 변경등록을 신청한 경우만 해당한다)
2. 「액화석유가스의 안전관리 및 사업법 시행규칙」 제71조제10항제1호에 따른 액화석유 가스 사용시설완성검사증명서(야영장 시설의 설치 또는 폐지 등으로 「액화석유가스의 안전관리 및 사업법」 제44조에 따른 액화석유가스 사용시설완성검사를 받아야 하는 경우로서 야영장업의 변경등록을 신청한 경우만 해당한다)

③ 특별자치시장·특별자치도지사·시장·군수·구청장은 제2항에 따른 확인 결과 「전기사업법」 제66조의2제1항에 따른 전기안전점검 또는 「액화석유가스의 안전관리 및 사업법」 제44조제2항에 따른 액화석유가스 사용시설완성검사를 받지 아니한 경우에는 관계기관 및 신청인에게 그 내용을 통지하여야 한다.　　　　〈신설 2012. 4. 5., 2019. 3. 4., 2019. 4. 25.〉

④ 제1항에 따른 변경등록증 발급에 관하여는 제2조제7항을 준용한다.　　　〈개정 2012. 4. 5.〉

제4조(관광사업자 등록대장)

영 제4조제3항에 따라 비치하여 관리하는 관광사업자 등록대장에는 관광사업자의 상호 또는 명칭, 대표자의 성명·주소 및 사업장의 소재지와 사업별로 다음 각 호의 사항이 기재되어야 한다.　　　〈개정 2015. 3. 6., 2016. 3. 28., 2019. 8. 1., 2020. 4. 28.〉

1. 여행업 및 국제회의기획업: 자본금
2. 관광숙박업
   가. 객실 수
   나. 대지면적 및 건축연면적(폐선박을 이용하는 수상관광호텔업의 경우에는 폐선박의 총 톤수·전체 길이 및 전체 너비)
   다. 법 제18조제1항에 따라 신고를 하였거나 인·허가 등을 받은 것으로 의제되는 사항
   라. 사업계획에 포함된 부대영업을 하기 위하여 다른 법령에 따라 인·허가 등을 받았거나 신고 등을 한 사항
   마. 등급(호텔업만 해당한다)
   바. 운영의 형태(분양 또는 회원모집을 하는 휴양콘도미니엄업 및 호텔업만 해당한다)

3. 전문휴양업 및 종합휴양업

　가. 부지면적 및 건축연면적

　나. 시설의 종류

　다. 제2호다목 및 라목의 사항

　라. 운영의 형태(제2종종합휴양업만 해당한다)

4. 야영장업

　가. 부지면적 및 건축연면적

　나. 시설의 종류

　다. 1일 최대 수용인원

5. 관광유람선업

　가. 선박의 척수

　나. 선박의 제원

6. 관광공연장업

　가. 관광공연장업이 설치된 관광사업시설의 종류

　나. 무대면적 및 좌석 수

　다. 공연장의 총면적

　라. 일반음식점 영업허가번호, 허가연월일, 허가기관

7. 삭제 〈2014. 12. 31.〉

8. 외국인관광 도시민박업

　가. 객실 수

　나. 주택의 연면적

9. 한옥체험업

　가. 객실 수

　나. 한옥의 연면적, 객실 및 편의시설의 연면적

　다. 체험시설의 종류

　라. 「문화재보호법」에 따라 문화재로 지정·등록된 한옥 또는 「한옥 등 건축자산의 진
　　흥에 관한 법률」 제10조에 따라 우수건축자산으로 등록된 한옥인지 여부

10. 국제회의시설업

　가. 대지면적 및 건축연면적

　나. 회의실별 동시수용인원

　다. 제2호다목 및 라목의 사항

제5조(등록증의 재발급)

영 제4조제4항에 따라 등록증의 재발급을 받으려는 자는 별지 제7호서식의 등록증등 재발급신청서(등록증이 헐어 못 쓰게 된 경우에는 등록증을 첨부하여야 한다)를 특별자치시장·특별자치도지사·시장·군수·구청장에게 제출하여야 한다. 〈개정 2009. 10. 22., 2019. 4. 25.〉

제5조의2(야영장 시설의 종류)

영 제5조 및 별표 1 제4호다목(1)(사)에 따른 야영장 시설의 종류는 별표 1과 같다.

[본조신설 2016. 3. 28.]

제6조(카지노업의 허가 등)

① 법 제5조제1항에 따라 카지노업의 허가를 받으려는 자는 별지 제8호서식의 카지노업 허가신청서에 다음 각 호의 서류를 첨부하여 문화체육관광부장관에게 제출하여야 한다.

〈개정 2008. 3. 6., 2015. 4. 22.〉

1. 신청인(법인의 경우에는 대표자 및 임원)이 내국인인 경우에는 성명 및 주민등록번호를 기재한 서류

1의2. 신청인(법인의 경우에는 대표자 및 임원)이 외국인인 경우에는법 제7조제1항 각 호 및 법 제22조제1항 각 호에 해당하지 아니함을 증명하는 다음 각 목의 어느 하나에 해당하는 서류. 다만, 법 또는 다른 법령에 따라 인·허가 등을 받아 사업자등록을 하고 해당 영업 또는 사업을 영위하고 있는 자(법인의 경우에는 최근 1년 이내에 법인세를 납부한 시점부터 허가 신청 시점까지의 기간 동안 대표자 및 임원의 변경이 없는 경우로 한정한다)는 해당 영업 또는 사업의 인·허가증 등 인·허가 등을 받았음을 증명하는 서류와 최근 1년 이내에 소득세(법인의 경우에는 법인세를 말한다)를 납부한 사실을 증명하는 서류를 제출하는 경우에는 그 영위하고 있는 영업 또는 사업의 결격사유 규정과 중복되는 법 제7조제1항 및 제22조제1항의 결격사유에 한하여 다음 각 목의 서류를 제출하지 아니할 수 있다.

가. 해당 국가의 정부나 그 밖의 권한 있는 기관이 발행한 서류 또는 공증인이 공증한 신청인의 진술서로서 「재외공관 공증법」에 따라 해당 국가에 주재하는 대한민국공관의 영사관이 확인한 서류

나. 「외국공문서에 대한 인증의 요구를 폐지하는 협약」을 체결한 국가의 경우에는 해당 국가의 정부나 그 밖의 권한 있는 기관이 발행한 서류 또는 공증인이 공증한 신청인의 진술서로서 해당 국가의 아포스티유(Apostille) 확인서 발급 권한이 있는 기관이 그 확

인서를 발급한 서류

2. 정관(법인만 해당한다)

3. 사업계획서

4. 타인 소유의 부동산을 사용하는 경우에는 그 사용권을 증명하는 서류

5. 법 제21조제1항 및 영 제27조제2항에 따른 허가요건에 적합함을 증명하는 서류

② 제1항에 따른 신청서를 제출받은 문화체육관광부장관은 「전자정부법」 제36조제1항에 따른 행정정보의 공동이용을 통하여 다음 각 호의 서류를 확인하여야 한다. 다만, 제3호의 경우 신청인이 확인에 동의하지 아니하는 경우에는 그 서류를 첨부하도록 하여야 한다.

〈개정 2009. 3. 31., 2011. 3. 30., 2012. 4. 5., 2019. 4. 25.〉

1. 법인 등기사항증명서(법인만 해당한다)

2. 건축물대장

3. 「전기사업법 시행규칙」 제38조제3항에 따른 전기안전점검확인서

③ 제1항제3호에 따른 사업계획서에는 다음 각 호의 사항이 포함되어야 한다.

1. 카지노영업소 이용객 유치계획

2. 장기수지 전망

3. 인력수급 및 관리계획

4. 영업시설의 개요(제29조에 따른 시설 및 영업종류별 카지노기구에 관한 사항이 포함되어야 한다)

④ 문화체육관광부장관은 제2항에 따른 확인 결과 「전기사업법」 제66조의2제1항에 따른 전기안전점검을 받지 아니한 경우에는 관계기관 및 신청인에게 그 내용을 통지하여야 한다.

〈신설 2012. 4. 5.〉

⑤ 문화체육관광부장관은 카지노업의 허가(제8조제1항에 따른 변경허가를 포함한다)를 하는 경우에는 별지 제9호서식의 카지노업 허가증을 발급하고 별지 제10호서식의 카지노업 허가대장을 작성하여 관리하여야 한다. 〈개정 2008. 3. 6., 2012. 4. 5.〉

⑥ 카지노업 허가증의 재발급에 관하여는 제5조를 준용한다. 〈개정 2012. 4. 5.〉

제7조(유원시설업의 시설 및 설비기준과 허가신청 절차 등)

① 법 제5조제2항에 따라 유원시설업을 경영하려는 자가 갖추어야 하는 시설 및 설비의 기준은 별표 1의2와 같다. 〈개정 2016. 3. 28.〉

② 법 제5조제2항에 따른 유원시설업의 허가를 받으려는 자는 별지 제11호서식의 유원시설업 허가신청서에 다음 각 호의 서류를 첨부하여 특별자치시장 · 특별자치도지사 · 시장 · 군

수·구청장에게 제출하여야 한다. 이 경우 6개월 미만의 단기로 유원시설업의 허가를 받으려는 자는 허가신청서에 해당 기간을 표시하여 제출하여야 한다.

〈개정 2009. 3. 31., 2015. 3. 6., 2015. 4. 22., 2016. 12. 30., 2019. 4. 25., 2019. 10. 16.〉

1. 영업시설 및 설비개요서
2. 신청인(법인의 경우에는 대표자 및 임원)이 내국인인 경우에는 성명 및 주민등록번호를 기재한 서류
2의2. 신청인(법인의 경우에는 대표자 및 임원)이 외국인인 경우에는 법 제7조제1항 각 호에 해당하지 아니함을 증명하는 다음 각 목의 어느 하나에 해당하는 서류. 다만, 법 또는 다른 법령에 따라 인·허가 등을 받아 사업자등록을 하고 해당 영업 또는 사업을 영위하고 있는 자(법인의 경우에는 최근 1년 이내에 법인세를 납부한 시점부터 허가 신청 시점까지의 기간 동안 대표자 및 임원의 변경이 없는 경우로 한정한다)는 해당 영업 또는 사업의 인·허가증 등 인·허가 등을 받았음을 증명하는 서류와 최근 1년 이내에 소득세(법인의 경우에는 법인세를 말한다)를 납부한 사실을 증명하는 서류를 제출하는 경우에는 그 영위하고 있는 영업 또는 사업의 결격사유 규정과 중복되는 법 제7조제1항의 결격사유에 한하여 다음 각 목의 서류를 제출하지 아니할 수 있다.
　가. 해당 국가의 정부나 그 밖의 권한 있는 기관이 발행한 서류 또는 공증인이 공증한 신청인의 진술서로서 「재외공관 공증법」에 따라 해당 국가에 주재하는 대한민국공관의 영사관이 확인한 서류
　나. 「외국공문서에 대한 인증의 요구를 폐지하는 협약」을 체결한 국가의 경우에는 해당 국가의 정부나 그 밖의 권한 있는 기관이 발행한 서류 또는 공증인이 공증한 신청인의 진술서로서 해당 국가의 아포스티유(Apostille) 확인서 발급 권한이 있는 기관이 그 확인서를 발급한 서류
3. 정관(법인만 해당한다)
4. 유기시설 또는 유기기구의 영업허가 전 검사를 받은 사실을 증명하는 서류(안전성검사의 대상이 아닌 경우에는 이를 증명하는 서류)
5. 법 제9조에 따른 보험가입 등을 증명하는 서류
6. 법 제33조제2항에 따른 안전관리자(이하 "안전관리자"라 한다)에 관한 별지 제12호서식에 따른 인적사항
7. 임대차계약서 사본(대지 또는 건물을 임차한 경우만 해당한다)
8. 다음 각 목의 사항이 포함된 안전관리계획서
　가. 안전점검 계획

나. 비상연락체계

　　다. 비상 시 조치계획

　　라. 안전요원 배치계획(물놀이형 유기시설 또는 유기기구를 설치하는 경우만 해당한다)

　　마. 유기시설 또는 유기기구 주요 부품의 주기적 교체 계획

③ 제2항에 따른 신청서를 제출받은 특별자치시장·특별자치도지사·시장·군수·구청장은 「전자정부법」 제36조제1항에 따른 행정정보의 공동이용을 통하여 법인 등기사항증명서(법인만 해당한다)를 확인하여야 한다. 〈개정 2009. 3. 31., 2011. 3. 30., 2019. 4. 25.〉

④ 특별자치시장·특별자치도지사·시장·군수·구청장은 유원시설업을 허가하는 경우에는 별지 제13호서식의 유원시설업 허가증을 발급하고 별지 제14호서식의 유원시설업 허가·신고관리대장을 작성하여 관리하여야 한다. 〈개정 2009. 3. 31., 2019. 4. 25.〉

⑤ 유원시설업 허가증의 재발급에 관하여는 제5조를 준용한다.

제8조(변경허가 및 변경신고 사항 등)

① 카지노업 또는 유원시설업의 허가를 받은 자가 법 제5조제3항 본문에 따라 다음 각 호의 어느 하나에 해당하는 사항을 변경하려는 경우에는 변경허가를 받아야 한다.
〈개정 2016. 12. 30., 2018. 1. 25.〉

　1. 카지노업의 경우

　　가. 대표자의 변경

　　나. 영업소 소재지의 변경

　　다. 동일구내(같은 건물 안 또는 같은 울 안의 건물을 말한다)로의 영업장소 위치 변경 또는 영업장소의 면적 변경

　　라. 별표 1의3 제1호에서 정한 경우에 해당하는 게임기구의 변경 또는 교체

　　마. 법 제23조제1항 및 이 규칙 제29조제1항제4호에 따른 카지노 전산시설 중 주전산기의 변경 또는 교체

　　바. 법 제26조에 따른 영업종류의 변경

　2. 유원시설업의 경우

　　가. 영업소의 소재지 변경(유기시설 또는 유기기구의 이전을 수반하는 영업소의 소재지 변경은 제외한다)

　　나. 안전성검사 대상 유기시설 또는 유기기구의 영업장 내에서의 신설·이전·폐기

　　다. 영업장 면적의 변경

② 카지노업 또는 유원시설업의 허가를 받은 자가 법 제5조제3항 단서에 따라 다음 각 호의 어

느 하나에 해당하는 사항을 변경하려는 경우에는 변경신고를 하여야 한다.

〈개정 2016. 12. 30., 2018. 1. 25.〉

1. 대표자 또는 상호의 변경(유원시설업만 해당한다)
2. 별표 1의3 제2호에서 정한 경우에 해당하는 게임기구의 변경 또는 교체(카지노업만 해당한다)
2의2. 법 제23조제1항 및 이 규칙 제29조제1항제4호에 따른 카지노 전산시설 중 주전산기를 제외한 시설의 변경 또는 교체(카지노업만 해당한다)
3. 안전성검사 대상이 아닌 유기시설 또는 유기기구의 신설·폐기(유원시설업만 해당한다)
4. 안전관리자의 변경(유원시설업만 해당한다)
5. 상호 또는 영업소의 명칭 변경(카지노업만 해당한다)
6. 안전성검사 대상 유기시설 또는 유기기구의 3개월 이상의 운행 정지 또는 그 운행의 재개(유원시설업만 해당한다)
7. 안전성검사 대상이 아닌 유기시설 또는 유기기구로서 제40조제4항 단서에 따라 정기 확인검사가 필요한 유기시설 또는 유기기구의 3개월 이상의 운행 정지 또는 그 운행의 재개(유원시설업만 해당한다)

제9조(카지노업의 변경허가 및 변경신고)

① 법 제5조제3항에 따라 카지노업의 변경허가를 받거나 변경신고를 하려는 자는 별지 제15호 서식의 카지노업 변경허가신청서 또는 변경신고서에 변경계획서를 첨부하여 문화체육관광부장관에게 제출하여야 한다. 다만, 변경허가를 받거나 변경신고를 한 후 문화체육관광부장관이 요구하는 경우에는 변경내역을 증명할 수 있는 서류를 추가로 제출하여야 한다.

〈개정 2008. 3. 6., 2008. 8. 26., 2009. 12. 31., 2012. 4. 5.〉

② 제1항에 따른 변경허가신청서 또는 변경신고서를 제출받은 문화체육관광부장관은 「전자정부법」 제36조제1항에 따른 행정정보의 공동이용을 통하여 「전기사업법 시행규칙」 제38조제3항에 따른 전기안전점검확인서(영업소의 소재지 또는 면적의 변경 등으로 「전기사업법」 제66조의2제1항에 따른 전기안전점검을 받아야 하는 경우로서 카지노업 변경허가 또는 변경신고를 신청한 경우만 해당한다)를 확인하여야 한다. 다만, 신청인이 전기안전점검확인서의 확인에 동의하지 아니하는 경우에는 그 서류를 첨부하도록 하여야 한다.

〈신설 2012. 4. 5., 2019. 4. 25.〉

③ 문화체육관광부장관은 제2항에 따른 확인 결과 「전기사업법」 제66조의2제1항에 따른 전기안전점검을 받지 아니한 경우에는 관계기관 및 신청인에게 그 내용을 통지하여야 한다.

제10조(유원시설업의 변경허가 및 변경신고)

① 법 제5조제3항 본문에 따라 유원시설업의 변경허가를 받으려는 자는 그 사유가 발생한 날부터 30일 이내에 별지 제16호서식의 유원시설업 허가사항 변경허가신청서에 다음 각 호의 서류를 첨부하여 특별자치시장·특별자치도지사·시장·군수·구청장에게 제출해야 한다. 〈개정 2009. 3. 31., 2009. 12. 31., 2015. 3. 6., 2016. 12. 30., 2019. 4. 25., 2022. 10. 17.〉

1. 허가증

2. 영업소의 소재지 또는 영업장의 면적을 변경하는 경우에는 그 변경내용을 증명하는 서류

3. 안전성검사 대상 유기시설 또는 유기기구를 신설·이전하는 경우에는 제7조제2항제8호에 따른 안전관리계획서 및 제40조제5항에 따른 검사결과서

4. 안전성검사 대상 유기시설 또는 유기기구를 폐기하는 경우에는 폐기내용을 증명하는 서류

② 법 제5조제3항 단서에 따라 유원시설업의 변경신고를 하려는 자는 그 변경사유가 발생한 날부터 30일 이내에 별지 제16호서식의 유원시설업 허가사항 변경신고서에 다음 각 호의 서류를 첨부하여 특별자치시장·특별자치도지사·시장·군수·구청장에게 제출해야 한다. 〈개정 2009. 3. 31., 2011. 10. 6., 2016. 12. 30., 2019. 4. 25., 2022. 10. 17.〉

1. 대표자 또는 상호를 변경하는 경우에는 그 변경내용을 증명하는 서류(대표자가 변경된 경우에는 그 대표자의 성명·주민등록번호를 기재한 서류를 포함한다)

2. 안전성검사 대상이 아닌 유기시설 또는 유기기구를 신설하는 경우에는 제7조제2항제8호에 따른 안전관리계획서 및 제40조제5항에 따른 검사결과서

2의2. 안전성검사 대상이 아닌 유기시설 또는 유기기구를 폐기하는 경우에는 그 폐기내용을 증명하는 서류

3. 안전관리자를 변경하는 경우 그 안전관리자에 관한 별지 제12호서식에 따른 인적사항

4. 제8조제2항제6호 또는 제7호에 해당하는 경우에는 그 내용을 증명하는 서류

③ 제2항에 따른 신고서를 제출받은 특별자치시장·특별자치도지사·시장·군수·구청장은 「전자정부법」 제36조제1항에 따른 행정정보의 공동이용을 통하여 법인 등기사항증명서(법인의 상호가 변경된 경우만 해당한다)를 확인하여야 한다. 〈개정 2009. 3. 31., 2011. 3. 30., 2019. 4. 25.〉

제11조(유원시설업의 신고 등)

① 법 제5조제4항에 따른 유원시설업의 신고를 하려는 자가 갖추어야 하는 시설 및 설비기준은

별표 1의2와 같다. 〈개정 2016. 3. 28.〉

② 법 제5조제4항에 따른 유원시설업의 신고를 하려는 자는 별지 제17호서식의 기타유원시설업 신고서에 다음 각 호의 서류를 첨부하여 특별자치시장 · 특별자치도지사 · 시장 · 군수 · 구청장에게 제출하여야 한다. 이 경우 6개월 미만의 단기로 기타유원시설업의 신고를 하려는 자는 신고서에 해당 기간을 표시하여 제출하여야 한다.

〈개정 2009. 3. 31., 2015. 3. 6., 2016. 12. 30., 2019. 4. 25., 2019. 10. 16.〉

1. 영업시설 및 설비개요서

2. 유기시설 또는 유기기구가 안전성검사 대상이 아님을 증명하는 서류

3. 법 제9조에 따른 보험가입 등을 증명하는 서류

4. 임대차계약서 사본(대지 또는 건물을 임차한 경우만 해당한다)

5. 다음 각 목의 사항이 포함된 안전관리계획서

　가. 안전점검 계획

　나. 비상연락체계

　다. 비상 시 조치계획

　라. 안전요원 배치계획(물놀이형 유기시설 또는 유기기구를 설치하는 경우만 해당한다)

　마. 유기시설 또는 유기기구 주요 부품의 주기적 교체 계획

③ 제2항에 따른 신고서를 제출받은 특별자치시장 · 특별자치도지사 · 시장 · 군수 · 구청장은 「전자정부법」 제36조제1항에 따른 행정정보의 공동이용을 통하여 법인 등기사항증명서(법인만 해당한다)를 확인하여야 한다. 〈개정 2009. 3. 31., 2011. 3. 30., 2019. 4. 25.〉

④ 특별자치시장 · 특별자치도지사 · 시장 · 군수 · 구청장은 제2항에 따른 신고를 받은 경우에는 별지 제18호서식의 유원시설업 신고증을 발급하고, 별지 제14호서식에 따른 유원시설업 허가 · 신고 관리대장을 작성하여 관리하여야 한다. 〈개정 2009. 3. 31., 2019. 4. 25.〉

⑤ 유원시설업 신고증의 재발급에 관하여는 제5조를 준용한다.

제12조(중요사항의 변경신고)

법 제5조제4항 후단에서 "문화체육관광부령으로 정하는 중요사항"이란 다음 각 호의 사항을 말한다. 〈개정 2008. 3. 6., 2016. 12. 30.〉

1. 영업소의 소재지 변경(유기시설 또는 유기기구의 이전을 수반하는 영업소의 소재지 변경은 제외한다)

2. 안전성검사 대상이 아닌 유기시설 또는 유기기구의 신설 · 폐기 또는 영업장 면적의 변경

3. 대표자 또는 상호의 변경

4. 안전성검사 대상이 아닌 유기시설 또는 유기기구로서 제40조제4항 단서에 따라 정기 확인
검사가 필요한 유기시설 또는 유기기구의 3개월 이상의 운행 정지 또는 그 운행의 재개

제13조(신고사항 변경신고)

법 제5조제4항 후단에 따라 신고사항의 변경신고를 하려는 자는 그 변경사유가 발생한 날부터
30일 이내에 별지 제19호서식의 기타유원시설업 신고사항 변경신고서에 다음 각 호의 서류를 첨
부하여 특별자치시장 · 특별자치도지사 · 시장 · 군수 · 구청장에게 제출해야 한다.

〈개정 2009. 3. 31., 2011. 10. 6., 2016. 12. 30., 2019. 4. 25., 2022. 10. 17.〉

1. 신고증
2. 영업소의 소재지 또는 영업장의 면적을 변경하는 경우에는 그 변경내용을 증명하는 서류
3. 안전성검사 대상이 아닌 유기시설 또는 유기기구를 신설하는 경우에는 제11조제2항제5호
에 따른 안전관리계획서 및 제40조제5항에 따른 검사결과서
4. 안전성검사 대상이 아닌 유기시설 또는 유기기구를 폐기하는 경우에는 그 폐기내용을 증
명하는 서류
5. 대표자 또는 상호를 변경하는 경우에는 그 변경내용을 증명하는 서류
6. 제12조제4호에 해당하는 경우에는 그 내용을 증명하는 서류

제14조(관광 편의시설업의 지정신청)

① 법 제6조제1항 및 영 제65조제1항제1호에 따라 관광 편의시설업의 지정을 받으려는 자는 다
음 각 호의 구분에 따라 신청을 하여야 한다. 〈개정 2009. 10. 22., 2009. 12. 31., 2011. 12. 30., 2016.
3. 28., 2018. 11. 29., 2019. 4. 25., 2019. 7. 10., 2020. 4. 28.〉

1. 관광유흥음식점업, 관광극장유흥업, 외국인전용 유흥음식점업, 관광순환버스업, 관광펜
션업, 관광궤도업, 관광면세업 및 관광지원서비스업: 특별자치시장 · 특별자치도지사 · 시
장 · 군수 · 구청장
2. 관광식당업, 관광사진업 및 여객자동차터미널시설업: 지역별 관광협회

② 법 제6조제1항에 따라 관광 편의시설업의 지정을 받으려는 자는 별지 제21호서식의 관광 편
의시설업 지정신청서에 다음 각 호의 서류를 첨부하여 제1항에 따라 특별자치시장 · 특별자
치도지사 · 시장 · 군수 · 구청장 또는 지역별 관광협회에 제출해야 한다. 다만, 제4호의 서류
는 관광지원서비스업으로 지정을 받으려는 자만 제출한다. 〈개정 2009. 10. 22., 2011. 12. 30.,
2015. 4. 22., 2016. 3. 28., 2018. 11. 29., 2019. 4. 25., 2019. 7. 10., 2021. 6. 23.〉

1. 신청인(법인의 경우에는 대표자 및 임원)이 내국인인 경우에는 성명 및 주민등록번호를

기재한 서류

1의2. 신청인(법인의 경우에는 대표자 및 임원)이 외국인인 경우에는 법 제7조제1항 각 호에 해당하지 아니함을 증명하는 다음 각 목의 어느 하나에 해당하는 서류. 다만, 법 또는 다른 법령에 따라 인·허가 등을 받아 사업자등록을 하고 해당 영업 또는 사업을 영위하고 있는 자(법인의 경우에는 최근 1년 이내에 법인세를 납부한 시점부터 지정 신청 시점까지의 기간 동안 대표자 및 임원의 변경이 없는 경우로 한정한다)는 해당 영업 또는 사업의 인·허가증 등 인·허가 등을 받았음을 증명하는 서류와 최근 1년 이내에 소득세(법인의 경우에는 법인세를 말한다)를 납부한 사실을 증명하는 서류를 제출하는 경우에는 그 영위하고 있는 영업 또는 사업의 결격사유 규정과 중복되는 법 제7조제1항의 결격사유에 한하여 다음 각 목의 서류를 제출하지 아니할 수 있다.

가. 해당 국가의 정부나 그 밖의 권한 있는 기관이 발행한 서류 또는 공증인이 공증한 신청인의 진술서로서 「재외공관 공증법」에 따라 해당 국가에 주재하는 대한민국공관의 영사관이 확인한 서류

나. 「외국공문서에 대한 인증의 요구를 폐지하는 협약」을 체결한 국가의 경우에는 해당 국가의 정부나 그 밖의 권한 있는 기관이 발행한 서류 또는 공증인이 공증한 신청인의 진술서로서 해당 국가의 아포스티유(Apostille) 확인서 발급 권한이 있는 기관이 그 확인서를 발급한 서류

2. 업종별 면허증·허가증·특허장·지정증·인가증·등록증·신고증명서 사본(다른 법령에 따라 면허·허가·특허·지정·인가를 받거나 등록·신고를 해야 하는 사업만 해당한다)

3. 시설의 배치도 또는 사진 및 평면도

4. 다음 각 목의 어느 하나에 해당하는 서류

가. 평균매출액(「중소기업기본법 시행령」 제7조에 따른 방법으로 산출한 것을 말한다. 이하 같다) 검토의견서(공인회계사, 세무사 또는 「경영지도사 및 기술지도사에 관한 법률」에 따른 경영지도사가 작성한 것으로 한정한다)

나. 사업장이 법 제52조에 따라 관광지 또는 관광단지로 지정된 지역에 소재하고 있음을 증명하는 서류

다. 법 제48조의10제1항에 따라 한국관광 품질인증을 받았음을 증명하는 서류

라. 중앙행정기관의 장 또는 지방자치단체의 장이 공모 등의 방법을 통해 우수 관광사업으로 선정한 사업임을 증명하는 서류

③ 제2항에 따른 신청서를 받은 특별자치시장·특별자치도지사·시장·군수·구청장은 「전

자정부법」 제36조제1항에 따른 행정정보의 공동이용을 통하여 다음 각 호의 서류를 확인하여야 한다. 다만, 신청인이 확인에 동의하지 아니하는 경우(제2호만 해당한다)와 영 제65조에 따라 관광협회에 위탁된 업종의 경우에는 신청인으로 하여금 해당 서류를 첨부하도록 하여야 한다. 〈개정 2009. 3. 31., 2009. 10. 22., 2011. 3. 30., 2019. 4. 25., 2019. 7. 10.〉

1. 법인 등기사항증명서(법인만 해당한다)

2. 사업자등록증 사본

④ 특별자치시장·특별자치도지사·시장·군수·구청장 또는 지역별 관광협회는 제2항에 따른 신청을 받은 경우 그 신청내용이 별표 2의 지정기준에 적합하다고 인정되는 경우에는 별지 제22호서식의 관광 편의시설업 지정증을 신청인에게 발급하고, 관광 편의시설업자 지정대장에 다음 각 호의 사항을 기재하여야 한다. 〈개정 2009. 10. 22., 2019. 4. 25.〉

1. 상호 또는 명칭

2. 대표자 및 임원의 성명·주소

3. 사업장의 소재지

⑤ 관광 편의시설업 지정사항의 변경 및 관광 편의시설업 지정증의 재발급에 관하여는 제3조와 제5조를 각각 준용한다.

[제15조에서 이동, 종전 제14조는 삭제

제15조(관광 편의시설업의 지정기준)

법 제6조제2항에서 "문화체육관광부령으로 정하는 기준"이란 별표 2와 같다.

[본조신설 2018. 11. 29.]

[종전 제15조는 제14조로 이동 〈2018. 11. 29.〉]

제16조(관광사업의 지위승계)

① 법 제8조제2항에서 "문화체육관광부령으로 정하는 주요한 관광사업시설"이란 다음 각 호의 시설을 말한다. 〈개정 2008. 3. 6., 2018. 11. 29.〉

1. 관광사업에 사용되는 토지와 건물

2. 영 제5조에 따른 관광사업의 등록기준에서 정한 시설(등록대상 관광사업만 해당한다)

3. 제15조에 따른 관광 편의시설업의 지정기준에서 정한 시설(지정대상 관광사업만 해당한다)

4. 제29조제1항제1호의 카지노업 전용 영업장(카지노업만 해당한다)

5. 제7조제1항에 따른 유원시설업의 시설 및 설비기준에서 정한 시설(유원시설업만 해당한

다)

② 법 제8조제4항에 따라 관광사업자의 지위를 승계한 자는 그 사유가 발생한 날부터 1개월 이 내에 별지 제23호서식의 관광사업 양수(지위승계)신고서에 다음 각 호의 서류를 첨부하여 문화체육관광부장관, 특별자치시장ㆍ특별자치도지사ㆍ시장ㆍ군수ㆍ구청장 또는 지역별 관 광협회장(이하 "등록기관등의 장"이라 한다)에게 제출해야 한다.

〈개정 2009. 10. 22., 2011. 3. 30., 2015. 4. 22., 2019. 4. 25., 2021. 4. 19.〉

1. 지위를 승계한 자(법인의 경우에는 대표자)가 내국인인 경우에는 성명 및 주민등록번호를 기재한 서류

1의2. 지위를 승계한 자(법인의 경우에는 대표자 및 임원)가 외국인인 경우에는 법 제7조제1 항 각 호(여행업의 경우에는 법 제11조의2제1항을 포함하고, 카지노업의 경우에는 법 제22조제1항 각 호를 포함한다)의 결격사유에 해당하지 않음을 증명하는 다음 각 목의 어느 하나에 해당하는 서류. 다만, 법 또는 다른 법령에 따라 인ㆍ허가 등을 받아 사업 자등록을 하고 해당 영업 또는 사업을 영위하고 있는 자(법인의 경우에는 최근 1년 이 내에 법인세를 납부한 시점부터 신고 시점까지의 기간 동안 대표자 및 임원의 변경이 없는 경우로 한정한다)는 해당 영업 또는 사업의 인ㆍ허가증 등 인ㆍ허가 등을 받았음 을 증명하는 서류와 최근 1년 이내에 소득세(법인의 경우에는 법인세를 말한다)를 납 부한 사실을 증명하는 서류를 제출하는 경우에는 그 영위하고 있는 영업 또는 사업의 결격사유 규정과 중복되는 법 제7조제1항 각 호(여행업의 경우에는 법 제11조의2제1 항을 포함하고, 카지노업의 경우에는 법 제22조제1항 각 호를 포함한다)의 결격사유에 한하여 다음 각 목의 서류를 제출하지 아니할 수 있다.

　　가. 해당 국가의 정부나 그 밖의 권한 있는 기관이 발행한 서류 또는 공증인이 공증한 신청 인의 진술서로서 「재외공관 공증법」에 따라 해당 국가에 주재하는 대한민국공관의 영사관이 확인한 서류

　　나. 「외국공문서에 대한 인증의 요구를 폐지하는 협약」을 체결한 국가의 경우에는 해당 국가의 정부나 그 밖의 권한 있는 기관이 발행한 서류 또는 공증인이 공증한 신청인의 진술서로서 해당 국가의 아포스티유(Apostille) 확인서 발급 권한이 있는 기관이 그 확 인서를 발급한 서류

2. 양도ㆍ양수 등 지위승계를 증명하는 서류(시설인수 명세를 포함한다)

③ 제2항에 따른 신고서를 제출받은 담당공무원은 「전자정부법」 제36조제1항에 따른 행정정 보의 공동이용을 통하여 지위를 승계한 자의 법인 등기사항증명서(법인만 해당한다)를 확인 하여야 한다. 다만, 영 제65조에 따라 관광협회에 위탁된 업종의 경우에는 신고인으로 하여

금 해당 서류를 첨부하도록 하여야 한다. 〈개정 2009. 3. 31., 2011. 3. 30.〉

제17조(휴업 또는 폐업의 통보)

① 법 제8조제8항 본문에 따라 관광사업의 전부 또는 일부를 휴업하거나 폐업한 자는 휴업 또는 폐업을 한 날부터 30일 이내에 별지 제24호서식의 관광사업 휴업 또는 폐업통보(신고)서를 등록기관등의 장에게 제출해야 한다. 다만, 6개월 미만의 유원시설업 허가 또는 신고일 경우에는 폐업통보서를 제출하지 않아도 해당 기간이 끝나는 때에 폐업한 것으로 본다.

〈개정 2011. 10. 6., 2016. 12. 30., 2019. 4. 25., 2019. 6. 12., 2020. 12. 10.〉

② 법 제8조제8항 단서에 따라 카지노업을 휴업 또는 폐업하려는 자는 휴업 또는 폐업 예정일 10일 전까지 별지 제24호서식의 관광사업 휴업 또는 폐업 통보(신고)서에 카지노기구의 관리계획에 관한 서류를 첨부하여 문화체육관광부장관에게 제출해야 한다. 다만, 천재지변이나 그 밖의 부득이한 사유가 있는 경우에는 휴업 또는 폐업 예정일까지 제출할 수 있다.

〈신설 2019. 6. 12.〉

③ 제1항에 따라 폐업신고(카지노업의 폐업신고는 제외한다. 이하 이 조에서 같다)를 하려는 자가 「부가가치세법」 제8조제7항에 따른 폐업신고를 같이 하려는 때에는 제1항에 따른 폐업신고서와 「부가가치세법 시행규칙」 별지 제9호서식의 폐업신고서를 함께 등록기관등의 장에게 제출하거나, 「민원 처리에 관한 법률 시행령」 제12조제10항에 따른 통합 폐업신고서(이하 "통합 폐업신고서"라 한다)를 등록기관등의 장에게 제출해야 한다. 이 경우 등록기관등의 장은 함께 제출받은 「부가가치세법 시행규칙」에 따른 폐업신고서 또는 통합 폐업신고서를 지체 없이 세무서장에게 송부(정보통신망을 이용한 송부를 포함한다)해야 한다.

〈신설 2020. 12. 10.〉

④ 관할 세무서장이 「부가가치세법 시행령」 제13조제5항에 따라 제1항에 따른 폐업신고를 받아 이를 해당 등록기관등의 장에게 송부한 경우에는 제1항에 따른 폐업신고서가 제출된 것으로 본다.

〈신설 2020. 12. 10.〉

제18조(보험의 가입 등)

① 여행업의 등록을 한 자(이하 "여행업자"라 한다)는 법 제9조에 따라 그 사업을 시작하기 전에 여행계약의 이행과 관련한 사고로 인하여 관광객에게 피해를 준 경우 그 손해를 배상할 것을 내용으로 하는 보증보험 또는 영 제39조에 따른 공제(이하 "보증보험등"이라 한다)에 가입하거나 법 제45조에 따른 업종별 관광협회(업종별 관광협회가 구성되지 않은 경우에는 법 제45조에 따른 지역별 관광협회, 지역별 관광협회가 구성되지 않은 경우에는 법 제48조의9에 따

른 광역 단위의 지역관광협의회)에 영업보증금을 예치하고 그 사업을 하는 동안(휴업기간을 포함한다) 계속하여 이를 유지해야 한다. 〈개정 2008. 8. 26., 2017. 2. 28., 2021. 4. 19.〉

② 여행업자 중에서 법 제12조에 따라 기획여행을 실시하려는 자는 그 기획여행 사업을 시작하기 전에 제1항에 따라 보증보험등에 가입하거나 영업보증금을 예치하고 유지하는 것 외에 추가로 기획여행과 관련한 사고로 인하여 관광객에게 피해를 준 경우 그 손해를 배상할 것을 내용으로 하는 보증보험등에 가입하거나 법 제45조에 따른 업종별 관광협회(업종별 관광협회가 구성되지 아니한 경우에는 법 제45조에 따른 지역별 관광협회, 지역별 관광협회가 구성되지 아니한 경우에는 법 제48조의9에 따른 광역 단위의 지역관광협의회)에 영업보증금을 예치하고 그 기획여행 사업을 하는 동안(기획여행 휴업기간을 포함한다) 계속하여 이를 유지하여야 한다. 〈개정 2010. 8. 17., 2017. 2. 28.〉

③ 제1항 및 제2항에 따라 여행업자가 가입하거나 예치하고 유지하여야 할 보증보험등의 가입금액 또는 영업보증금의 예치금액은 직전 사업연도의 매출액(손익계산서에 표시된 매출액을 말한다) 규모에 따라 별표 3과 같이 한다. 〈개정 2010. 8. 17.〉

④ 제1항부터 제3항까지의 규정에 따라 보증보험등에 가입하거나 영업보증금을 예치한 자는 그 사실을 증명하는 서류를 지체 없이 특별자치시장·특별자치도지사·시장·군수·구청장에게 제출하여야 한다. 〈개정 2009. 10. 22., 2019. 4. 25.〉

⑤ 제1항부터 제3항까지의 규정에 따른 보증보험등의 가입, 영업보증금의 예치 및 그 배상금의 지급에 관한 절차 등은 문화체육관광부장관이 정하여 고시한다. 〈개정 2008. 3. 6.〉

⑥ 야영장업의 등록을 한 자는 법 제9조에 따라 그 사업을 시작하기 전에 야영장 시설에서 발생하는 재난 또는 안전사고로 인하여 야영장 이용자에게 피해를 준 경우 그 손해를 배상할 것을 내용으로 하는 책임보험 또는 영 제39조에 따른 공제에 가입해야 한다. 〈신설 2019. 3. 4.〉

⑦ 야영장업의 등록을 한 자가 제6항에 따라 가입해야 하는 책임보험 또는 공제는 다음 각 호의 기준을 충족하는 것이어야 한다. 〈신설 2019. 3. 4.〉

1. 사망의 경우: 피해자 1명당 1억원의 범위에서 피해자에게 발생한 손해액을 지급할 것. 다만, 그 손해액이 2천만원 미만인 경우에는 2천만원으로 한다.

2. 부상의 경우: 피해자 1명당 별표 3의2에서 정하는 금액의 범위에서 피해자에게 발생한 손해액을 지급할 것

3. 부상에 대한 치료를 마친 후 더 이상의 치료효과를 기대할 수 없고 그 증상이 고정된 상태에서 그 부상이 원인이 되어 신체에 장애(이하 "후유장애"라 한다)가 생긴 경우: 피해자 1명당 별표 3의3에서 정하는 금액의 범위에서 피해자에게 발생한 손해액을 지급할 것

4. 재산상 손해의 경우: 사고 1건당 1억원의 범위에서 피해자에게 발생한 손해액을 지급할 것

⑧ 제7항에 따른 책임보험 또는 공제는 하나의 사고로 제7항제1호부터 제3호까지 중 둘 이상에 해당하게 된 경우 다음 각 호의 기준을 충족하는 것이어야 한다. 〈신설 2019. 3. 4.〉

　　1. 부상당한 사람이 치료 중 그 부상이 원인이 되어 사망한 경우: 피해자 1명당 제7항제1호에 따른 금액과 제7항제2호에 따른 금액을 더한 금액을 지급할 것

　　2. 부상당한 사람에게 후유장애가 생긴 경우: 피해자 1명당 제7항제2호에 따른 금액과 제7항제3호에 따른 금액을 더한 금액을 지급할 것

　　3. 제7항제3호에 따른 금액을 지급한 후 그 부상이 원인이 되어 사망한 경우: 피해자 1명당 제7항제1호에 따른 금액에서 제7항제3호에 따른 금액 중 사망한 날 이후에 해당하는 손해액을 뺀 금액을 지급할 것

⑨ 특별자치시장·특별자치도지사·시장·군수·구청장은 여행업자가 가입한 보증보험등의 기간 만료 전에 여행업자에게 별지 제47호서식의 여행업 보증보험·공제 갱신 안내서를 발송할 수 있다. 〈신설 2021. 4. 19.〉

제19조(관광사업장의 표지)

법 제10조제1항에서 "문화체육관광부령으로 정하는 관광표지"란 다음 각 호의 표지를 말한다.

〈개정 2008. 3. 6., 2014. 12. 31.〉

　　1. 별표 4의 관광사업장 표지
　　2. 별지 제5호서식의 관광사업 등록증 또는 별지 제22호서식의 관광편의시설업 지정증
　　3. 등급에 따라 별 모양의 개수를 달리하는 방식으로 문화체육관광부장관이 정하여 고시하는 호텔 등급 표지(호텔업의 경우에만 해당한다)
　　4. 별표 6의 관광식당 표지(관광식당업만 해당한다)

제20조(타인 경영 금지 관광시설)

법 제11조제1항제2호에서 "문화체육관광부령으로 정하는 시설"이란 전문휴양업의 개별기준에 포함된 시설(수영장 및 등록 체육시설업 시설의 경우에는 「체육시설의 설치·이용에 관한 법률 시행규칙」 제8조 및 같은 법 시행규칙 별표 4의 체육시설업 시설기준 중 필수시설만 해당한다)을 말한다.

[전문개정 2011. 10. 6.]

제21조(기획여행의 광고)

법 제12조에 따라 기획여행을 실시하는 자가 광고를 하려는 경우에는 다음 각 호의 사항을 표시

하여야 한다. 다만, 2 이상의 기획여행을 동시에 광고하는 경우에는 다음 각 호의 사항 중 내용이 동일한 것은 공통으로 표시할 수 있다. 〈개정 2008. 8. 26., 2009. 10. 22., 2010. 8. 17., 2014. 9. 16.〉

1. 여행업의 등록번호, 상호, 소재지 및 등록관청

2. 기획여행명 · 여행일정 및 주요 여행지

3. 여행경비

4. 교통 · 숙박 및 식사 등 여행자가 제공받을 서비스의 내용

5. 최저 여행인원

6. 제18조제2항에 따른 보증보험등의 가입 또는 영업보증금의 예치 내용

7. 여행일정 변경 시 여행자의 사전 동의 규정

8. 제22조의4제1항제2호에 따른 여행목적지(국가 및 지역)의 여행경보단계

제22조(국외여행 인솔자의 자격요건)

① 법 제13조제1항에 따라 국외여행을 인솔하는 자는 다음 각 호의 어느 하나에 해당하는 자격요건을 갖추어야 한다. 〈개정 2008. 3. 6., 2008. 8. 26., 2009. 10. 22., 2011. 10. 6.〉

1. 관광통역안내사 자격을 취득할 것

2. 여행업체에서 6개월 이상 근무하고 국외여행 경험이 있는 자로서 문화체육관광부장관이 정하는 소양교육을 이수할 것

3. 문화체육관광부장관이 지정하는 교육기관에서 국외여행 인솔에 필요한 양성교육을 이수할 것

② 문화체육관광부장관은 제1항제2호 및 제3호에 따른 교육내용 · 교육기관의 지정기준 및 절차, 그 밖에 지정에 필요한 사항을 정하여 고시하여야 한다. 〈개정 2008. 3. 6.〉

제22조의2(국외여행 인솔자의 등록 및 자격증 발급)

① 법 제13조제2항에 따라 국외여행 인솔자로 등록하려는 사람은 별지 제24호의2서식의 국외여행 인솔자 등록 신청서에 다음 각 호의 어느 하나에 해당하는 서류 및 사진(최근 6개월 이내에 모자를 쓰지 않고 촬영한 상반신 반명함판) 2매를 첨부하여 관련 업종별 관광협회에 제출하여야 한다. 〈개정 2019. 10. 7.〉

1. 관광통역안내사 자격증

2. 제22조제1항제2호 또는 제3호에 따른 자격요건을 갖추었음을 증명하는 서류

② 관련 업종별 관광협회는 제1항에 따른 등록 신청을 받으면 제22조제1항에 따른 자격요건에 적합하다고 인정되는 경우에는 별지 제24호의3서식의 국외여행 인솔자 자격증을 발급하여

야 한다.

[본조신설 2011. 10. 6.]

제22조의3(국외여행 인솔자 자격증의 재발급)

제22조의2에 따라 발급받은 국외여행 인솔자 자격증을 잃어버리거나 헐어 못 쓰게 되어 자격증을 재발급받으려는 사람은 별지 제24호의2서식의 국외여행 인솔자 자격증 재발급 신청서에 자격증(자격증이 헐어 못 쓰게 된 경우만 해당한다) 및 사진(최근 6개월 이내에 모자를 쓰지 않고 촬영한 상반신 반명함판) 2매를 첨부하여 관련 업종별 관광협회에 제출하여야 한다. 〈개정 2019. 10. 7.〉

[본조신설 2011. 10. 6.]

제22조의4(여행지 안전정보 등)

① 법 제14조제1항에 따른 안전정보는 다음 각 호와 같다. 〈개정 2013. 3. 23., 2015. 8. 4.〉

1. 「여권법」 제17조에 따라 여권의 사용을 제한하거나 방문·체류를 금지하는 국가 목록 및 같은 법 제26조제3호에 따른 벌칙

2. 외교부 해외안전여행 인터넷홈페이지에 게재된 여행목적지(국가 및 지역)의 여행경보단계 및 국가별 안전정보(긴급연락처를 포함한다)

3. 해외여행자 인터넷 등록 제도에 관한 안내

② 법 제14조제3항에 따라 여행업자는 여행계약서(여행일정표 및 약관을 포함한다)에 명시된 숙식, 항공 등 여행일정(선택관광 일정을 포함한다)을 변경하는 경우 해당 날짜의 일정을 시작하기 전에 여행자로부터 서면으로 동의를 받아야 한다.

③ 제2항에 따른 서면동의서에는 변경일시, 변경내용, 변경으로 발생하는 비용 및 여행자 또는 단체의 대표자가 일정변경에 동의한다는 의사를 표시하는 자필서명이 포함되어야 한다.

④ 여행업자는 천재지변, 사고, 납치 등 긴급한 사유가 발생하여 여행자로부터 사전에 일정변경 동의를 받기 어렵다고 인정되는 경우에는 사전에 일정변경 동의서를 받지 아니할 수 있다. 다만, 여행업자는 사후에 서면으로 그 변경내용 등을 설명하여야 한다.

[본조신설 2009. 10. 22.]

[제21조의2에서 이동 〈2011. 10. 6.〉]

제23조(사업계획의 승인신청)

① 영 제10조제1항에 따라 사업계획승인을 받으려는 자는 별지 제25호서식의 사업계획 승인신청서에 다음 각 호의 서류를 첨부하여 특별자치시장·특별자치도지사·시장·군수·구청

장에게 제출하여야 한다. 다만, 등록체육시설의 경우에는 「체육시설의 설치 · 이용에 관한 법률 시행령」 제10조에 따른 사업계획승인서 사본으로 각 호의 서류를 갈음한다.

〈개정 2009. 3. 31., 2009. 12. 31., 2015. 4. 22., 2019. 4. 25.〉

1. 다음 각 목의 사항이 포함된 건설계획서

　가. 건설장소, 총부지면적 및 토지이용계획

　나. 공사계획

　다. 공사자금 및 그 조달방법

　라. 시설별 · 층별 면적 및 시설내용

　마. 조감도

　바. 전문휴양업 및 종합휴양업의 경우에는 사업예정지역의 위치도(축척 2만 5천분의 1 이상이어야 한다), 사업예정지역의 현황도(축척 3천분의 1 이상으로서 등고선이 표시되어야 한다), 시설배치계획도(지적도면상에 표시하여야 한다), 토지명세서, 하수처리계획서, 녹지 및 환경조성계획서(「환경영향평가법」에 따른 환경영향평가를 받은 경우 하수처리계획서, 녹지 및 환경조성계획서를 생략한다)

2. 신청인(법인의 경우에는 대표자 및 임원)이 내국인인 경우에는 성명 및 주민등록번호를 기재한 서류

2의2. 신청인(법인의 경우에는 대표자 및 임원)이 외국인인 경우에는 법 제7조제1항 각 호에 해당하지 아니함을 증명하는 다음 각 목의 어느 하나에 해당하는 서류. 다만, 법 또는 다른 법령에 따라 인 · 허가 등을 받아 사업자등록을 하고 해당 영업 또는 사업을 영위하고 있는 자(법인의 경우에는 최근 1년 이내에 법인세를 납부한 시점부터 승인 신청 시점까지의 기간 동안 대표자 및 임원의 변경이 없는 경우로 한정한다)는 해당 영업 또는 사업의 인 · 허가증 등 인 · 허가 등을 받았음을 증명하는 서류와 최근 1년 이내에 소득세(법인의 경우에는 법인세를 말한다)를 납부한 사실을 증명하는 서류를 제출하는 경우에는 그 영위하고 있는 영업 또는 사업의 결격사유 규정과 중복되는 법 제7조제1항의 결격사유에 한하여 다음 각 목의 서류를 제출하지 아니할 수 있다.

　가. 해당 국가의 정부나 그 밖의 권한 있는 기관이 발행한 서류 또는 공증인이 공증한 신청인의 진술서로서 「재외공관 공증법」에 따라 해당 국가에 주재하는 대한민국공관의 영사관이 확인한 서류

　나. 「외국공문서에 대한 인증의 요구를 폐지하는 협약」을 체결한 국가의 경우에는 해당 국가의 정부나 그 밖의 권한 있는 기관이 발행한 서류 또는 공증인이 공증한 신청인의 진술서로서 해당 국가의 아포스티유(Apostille) 확인서 발급 권한이 있는 기관이 그 확

인서를 발급한 서류

   3. 부동산의 소유권 또는 사용권을 증명하는 서류

   4. 분양 및 회원모집계획 개요서(분양 및 회원을 모집하는 경우만 해당한다)

   5. 법 제16조제1항 각 호에 따른 인·허가 등의 의제를 받거나 신고를 하려는 경우에는 해당
      법령에서 제출하도록 한 서류

   6. 법 제16조제1항 각 호에서 규정한 신고를 이미 하였거나 인·허가 등을 받은 경우에는 이
      를 증명하는 서류

   ② 제1항에 따른 신청서를 받은 특별자치시장·특별자치도지사·시장·군수·구청장은 「전
      자정부법」 제36조제1항에 따른 행정정보의 공동이용을 통하여 법인 등기사항증명서(법인
      만 해당한다)를 확인하여야 한다. 〈개정 2009. 3. 31., 2011. 3. 30., 2019. 4. 25.〉

제24조(사업계획의 변경승인 신청)

   영 제10조제2항에 따라 사업계획의 변경승인을 받으려는 자는 별지 제26호서식의 사업계획
변경승인 신청서에 다음 각 호의 서류를 첨부하여 특별자치시장·특별자치도지사·시장·군
수·구청장에게 제출하여야 한다. 〈개정 2009. 3. 31., 2019. 4. 25.〉

   1. 변경사유서

   2. 변경하고자 하는 층의 변경 전후의 평면도(건축물의 용도변경이 필요한 경우만 해당한다)

   3. 용도변경에 따라 변경되는 사항 중 내화·내장·방화·피난건축설비에 관한 사항을 표시
      한 도서(건축물의 용도변경이 필요한 경우만 해당한다)

   4. 전문휴양업 및 종합휴양업의 경우 제23조제1항제1호바목에서 정한 승인신청 사항이 변경
      되는 경우에는 각각 그 변경에 관계되는 서류

제25조(호텔업의 등급결정)

   ① 법 제19조제1항 및 영 제22조제1항에 따라 관광호텔업, 수상관광호텔업, 한국전통호텔업, 가
      족호텔업, 소형호텔업 또는 의료관광호텔업의 등록을 한 자는 다음 각 호의 구분에 따른 기
      간 이내에 영 제66조제1항에 따라 문화체육관광부장관으로부터 등급결정권을 위탁받은 법
      인(이하 "등급결정 수탁기관"이라 한다)에 영 제22조제2항에 따른 호텔업의 등급 중 희망하
      는 등급을 정하여 등급결정을 신청해야 한다. 〈개정 2017. 6. 7., 2019. 11. 20., 2021. 12. 31.〉

   1. 호텔을 신규 등록한 경우: 호텔업 등록을 한 날부터 60일

   2. 제25조의3에 따른 호텔업 등급결정의 유효기간이 만료되는 경우: 유효기간 만료 전 150일
      부터 90일까지

3. 시설의 증·개축 또는 서비스 및 운영실태 등의 변경에 따른 등급 조정사유가 발생한 경우: 등급 조정사유가 발생한 날부터 60일

4. 제25조의3제3항에 따라 호텔업 등급결정의 유효기간이 연장된 경우: 연장된 유효기간 만료일까지

② 등급결정 수탁기관은 제1항에 따른 등급결정 신청을 받은 경우에는 문화체육관광부장관이 정하여 고시하는 호텔업 등급결정의 기준에 따라 신청일부터 90일 이내에 해당 호텔의 등급을 결정하여 신청인에게 통지해야 한다. 다만, 부득이한 사유가 있는 경우에는 60일의 범위에서 등급결정 기간을 연장할 수 있다. 〈개정 2020. 4. 28., 2021. 12. 31.〉

1. 삭제 〈2021. 12. 31.〉

2. 삭제 〈2021. 12. 31.〉

③ 제2항에 따라 등급결정을 하는 경우에는 다음 각 호의 요소를 평가하여야 하며, 그 세부적인 기준 및 절차는 문화체육관광부장관이 정하여 고시한다.

1. 서비스 상태

2. 객실 및 부대시설의 상태

3. 안전 관리 등에 관한 법령 준수 여부

④ 등급결정 수탁기관은 제3항에 따른 평가의 공정성을 위하여 필요하다고 인정하는 경우에는 평가를 마칠 때까지 평가의 일정 등을 신청인에게 알리지 아니할 수 있다.

⑤ 등급결정 수탁기관은 제3항에 따라 평가한 결과 등급결정 기준에 미달하는 경우에는 해당 호텔의 등급결정을 보류하여야 한다. 이 경우 그 보류 사실을 신청인에게 통지하여야 한다.

[전문개정 2014. 12. 31.]

제25조의2(등급결정의 재신청 등)

① 제25조제5항 후단에 따라 등급결정 보류의 통지를 받은 신청인은 그 보류의 통지를 받은 날부터 60일 이내에 같은 조 제1항에 따라 신청한 등급과 동일한 등급 또는 낮은 등급으로 호텔업 등급결정의 재신청을 하여야 한다.

② 제1항에 따라 재신청을 받은 등급결정 수탁기관은 제25조제2항부터 제4항까지에 따라 해당 호텔의 등급을 결정하거나 해당 호텔의 등급결정을 보류한 후 그 사실을 신청인에게 통지하여야 한다.

③ 제1항에 따라 동일한 등급으로 호텔업 등급결정을 재신청하였으나 제2항에 따라 다시 등급결정이 보류된 경우에는 등급결정 보류의 통지를 받은 날부터 60일 이내에 신청한 등급보다 낮은 등급으로 등급결정을 신청하거나 등급결정 수탁기관에 등급결정의 보류에 대한 이의

를 신청하여야 한다.

④ 제3항에 따라 이의 신청을 받은 등급결정 수탁기관은 문화체육관광부장관이 정하여 고시하는 절차에 따라 신청일부터 90일 이내에 이의 신청에 이유가 있는지 여부를 판단하여 처리하여야 한다. 다만, 부득이한 사유가 있는 경우에는 60일의 범위에서 그 기간을 연장할 수 있다.

⑤ 제4항에 따라 이의 신청을 거친 자가 다시 등급결정을 신청하는 경우에는 당초 신청한 등급보다 낮은 등급으로만 할 수 있다.

⑥ 등급결정 보류의 통지를 받은 신청인이 직전에 신청한 등급보다 낮은 등급으로 호텔업 등급결정을 재신청하였으나 다시 등급결정이 보류된 경우의 등급결정 신청 및 등급결정에 관하여는 제1항부터 제5항까지를 준용한다.

[본조신설 2014. 12. 31.]

제25조의3(등급결정의 유효기간 등)

① 문화체육관광부장관은 법 제19조제1항에 따른 등급결정 결과를 분기별로 문화체육관광부의 인터넷 홈페이지에 공표하여야 하고, 필요한 경우에는 그 밖의 효과적인 방법으로 공표할 수 있다. 〈개정 2021. 12. 31.〉

② 법 제19조제2항에 따른 호텔업 등급결정의 유효기간은 등급결정을 받은 날부터 3년으로 한다. 다만, 제25조제2항에 따른 통지 전에 호텔업 등급결정의 유효기간이 만료된 경우에는 새로운 등급결정을 받기 전까지 종전의 등급결정이 유효한 것으로 본다.

〈개정 2020. 4. 28., 2021. 12. 31.〉

③ 문화체육관광부장관은 법 제19조제5항에 따라 기존의 등급결정의 유효기간을 「재난 및 안전관리 기본법」 제38조제2항에 따른 경계 이상의 위기경보가 발령된 날부터 2년의 범위에서 문화체육관광부장관이 정하여 고시하는 기한까지 연장할 수 있다. 〈신설 2021. 12. 31.〉

④ 이 규칙에서 규정한 사항 외에 호텔업의 등급결정에 필요한 사항은 문화체육관광부장관이 정하여 고시한다. 〈개정 2021. 12. 31.〉

[본조신설 2014. 12. 31.]

제26조(총공사 공정률)

영 제24조제2항제1호가목에서 "문화체육관광부령으로 정하는 공정률"이란 20퍼센트를 말한다. 〈개정 2008. 3. 6.〉

제27조(분양 또는 회원모집계획서의 첨부서류)

① 영 제25조에 따른 분양 또는 회원모집계획서에 첨부할 서류는 다음 각 호와 같다.

1. 「건축법」에 따른 공사 감리자가 작성하는 건설공정에 대한 보고서 또는 확인서(공사 중인 시설의 경우만 해당한다)

2. 보증보험가입증서(필요한 경우만 해당한다)

3. 객실 종류별, 객실당 분양인원 및 분양가격(회원제의 경우에는 회원수 및 입회금)

4. 분양 또는 회원모집계약서와 이용약관

5. 분양 또는 회원모집 공고안

6. 관광사업자가 직접 운영하는 휴양콘도미니엄 또는 호텔의 현황 및 증빙서류(관광사업자가 직접 운영하지는 아니하나 계약에 따라 회원 등이 이용할 수 있는 시설이 있는 경우에는 그 현황 및 증빙서류를 포함한다)

② 제1항에 따른 분양 또는 회원모집계획서를 제출받은 특별자치시장·특별자치도지사·시장·군수·구청장은 「전자정부법」 제36조제1항에 따른 행정정보의 공동이용을 통하여 대지·건물의 등기사항증명서를 확인하여야 한다.

〈개정 2009. 3. 31., 2011. 3. 30., 2015. 4. 22., 2019. 4. 25.〉

③ 제1항제5호에 따른 분양 또는 회원모집 공고안에 포함되어야 할 사항은 다음 각 호와 같다.

1. 대지면적 및 객실당 전용면적·공유면적

2. 분양가격 또는 입회금 중 계약금·중도금·잔금 및 그 납부시기

3. 분양 또는 회원모집의 총 인원과 객실별 인원

4. 연간 이용일수 및 회원의 경우 입회기간

5. 사업계획승인과 건축허가의 번호·연월일 및 승인·허가기관

6. 착공일, 공사완료예정일 및 이용예정일

7. 제1항제6호 중 관광사업자가 직접 운영하는 휴양콘도미니엄 또는 호텔의 현황

제28조(회원증의 발급)

① 분양 또는 회원모집을 하는 관광사업자가 영 제26조제5호에 따라 회원증을 발급하는 경우 그 회원증에는 다음 각 호의 사항이 포함되어야 한다.

1. 공유자 또는 회원의 번호

2. 공유자 또는 회원의 성명과 주민등록번호

3. 사업장의 상호·명칭 및 소재지

4. 공유자와 회원의 구분

5. 면적

6. 분양일 또는 입회일

7. 발행일자

② 분양 또는 회원모집을 하는 관광사업자가 제1항에 따른 회원증을 발급하려는 경우에는 미리 분양 또는 회원모집 계약 후 30일 이내에 문화체육관광부장관이 지정하여 고시하는 자(이하 "회원증 확인자"라 한다)로부터 그 회원증과 영 제25조에 따른 분양 또는 회원모집계획서가 일치하는지를 확인받아야 한다.　　　　　　　　　　　　　　　　〈개정 2008. 3. 6.〉

③ 제2항에 따라 회원증 확인자의 확인을 받아 회원증을 발급한 관광사업자는 공유자 및 회원 명부에 회원증 발급 사실을 기록·유지하여야 한다.

④ 회원증 확인자는 6개월마다 특별자치시장·특별자치도지사·시장·군수·구청장에게 회원증 발급에 관한 사항을 통보하여야 한다.　　　　　　　　　〈개정 2009. 10. 22., 2019. 4. 25.〉

제28조의2(야영장의 안전·위생기준)

법 제20조의2에 따른 "문화체육관광부령으로 정하는 안전·위생기준"은 별표 7에 따른 기준을 말한다.

[본조신설 2015. 8. 4.]

제29조(카지노업의 시설기준 등)

① 법 제23조제1항에 따라 카지노업의 허가를 받으려는 자가 갖추어야 할 시설 및 기구의 기준은 다음 각 호와 같다.　　　　　　　　　　　　　　　　〈개정 2008. 3. 6.〉

1. 330제곱미터 이상의 전용 영업장

2. 1개 이상의 외국환 환전소

3. 제35조제1항에 따른 카지노업의 영업종류 중 네 종류 이상의 영업을 할 수 있는 게임기구 및 시설

4. 문화체육관광부장관이 정하여 고시하는 기준에 적합한 카지노 전산시설

② 제1항제4호에 따른 기준에는 다음 각 호의 사항이 포함되어야 한다.　　〈개정 2019. 10. 7.〉

1. 하드웨어의 성능 및 설치방법에 관한 사항

2. 네트워크의 구성에 관한 사항

3. 시스템의 가동 및 장애방지에 관한 사항

4. 시스템의 보안관리에 관한 사항

5. 환전관리 및 현금과 칩의 출납관리를 위한 소프트웨어에 관한 사항

제30조(카지노 전산시설의 검사)

① 카지노업의 허가를 받은 자(이하 "카지노사업자"라 한다)는 법 제23조제2항에 따라 제29조제1항제4호에 따른 카지노 전산시설(이하 "카지노전산시설"이라 한다)에 대하여 다음 각 호의 구분에 따라 각각 해당 기한 내에 문화체육관광부장관이 지정·고시하는 검사기관(이하 "카지노전산시설 검사기관"이라 한다)의 검사를 받아야 한다.　　　　　〈개정 2008. 3. 6.〉

1. 신규로 카지노업의 허가를 받은 경우: 허가를 받은 날(조건부 영업허가를 받은 경우에는 조건 이행의 신고를 한 날)부터 15일

2. 검사유효기간이 만료된 경우: 유효기간 만료일부터 3개월

② 제1항에 따른 검사의 유효기간은 검사에 합격한 날부터 3년으로 한다. 다만, 검사 유효기간의 만료 전이라도 카지노전산시설을 교체한 경우에는 교체한 날부터 15일 이내에 검사를 받아야 하며, 이 경우 검사의 유효기간은 3년으로 한다.

③ 제1항에 따라 카지노전산시설의 검사를 받으려는 카지노사업자는 별지 제27호서식의 카지노전산시설 검사신청서에 제29조제2항 각 호에 규정된 사항에 대한 검사를 하기 위하여 필요한 자료를 첨부하여 카지노전산시설 검사기관에 제출하여야 한다.

제30조의2(유효기간 연장에 관한 사전통지)

① 카지노전산시설 검사기관은 카지노사업자에게 카지노전산시설 검사의 유효기간 만료일부터 3개월 이내에 검사를 받아야 한다는 사실과 검사 절차를 유효기간 만료일 1개월 전까지 알려야 한다.

② 제1항에 따른 통지는 휴대폰에 의한 문자전송, 전자메일, 팩스, 전화, 문서 등으로 할 수 있다.

[본조신설 2011. 12. 30.]

제31조(카지노전산시설 검사기관의 업무규정 등)

① 카지노전산시설 검사기관은 카지노전산시설 검사업무규정을 작성하여 문화체육관광부장관의 승인을 받아야 한다.　　　　　〈개정 2008. 3. 6.〉

② 제1항에 따른 카지노전산시설 검사업무규정에는 다음 각 호의 사항이 포함되어야 한다.

1. 검사의 소요기간

2. 검사의 절차와 방법에 관한 사항

3. 검사의 수수료에 관한 사항

4. 검사의 증명에 관한 사항

5. 검사원이 지켜야 할 사항

6. 그 밖의 검사업무에 필요한 사항

③ 카지노전산시설 검사기관은 별지 제28호서식의 카지노시설·기구 검사기록부를 작성·비치하고, 이를 5년간 보존하여야 한다.

제32조(조건이행의 신고)

법 제24조제1항에 따라 카지노업의 조건부 영업허가를 받은 자는 영 제28조에 따른 기간 내에 그 조건을 이행한 경우에는 별지 제29호서식의 조건이행내역 신고서에 다음 각 호의 서류를 첨부하여 문화체육관광부장관에게 제출하여야 한다.　　　　　　　〈개정 2008. 3. 6., 2011. 10. 6.〉

1. 설치한 시설에 관한 서류

2. 설치한 카지노기구에 관한 서류

제33조(카지노기구의 규격·기준 및 검사)

① 문화체육관광부장관은 법 제25조제1항에 따라 카지노기구의 규격 및 기준을 정한 경우에는 이를 고시하여야 한다. 이 경우 별표 8의 전자테이블게임 및 머신게임 기구의 규격 및 기준에는 다음 각 호의 사항이 포함되어야 한다.　　　〈개정 2008. 3. 6., 2019. 6. 11., 2020. 6. 4.〉

1. 최저배당률에 관한 사항

2. 최저배당률 이하로 변경하거나 제3항에 따른 카지노기구검사기관의 검사를 받지 아니한 이피롬(EPROM) 및 기타프로그램 저장장치를 사용하는 경우에는 카지노기구의 자동폐쇄에 관한 사항

3. 게임결과의 기록 및 그 보전에 관한 사항

② 법 제25조제3항에 따라 카지노사업자는 다음 각 호의 구분에 따라 각각 해당 기한 내에 카지노기구의 검사를 받아야 한다.　　　　　　　　　　　　　　〈개정 2018. 1. 25.〉

1. 신규로 카지노기구를 반입·사용하거나 카지노기구의 영업 방법을 변경하는 경우: 그 기구를 카지노 영업에 사용하는 날

2. 검사유효기간이 만료된 경우 : 검사 유효기간 만료일부터 15일

3. 제4항제2호의2에 따른 봉인의 해제가 필요하거나 영업장소를 이전하는 경우: 봉인의 해제 또는 영업장소의 이전 후 그 기구를 카지노영업에 사용하는 날

4. 카지노기구를 영업장에서 철거하는 경우: 그 기구를 영업장에서 철거하는 날

5. 그 밖에 카지노기구의 개조·변조 확인 및 카지노 이용자에 대한 위해(危害) 방지 등을 위

하여 문화체육관광부장관이 요청하는 경우: 검사 요청일부터 5일 이내

③ 제2항에 따라 카지노기구의 검사를 받으려는 카지노사업자는 별지 제30호서식의 카지노기구 검사신청서에 다음 각 호의 서류를 첨부하여 법 제25조제2항에 따라 문화체육관광부장관이 지정하는 검사기관(이하 "카지노기구검사기관"이라 한다)에 제출하여야 한다.

〈개정 2008. 3. 6., 2008. 8. 26., 2020. 6. 4.〉

1. 카지노기구 제조증명서(품명 · 제조업자 · 제조연월일 · 제조번호 · 규격 · 재질 및 형식이 기재된 것이어야 한다)

2. 카지노기구 수입증명서(수입한 경우만 해당한다)

3. 카지노기구 도면

4. 카지노기구 작동설명서

5. 카지노기구의 배당률표

6. 카지노기구의 검사합격증명서(외국에서 제작된 카지노기구 중 해당 국가에서 인정하는 검사기관의 검사에 합격한 카지노기구를 신규로 반입 · 사용하려는 경우에만 해당한다)

④ 제3항에 따른 검사신청을 받은 카지노기구검사기관은 해당 카지노기구가 제1항에 따른 규격 및 기준에 적합한지의 여부를 검사하고, 검사에 합격한 경우에는 다음 각 호의 조치를 하여야 한다. 〈개정 2008. 3. 6., 2018. 1. 25., 2019. 10. 7., 2020. 6. 4.〉

1. 카지노기구 제조 · 수입증명서에 검사합격사항의 확인 및 날인

2. 카지노기구에 별지 제31호서식의 카지노기구 검사합격확인증의 부착 등 표시

2의2. 카지노기구의 개조 · 변조를 방지하기 위한 봉인(封印)

3. 제31조제3항에 따른 카지노시설 · 기구 검사기록부를 작성한 후 그 사본을 문화체육관광부장관에게 제출

⑤ 카지노기구검사기관은 제4항에 따른 검사를 할 때 카지노사업자가 외국에서 제작된 카지노기구 중 해당 국가에서 인정하는 검사기관의 검사에 합격한 카지노기구를 신규로 반입 · 사용하려는 경우에는 그 카지노기구의 검사합격증명서에 의하여 검사를 하여야 한다.

〈개정 2008. 8. 26., 2020. 6. 4.〉

⑥ 제4항에 따른 검사의 유효기간은 검사에 합격한 날부터 3년으로 한다.

제33조의2(카지노기구검사기관의 지정 신청 등)

① 법 제25조제2항에 따라 카지노기구검사기관으로 지정을 받으려는 자는 별지 제31호의2서식의 카지노기구검사기관 지정신청서(전자문서로 된 신청서를 포함한다)에 다음 각 호의 서류(전자문서를 포함한다)를 첨부하여 문화체육관광부장관에게 제출해야 한다.

1. 법인의 정관

2. 카지노기구 검사업무를 수행하기 위한 인력 및 장비 등이 포함된 사업계획서

3. 카지노기구 검사업무를 수행하기 위한 업무규정

4. 별표 7의2에 따른 지정 요건을 갖추었음을 증명하는 서류

② 문화체육관광부장관은 제1항에 따른 지정신청서를 받은 경우에는 「전자정부법」 제36조제 1항에 따른 행정정보의 공동이용을 통해 법인 등기사항증명서를 확인해야 한다.

③ 카지노기구검사기관의 지정 요건은 별표 7의2와 같다.

④ 문화체육관광부장관은 제1항에 따라 카지노기구검사기관의 지정을 신청한 자가 별표 7의2 에 따른 지정 요건에 적합한 경우에는 카지노기구검사기관으로 지정한다.

⑤ 문화체육관광부장관은 제4항에 따라 카지노기구검사기관을 지정한 경우에는 별지 제31호의 3서식의 카지노기구검사기관 지정서를 발급하고, 그 내용을 문화체육관광부의 인터넷 홈페이지에 공고해야 한다.

[본조신설 2020. 6. 4.]

제34조(카지노기구검사기관의 업무규정 등)

제31조는 카지노기구검사기관의 업무규정의 작성, 검사기록부의 작성·비치·보존에 관하여 준용한다. 〈개정 2020. 6. 4.〉

[제목개정 2020. 6. 4.]

제35조(카지노업의 영업 종류 등)

① 법 제26조제1항에 따른 카지노업의 영업 종류는 별표 8과 같다.

② 법 제26조제2항에 따라 카지노업의 영업 종류별 영업 방법 및 배당금에 관하여 문화체육관광부장관에게 신고하거나 신고한 사항을 변경하려는 카지노사업자는 별지 제32호서식의 카지노 영업종류별 영업방법등 신고서 또는 변경신고서에 다음 각 호의 서류를 첨부하여 문화체육관광부장관에게 신고하여야 한다. 〈개정 2008. 3. 6.〉

1. 영업종류별 영업방법 설명서

2. 영업종류별 배당금에 관한 설명서

제36조(카지노업의 영업준칙)

① 법 제28조제2항에 따라 카지노사업자가 지켜야 할 영업준칙은 별표 9와 같다. 다만, 「폐광지역개발 지원에 관한 특별법」 제11조제3항에 따라 법 제28조제1항제4호가 적용되지 아니

하는 카지노사업자가 지켜야 할 영업준칙은 별표 10과 같다. 〈개정 2019. 6. 11.〉

② 문화체육관광부장관은 별표 9의 영업준칙의 세부내용에 관하여 필요한 사항을 정하여 고시할 수 있다. 〈신설 2019. 6. 11.〉

제37조(유원시설업의 조건부 영업허가 신청)

① 법 제31조에 따라 조건부 영업허가를 받고자 하는 자는 별지 제11호서식의 유원시설업 조건부 영업허가 신청서에 제7조제2항제2호 및 제3호의 서류와 사업계획서를 첨부하여 특별자치시장·특별자치도지사·시장·군수·구청장에게 제출하여야 한다.

〈개정 2009. 3. 31., 2019. 4. 25.〉

② 제1항에 따른 신청서를 받은 특별자치시장·특별자치도지사·시장·군수·구청장은 「전자정부법」 제36조제1항에 따른 행정정보의 공동이용을 통하여 법인 등기사항증명서(법인만 해당한다)를 확인하여야 한다. 〈개정 2009. 3. 31., 2011. 3. 30., 2019. 4. 25.〉

③ 제1항의 사업계획서에는 다음 각 호의 사항이 포함되어야 한다.

1. 법 제5조제2항에 따른 시설 및 설비 계획

2. 공사 계획, 공사 자금 및 그 조달 방법

3. 시설별·층별 면적, 시설개요, 조감도, 사업 예정 지역의 위치도, 시설배치 계획도 및 토지 명세서

④ 특별자치시장·특별자치도지사·시장·군수·구청장은 유원시설업의 조건부 영업허가를 하는 경우에는 별지 제13호서식의 유원시설업 조건부 영업허가증을 발급하여야 한다.

〈개정 2009. 3. 31., 2019. 4. 25.〉

제38조(조건이행의 신고 등)

① 법 제31조에 따라 유원시설업의 조건부 영업허가를 받은 자는 영 제31조제1항에 따른 기간 내에 그 조건을 이행한 경우에는 별지 제32호의2서식의 조건이행내역 신고서에 시설 및 설비내역서를 첨부하여 특별자치시장·특별자치도지사·시장·군수·구청장에게 제출하여야 한다. 〈개정 2009. 3. 31., 2011. 10. 6., 2019. 4. 25.〉

② 제1항에 따른 조건이행내역 신고서를 제출한 자가 영업을 시작하려는 경우에는 별지 제11호서식의 유원시설업 허가신청서에 제7조제2항제4호부터 제6호까지의 서류를 첨부하여 특별자치시장·특별자치도지사·시장·군수·구청장에게 제출하여야 한다.

〈개정 2009. 3. 31., 2011. 10. 6., 2019. 4. 25.〉

③ 특별자치시장·특별자치도지사·시장·군수·구청장은 제2항에 따라 받은 서류를 검토한

결과 유원시설업의 허가조건을 충족하는 경우에는 신청인에게 제37조제4항에 따른 조건부 영업허가증을 별지 제13호서식의 유원시설업 허가증으로 바꾸어 발급하고, 별지 제14호서식의 유원시설업 허가 · 신고 관리대장을 작성하여 관리하여야 한다.

〈개정 2009. 3. 31., 2019. 4. 25.〉

[제목개정 2011. 10. 6.]

제39조(조건부 영업허가의 기간 연장 신청)

법 제31조제1항 단서에 따라 조건부 영업허가의 기간을 연장받으려는 자는 조건부 영업허가의 기간이 만료되기 전에 법 제31조제1항 단서 및 영 제31조제2항 각 호의 어느 하나에 해당하는 사유를 증명하는 서류를 특별자치시장 · 특별자치도지사 · 시장 · 군수 · 구청장에게 제출하여야 한다.

〈개정 2019. 4. 25.〉

[전문개정 2011. 10. 6.]

제39조의2(물놀이형 유원시설업자의 안전 · 위생기준)

법 제32조에 따라 유원시설업자 중 물놀이형 유기시설 또는 유기기구를 설치한 자가 지켜야 하는 안전 · 위생기준은 별표 10의2와 같다.

[본조신설 2009. 10. 22.]

[제목개정 2016. 12. 30.]

제40조(유기시설 또는 유기기구의 안전성검사 등)

① 법 제33조제1항에 따른 안전성검사 대상 유기시설 또는 유기기구와 안전성검사 대상이 아닌 유기시설 및 유기기구는 별표 11과 같다.

〈개정 2016. 12. 30.〉

② 유원시설업의 허가 또는 변경허가를 받으려는 자(조건부 영업허가를 받은 자로서 제38조제2항에 따라 조건이행내역 신고서를 제출한 후 영업을 시작하려는 경우를 포함한다)는 제1항에 따른 안전성검사 대상 유기시설 또는 유기기구에 대하여 허가 또는 변경허가 전에 안전성검사를 받아야 하며, 허가 또는 변경허가를 받은 다음 연도부터는 연 1회 이상 정기 안전성검사를 받아야 한다. 다만, 최초로 안전성검사를 받은 지 10년이 지난 별표 11 제1호나목2)의 유기시설 또는 유기기구에 대하여는 반기별로 1회 이상 안전성 검사를 받아야 한다.

〈개정 2009. 3. 31., 2011. 10. 6., 2016. 12. 30.〉

③ 제2항에 따라 안전성검사를 받은 유기시설 또는 유기기구 중 다음 각 호의 어느 하나에 해당하는 유기시설 또는 유기기구는 재검사를 받아야 한다.

〈개정 2016. 12. 30.〉

1. 정기 또는 반기별 안전성검사 및 재검사에서 부적합 판정을 받은 유기시설 또는 유기기구

2. 사고가 발생한 유기시설 또는 유기기구(유기시설 또는 유기기구의 결함에 의하지 아니한 사고는 제외한다)

3. 3개월 이상 운행을 정지한 유기시설 또는 유기기구

④ 기타유원시설업의 신고를 하려는 자와 종합유원시설업 또는 일반유원시설업을 하는 자가 안전성검사 대상이 아닌 유기시설 또는 유기기구를 설치하여 운영하려는 경우에는 안전성 검사 대상이 아님을 확인하는 검사를 받아야 한다. 다만, 별표 11 제2호나목2)의 유기시설 또는 유기기구는 최초로 확인검사를 받은 다음 연도부터는 2년마다 정기 확인검사를 받아야 하고, 그 확인검사에서 부적합 판정을 받은 유기시설 또는 유기기구는 재확인검사를 받아야 한다. 〈개정 2016. 12. 30.〉

⑤ 영 제65조제1항제3호에 따라 안전성검사 및 안전성검사 대상이 아님을 확인하는 검사에 관한 권한을 위탁받은 업종별 관광협회 또는 전문 연구·검사기관은 제2항부터 제4항까지의 규정에 따른 안전성검사 또는 안전성검사 대상이 아님을 확인하는 검사를 한 경우에는 문화체육관광부장관이 정하여 고시하는 바에 따라 검사결과서를 작성하여 지체 없이 검사신청인과 해당 유원시설업의 소재지를 관할하는 특별자치시장·특별자치도지사·시장·군수·구청장에게 각각 통지하여야 한다. 〈개정 2009. 3. 31., 2015. 3. 6., 2019. 4. 25.〉

⑥ 제2항부터 제4항까지의 규정에 따른 유기시설 또는 유기기구에 대한 안전성검사 및 안전성 검사 대상이 아님을 확인하는 검사의 세부기준 및 절차는 문화체육관광부장관이 정하여 고시한다. 〈개정 2008. 3. 6.〉

⑦ 제5항에 따라 유기시설 또는 유기기구 검사결과서를 통지받은 특별자치시장·특별자치도지사·시장·군수·구청장은 그 안전성검사 또는 확인검사 결과에 따라 해당 사업자에게 다음 각 호의 조치를 하여야 한다. 〈신설 2008. 8. 26., 2009. 3. 31., 2016. 12. 30., 2019. 4. 25.〉

1. 검사 결과 부적합 판정을 받은 유기시설 또는 유기기구에 대해서는 운행중지를 명하고, 재검사 또는 재확인검사를 받은 후 운행하도록 권고하여야 한다.

2. 검사 결과 적합 판정을 받았으나 개선이 필요한 사항이 있는 유기시설 또는 유기기구에 대해서는 개선을 하도록 권고할 수 있다.

⑧ 제3항제3호에 해당하여 재검사를 받은 경우에는 제2항에 따른 정기 안전성검사를 받은 것으로 본다. 〈신설 2016. 12. 30.〉

⑨ 제8조제2항제7호 및 제12조제4호에 해당하여 변경신고를 한 경우 또는 「재난 및 안전관리 기본법」 제30조에 따른 긴급안전점검 등이 문화체육관광부장관이 정하여 고시하는 바에 따라 이루어진 경우에는 제4항 단서에 따른 정기 확인검사에서 제외할 수 있다.

<신설 2016. 12. 30.>

제41조(안전관리자의 자격 · 배치기준 및 임무 등)

① 법 제33조제2항에 따라 유원시설업의 사업장에 배치하여야 하는 안전관리자의 자격 · 배치 기준 및 임무는 별표 12와 같다.   〈개정 2015. 8. 4., 2016. 12. 30.〉

② 법 제33조제3항에 따른 유기시설 및 유기기구의 안전관리에 관한 교육(이하 "안전교육"이라 한다)의 내용은 다음 각 호와 같다.   〈신설 2015. 8. 4.〉

  1. 유원시설 안전사고의 원인 및 대응요령

  2. 유원시설 안전관리에 관한 법령

  3. 유원시설 안전관리 실무

  4. 그 밖에 유원시설 안전관리를 위하여 필요한 사항

③ 법 제33조제2항에 따른 안전관리자는 법 제33조제3항에 따라 유원시설업의 사업장에 처음 배치된 날부터 3개월 이내에 안전교육을 받아야 한다. 다만, 다른 유원시설업 사업장에서 제 2항에 따른 안전교육을 받고 2년이 경과하지 아니한 경우에는 그러하지 아니하다.
                                                    〈신설 2015. 8. 4., 2016. 12. 30., 2020. 12. 10.〉

④ 제3항에 따라 안전교육을 받은 안전관리자는 제3항에 따른 교육일부터 매 2년마다 1회 이상 의 안전교육을 받아야 한다. 이 경우 1회당 안전교육 시간은 8시간 이상으로 한다.
                                                                      〈신설 2015. 8. 4.〉

⑤ 영 제65조제1항제3호의2에 따라 안전관리자의 안전교육에 관한 권한을 위탁받은 업종별 관 광협회 또는 안전관련 전문 연구 · 검사기관은 안전교육이 종료된 후 1개월 이내에 그 교육 결과를 해당 유원시설업의 소재지를 관할하는 특별자치시장 · 특별자치도지사 · 시장 · 군 수 · 구청장에게 통지하여야 한다.   〈신설 2015. 8. 4., 2019. 4. 25.〉

[제목개정 2015. 8. 4.]

제41조의2(유기시설 · 유기기구로 인한 중대한 사고의 통보)

① 유원시설업자는 그가 관리하는 유기시설 또는 유기기구로 인하여 영 제31조의2제1항 각 호 의 어느 하나에 해당하는 사고가 발생한 경우에는 법 제33조의2제1항에 따라 사고 발생일부 터 3일 이내에 다음 각 호의 사항을 관할 특별자치시장 · 특별자치도지사 · 시장 · 군수 · 구 청장에게 통보하여야 한다.   〈개정 2019. 4. 25.〉

  1. 사고가 발생한 영업소의 명칭, 소재지, 전화번호 및 대표자 성명

  2. 사고 발생 경위(사고 일시 · 장소, 사고 발생 유기시설 또는 유기기구의 명칭을 포함하여

야 한다)

3. 조치 내용

4. 사고 피해자의 이름, 성별, 생년월일 및 연락처

5. 사고 발생 유기시설 또는 유기기구의 안전성검사의 결과 또는 안전성검사 대상에 해당되지 아니함을 확인하는 검사의 결과

② 유원시설업자는 제1항에 따른 통보는 문서, 팩스 또는 전자우편으로 하여야 한다. 다만, 팩스나 전자우편으로 통보하는 경우에는 그 수신 여부를 전화 등으로 확인하여야 한다.

③ 특별자치시장 · 특별자치도지사 · 시장 · 군수 · 구청장은 제1항에 따라 통보받은 내용을 종합하여 대장에 기록하여야 한다. 〈개정 2019. 4. 25.〉

[본조신설 2015. 11. 19.]

제42조(유원시설업자의 준수사항)

법 제34조제1항에 따른 유원시설업자의 준수사항은 별표 13과 같다.

제42조의2(유원시설안전정보시스템을 통한 정보 공개)

문화체육관광부장관은 법 제34조의2제4항에 따라 다음 각 호의 정보를 같은 조 제1항에 따른 유원시설안전정보시스템을 통하여 공개할 수 있다.

1. 법 제5조제2항에 따른 유원시설업의 허가(변경허가를 포함한다) 또는 같은 조 제4항에 따른 신고(변경신고를 포함한다)에 관한 정보

2. 법 제32조에 따른 물놀이형 유원시설업자의 안전 · 위생과 관련하여 실시한 수질검사 결과에 관한 정보

3. 법 제33조제1항에 따른 안전성검사의 결과 또는 안전성검사 대상에 해당하지 않음을 확인하는 검사의 결과에 관한 정보

4. 법 제33조제3항에 따른 안전관리자의 안전교육 이수에 관한 정보

[본조신설 2021. 6. 23.]

제43조(행정처분기록대장의 기록 · 유지)

영 제33조제2항에 따른 행정처분기록대장은 별지 제34호 서식에 따른다.

제44조(관광종사원의 자격시험)

① 법 제38조제2항 본문에 따른 관광종사원의 자격시험(이하 "시험"이라 한다)은 필기시험(외

국어시험을 제외한 필기시험을 말한다. 이하 같다), 외국어시험(관광통역안내사 · 호텔경영사 · 호텔관리사 및 호텔서비스사 자격시험만 해당한다. 이하 같다) 및 면접시험으로 구분하되, 평가의 객관성이 확보될 수 있는 방법으로 시행하여야 한다.

② 면접시험은 제46조에 따른 필기시험 및 제47조에 따른 외국어시험에 합격한 자에 대하여 시행한다. 〈개정 2009. 10. 22.〉

제45조(면접시험)

① 면접시험은 다음 각 호의 사항에 관하여 평가한다.

1. 국가관 · 사명감 등 정신자세

2. 전문지식과 응용능력

3. 예의 · 품행 및 성실성

4. 의사발표의 정확성과 논리성

② 면접시험의 합격점수는 면접시험 총점의 6할 이상이어야 한다.

제46조(필기시험)

① 필기시험의 과목과 합격결정의 기준은 별표 14와 같다.

② 삭제 〈2009. 10. 22.〉

③ 삭제 〈2009. 10. 22.〉

제47조(외국어시험)

① 관광종사원별 외국어시험의 종류는 다음 각 호와 같다.

〈개정 2009. 12. 31., 2019. 6. 11., 2019. 11. 20.〉

1. 관광통역안내사: 영어, 일본어, 중국어, 프랑스어, 독일어, 스페인어, 러시아어, 이탈리아어, 태국어, 베트남어, 말레이 · 인도네시아어, 아랍어 중 1과목

2. 호텔경영사, 호텔관리사 및 호텔서비스사: 영어, 일본어, 중국어 중 1과목

3. 삭제 〈2019. 11. 20.〉

② 외국어시험은 다른 외국어시험기관에서 실시하는 시험(이하 "다른 외국어시험"이라 한다)으로 대체한다. 이 경우 외국어시험을 대체하는 다른 외국어시험의 점수 및 급수(별표 15 제1호 중 프랑스어의 델프(DELF) 및 달프(DALF) 시험의 점수 및 급수는 제외한다)는 응시원서 접수 마감일부터 2년 이내에 실시한 시험에서 취득한 점수 및 급수여야 한다.

〈개정 2010. 3. 17., 2019. 6. 11.〉

③ 제2항에 따른 다른 외국어시험의 종류 및 합격에 필요한 점수 및 급수는 별표 15와 같다.

제48조(응시자격)

관광종사원 중 호텔경영사 또는 호텔관리사 시험에 응시할 수 있는 자격은 다음과 같이 구분한다. 〈개정 2014. 12. 31.〉

1. 호텔경영사 시험
    가. 호텔관리사 자격을 취득한 후 관광호텔에서 3년 이상 종사한 경력이 있는 자
    나. 4성급 이상 호텔의 임원으로 3년 이상 종사한 경력이 있는 자
2. 호텔관리사 시험
    가. 호텔서비스사 또는 조리사 자격을 취득한 후 관광숙박업소에서 3년 이상 종사한 경력이 있는 자
    나. 「고등교육법」에 따른 전문대학의 관광분야 학과를 졸업한 자(졸업예정자를 포함한다) 또는 관광분야의 과목을 이수하여 다른 법령에서 이와 동등한 학력이 있다고 인정되는 자
    다. 「고등교육법」에 따른 대학을 졸업한 자(졸업예정자를 포함한다) 또는 다른 법령에서 이와 동등 이상의 학력이 있다고 인정되는 자
    라. 「초·중등교육법」에 따른 고등기술학교의 관광분야를 전공하는 과의 2년과정 이상을 이수하고 졸업한 자(졸업예정자를 포함한다)

제49조(시험의 실시 및 공고)

① 시험은 매년 1회 이상 실시한다. 다만, 호텔경영사 시험은 격년으로 실시한다.

〈개정 2020. 12. 10.〉

② 한국산업인력공단은 시험의 응시자격·시험과목·일시·장소·응시절차, 그 밖에 시험에 필요한 사항을 시험 시행일 90일 전까지 인터넷 홈페이지 등에 공고해야 한다.

〈개정 2009. 10. 22., 2012. 4. 5., 2019. 11. 20.〉

제50조(응시원서)

시험에 응시하려는 자는 별지 제36호서식의 응시원서를 한국산업인력공단에 제출하여야 한다.

〈개정 2009. 10. 22.〉

제51조(시험의 면제)

① 법 제38조제2항 단서에 따라 시험의 일부를 면제할 수 있는 경우는 별표 16과 같다.

〈개정 2009. 10. 22.〉

② 필기시험 및 외국어시험에 합격하고 면접시험에 불합격한 자에 대하여는 다음 회의 시험에만 필기시험 및 외국어시험을 면제한다.

③ 제1항에 따라 시험의 면제를 받으려는 자는 별지 제37호서식의 관광종사원 자격시험 면제신청서에 경력증명서, 학력증명서 또는 그 밖에 자격을 증명할 수 있는 서류를 첨부하여 한국산업인력공단에 제출하여야 한다.

〈개정 2009. 10. 22.〉

제51조의2(경력의 확인)

제48조에 따른 응시자격 증명을 위한 경력증명서 또는 제51조제3항에 따른 시험의 면제를 위한 경력증명서를 제출받은 한국산업인력공단은 「전자정부법」 제36조제1항에 따른 행정정보의 공동이용을 통해 응시자 또는 신청인의 국민연금가입자가입증명 또는 건강보험자격득실확인서를 확인해야 한다. 다만, 응시자 또는 신청인이 확인에 동의하지 않는 경우에는 해당 서류를 제출하도록 해야 한다.

[본조신설 2019. 6. 11.]

제52조(합격자의 공고)

한국산업인력공단은 시험 종료 후 합격자의 명단을 게시하고 이를 한국관광공사와 한국관광협회중앙회에 각각 통보하여야 한다.

〈개정 2009. 10. 22.〉

제53조(관광종사원의 등록 및 자격증 발급)

① 시험에 합격한 자는 법 제38조제2항에 따라 별지 제38호서식의 관광종사원 등록신청서에 사진(최근 6개월 이내에 모자를 쓰지 않고 촬영한 상반신 반명함판) 2매를 첨부하여 한국관광공사 및 한국관광협회중앙회에 등록을 신청하여야 한다.

〈개정 2009. 10. 22., 2019. 6. 11., 2019. 8. 1.〉

② 한국관광공사 및 한국관광협회중앙회는 제1항에 따른 신청을 받은 경우에는 법 제7조제1항에 따른 결격사유가 없는 자에 한하여 관광종사원으로 등록하고 별지 제39호서식의 관광종사원 자격증을 발급하여야 한다.

〈개정 2009. 10. 22.〉

③ 제2항에도 불구하고 관광통역안내사의 경우에는 별지 제39호의5서식에 따른 기재사항 및 교육이수 정보 등을 전자적 방식으로 저장한 집적회로(IC) 칩을 첨부한 자격증을 발급하여야

한다. 〈신설 2016. 3. 28.〉

제54조(관광종사원 자격증의 재발급)

법 제38조제4항에 따라 발급받은 자격증을 잃어버리거나 그 자격증이 못 쓰게 되어 자격증을 재발급받으려는 자는 별지 제38호서식의 관광종사원 자격증 재발급신청서에 사진(최근 6개월 이내에 모자를 쓰지 않고 촬영한 상반신 반명함판) 2매와 관광종사원 자격증(자격증이 헐어 못 쓰게 된 경우만 해당한다)을 첨부하여 한국관광공사 및 한국관광협회중앙회에 제출하여야 한다.

〈개정 2009. 10. 22., 2019. 8. 1.〉

제55조 삭제 〈2011. 10. 6.〉

제56조(종사원의 자격취소 등)

법 제40조에 따라 문화체육관광부령으로 정하는 관광종사원의 자격취소 등에 관한 처분 기준은 별표 17과 같다. 〈개정 2008. 3. 6.〉

[제57조에서 이동 〈2014. 12. 31.〉]

제56조의2(여행이용권의 통합운영)

① 법 제47조의5제6항에서 "「문화예술진흥법」 제15조의4에 따른 문화이용권 등 문화체육관광부령으로 정하는 이용권"이란 다음 각 호의 이용권을 말한다.

1. 「문화예술진흥법」 제15조의4에 따른 문화이용권

2. 그 밖에 문화체육관광부장관이 지급·관리하는 이용권으로서 문화체육관광부장관이 정하여 고시하는 이용권

[본조신설 2014. 12. 31.]

제56조의3(여행이용권의 발급 등)

여행이용권의 발급 및 재발급에 관하여는 「문화예술진흥법 시행규칙」 제2조부터 제4조까지를 준용한다. 이 경우 "문화이용권"은 "여행이용권"으로, "한국문화예술위원회의 위원장"은 "전담기관"으로 본다.

[본조신설 2014. 12. 31.]

제57조(특별관리지역의 지정ㆍ변경ㆍ해제)

영 제41조의9제2항에서 "문화체육관광부령으로 정하는 서류"란 다음 각 호의 서류를 말한다.

1. 영 제41조의9제1항에 따라 개최된 공청회 결과서

2. 지정ㆍ변경 또는 해제하려는 특별관리지역의 적정 관광객 수, 소음 수준, 교통 혼잡도 등 수용 범위에 관한 조사결과서

3. 수용 범위를 초과한 관광객의 방문으로 발생하는 피해의 유형 및 정도 등에 대한 실태조사 결과서

4. 특별관리지역의 구역이 표시된 축척 2만 5천분의 1 이상의 지형도

5. 특별관리지역의 운영ㆍ관리 계획서

[전문개정 2021. 10. 12.]

제57조의2 삭제 〈2019. 4. 25.〉

제57조의3(문화관광해설사 양성교육과정의 개설ㆍ운영 기준)

① 법 제48조의6제2항에 따른 문화관광해설사 양성을 위한 교육과정의 개설ㆍ운영 기준은 별표 17의2와 같다. 〈개정 2019. 4. 25.〉

② 제1항에 따른 교육과정의 개설ㆍ운영 기준에 필요한 세부적인 사항은 문화체육관광부장관이 정하여 고시한다. 〈개정 2019. 4. 25.〉

[본조신설 2011. 10. 6.]

[제목개정 2019. 4. 25.]

제57조의4 삭제 〈2019. 4. 25.〉

제57조의5(문화관광해설사 선발 및 활용)

① 문화체육관광부장관 또는 지방자치단체의 장은 법 제48조의8제1항에 따라 문화관광해설사를 선발하려는 경우에는 문화관광해설사의 선발 인원, 평가 일시 및 장소, 응시원서 접수기간, 그 밖에 선발에 필요한 사항을 포함한 선발계획을 수립하고 이를 공고하여야 한다.

② 문화체육관광부장관 또는 지방자치단체의 장이 법 제48조의8제2항에 따라 이론 및 실습을 평가하려는 경우에는 별표 17의4의 평가 기준에 따라 평가하여야 한다.

③ 제1항에 따른 선발계획에 따라 문화관광해설사를 선발하려는 경우에는 제2항의 평가 기준에 따른 평가 결과 이론 및 실습 평가항목 각각 70점 이상을 득점한 사람 중에서 각각의 평가

항목의 비중을 곱한 점수가 고득점자인 사람의 순으로 선발한다.

④ 문화체육관광부장관 또는 지방자치단체의 장은 문화관광해설사를 배치ㆍ활용하려는 경우에 해당 지역의 관광객 규모와 관광자원의 보유 현황 및 문화관광해설사에 대한 수요, 문화관광해설사의 활동 실적 및 태도 등을 고려하여야 한다.

⑤ 그 밖에 문화관광해설사의 선발, 배치 및 활용 등에 필요한 세부적인 사항은 문화체육관광부장관이 정하여 고시한다.

[본조신설 2011. 10. 6.]

제57조의6(한국관광 품질인증의 인증 기준)

영 제41조의11에 따른 한국관광 품질인증(이하 "한국관광 품질인증"이라 한다)의 세부 인증 기준은 별표 17의5와 같다.　　　　　　　　　　　　　　　　　　　　　　〈개정 2020. 6. 4.〉

[본조신설 2018. 6. 14.]

제57조의7(한국관광 품질인증의 절차 및 방법 등)

① 한국관광 품질인증을 받으려는 자는 별지 제39호의6서식의 한국관광 품질인증 신청서(전자문서로 된 신청서를 포함한다)에 다음 각 호의 서류(전자문서를 포함한다)를 첨부하여 한국관광공사에 제출하여야 한다.

1. 「부가가치세법」 제8조제5항에 따른 사업자등록증의 사본 1부

2. 해당 사업의 관련 법령을 준수하여 허가ㆍ등록 또는 지정을 받거나 신고를 하였음을 증명할 수 있는 서류 1부

3. 한국관광 품질인증의 인증 기준 전부 또는 일부와 인증 기준이 유사하다고 문화체육관광부장관이 인정하여 고시하는 인증(이하 "유사 인증"이라 한다)이 유효함을 증명할 수 있는 서류 1부(해당 서류가 있는 경우에만 첨부한다)

4. 그 밖에 한국관광공사가 한국관광 품질인증의 대상별 특성에 따라 한국관광 품질인증을 위한 평가ㆍ심사에 필요하다고 인정하여 영 제65조제7항에 따른 한국관광 품질인증 및 그 취소에 관한 업무 규정(이하 "업무 규정"이라 한다)으로 정하는 서류 각 1부

② 제1항에 따른 신청을 받은 한국관광공사는 서류평가, 현장평가 및 심의를 실시한 결과 별표 17의5에 따른 세부 인증 기준에 적합하면 신청서를 제출한 자에게 별지 제39호의7서식의 한국관광 품질인증서를 발급하여야 한다.

③ 한국관광공사는 제2항에 따른 서류평가 시 유효한 유사 인증을 받은 것으로 인정되는 자에 대하여 별표 17의5에 따른 인증 기준 전부 또는 일부를 갖추었음을 인정할 수 있다.

④ 한국관광공사는 한국관광 품질인증을 받은 자에게 해당 연도의 사업 운영 실적을 다음 연도 1월 20일까지 제출할 것을 요청할 수 있다.

[본조신설 2018. 6. 14.]

제58조(관광지등의 지정신청 등)

① 법 제52조제1항 및 같은 조 제5항에 따라 관광지등의 지정 및 지정 취소 또는 그 면적의 변경(이하 "지정등"이라 한다)을 신청하려는 자는 별지 제40호서식의 관광지(관광단지) 지정등 신청서에 다음 각 호의 서류를 첨부하여 특별시장·광역시장·도지사에게 제출하여야 한다. 다만, 관광지등의 지정 취소 또는 그 면적 변경의 경우에는 그 취소 또는 변경과 관계 없는 사항에 대한 서류는 첨부하지 아니한다. 〈개정 2009. 10. 22., 2019. 4. 25.〉

1. 관광지등의 개발방향을 기재한 서류

2. 관광지등과 그 주변의 주요 관광자원 및 주요 접근로 등 교통체계에 관한 서류

3. 「국토의 계획 및 이용에 관한 법률」에 따른 용도지역을 기재한 서류

4. 관광객 수용능력 등을 기재한 서류

5. 관광지등의 구역을 표시한 축척 2만5천분의 1 이상의 지형도 및 지목·지번 등이 표시된 축척500분의 1부터 6천분의 1까지의 도면

6. 관광지등의 지번·지목·지적 및 소유자가 표시된 토지조서(임야에 대하여는 「산지관리법」에 따른 보전산지 및 준보전산지로 구분하여 표시하고, 농지에 대하여는 「농지법」에 따른 농업진흥지역 및 농업진흥지역이 아닌 지역으로 구분하여 표시한다)

② 제1항에 따른 신청을 하려는 자는 별표 18의 관광지·관광단지의 구분기준에 따라 그 지정등을 신청하여야 한다.

③ 특별시장·광역시장·도지사는 제1항에 따른 지정등의 신청을 받은 경우에는 제1항에 따른 관광지등의 개발 필요성, 타당성, 관광지·관광단지의 구분기준 및 법 제49조에 따른 관광개발기본계획 및 권역별 관광개발계획에 적합한지 등을 종합적으로 검토하여야 한다.

〈개정 2009. 10. 22.〉

제58조의2(시행 중인 공사 등의 신고서)

영 제45조의2제3항에서 "문화체육관광부령으로 정하는 신고서"란 별지 제40호의2서식의 공사(사업) 진행상황 신고서를 말한다.

[본조신설 2020. 12. 10.]

제59조(관광지등의 지정신청 및 조성계획의 승인신청)

시장 · 군수 · 구청장은 법 제52조제1항에 따른 관광지등의 지정신청 및 법 제54조제1항 본문에 따른 조성계획의 승인신청을 함께 하거나, 관광단지의 지정신청을 할 때 법 제54조제1항 단서에 따라 관광단지개발자로 하여금 관광단지의 조성계획을 제출하게 하여 관광단지의 지정신청 및 조성계획의 승인신청을 함께 할 수 있다. 이 경우 특별시장 · 광역시장 · 도지사는 관광지등의 지정 및 조성계획의 승인을 함께 할 수 있다. 〈개정 2009. 10. 22.〉

제60조(관광시설계획 등의 작성)

① 영 제46조제1항에 따라 작성되는 조성계획에는 다음 각 호의 사항이 포함되어야 한다. 〈개정 2009. 3. 31., 2019. 6. 12.〉

　1. 관광시설계획

　　가. 공공편익시설, 숙박시설, 상가시설, 관광 휴양 · 오락시설 및 그 밖의 시설지구로 구분된 토지이용계획

　　나. 건축연면적이 표시된 시설물설치계획(축척 500분의 1부터 6천분의 1까지의 지적도에 표시한 것이어야 한다)

　　다. 조경시설물, 조경구조물 및 조경식재계획이 포함된 조경계획

　　라. 그 밖의 전기 · 통신 · 상수도 및 하수도 설치계획

　　마. 관광시설계획에 대한 관련부서별 의견(지방자치단체의 장이 조성계획을 수립하는 경우만 해당한다)

　2. 투자계획

　　가. 재원조달계획

　　나. 연차별 투자계획

　3. 관광지등의 관리계획

　　가. 관광시설계획에 포함된 시설물의 관리계획

　　나. 관광지등의 관리를 위한 인원 확보 및 조직에 관한 계획

　　다. 그 밖의 관광지등의 효율적 관리방안

② 제1항제1호가목에 따른 각 시설지구 안에 설치할 수 있는 시설은 별표 19와 같다.

제61조(관광단지개발자)

① 법 제54조제1항 단서에서 "문화체육관광부령으로 정하는 공공법인"이란 다음 각 호의 어느 하나에 해당하는 것을 말한다. 〈개정 2008. 3. 6., 2019. 6. 12.〉

1. 「한국관광공사법」에 따른 한국관광공사 또는 한국관광공사가 관광단지 개발을 위하여 출자한 법인

2. 「한국토지주택공사법」에 따른 한국토지주택공사

3. 「지방공기업법」에 따라 설립된 지방공사 및 지방공단

4. 「제주특별자치도 설치 및 국제자유도시 조성을 위한 특별법」에 따른 제주국제자유도시 개발센터

② 법 제55조제5항에서 "문화체육관광부령으로 정하는 관광단지개발자"란 제1항 각 호의 공공 법인 또는 법 제2조제8호의 민간개발자를 말한다. 〈개정 2008. 3. 6.〉

제61조의2(사유지의 매수 요청)

① 법 제54조제6항에 따라 남은 사유지의 매수를 요청하려는 자는 별지 제40호의3서식의 사유 지 매수요청서에 다음 각 호의 서류를 첨부하여 같은 항에 따른 사업시행자(사업시행자가 같 은 조 제1항 단서에 따른 관광단지개발자인 경우는 제외한다. 이하 이 조에서 같다)에게 제 출해야 한다. 〈개정 2020. 12. 10.〉

1. 사업계획서

2. 조성하려는 토지면적 중 사유지의 3분의 2 이상을 취득하였음을 증명할 수 있는 자료(토 지 등기사항증명서로 확인할 수 없는 경우만 해당한다)

3. 매수를 요청하는 사유지의 위치도 및 지번

4. 매수 요청 사유(토지소유자 및 관계인과 협의를 통한 사유지의 취득이 어렵다고 판단한 근거를 포함한다)

② 사업시행자는 제1항에 따른 매수요청서를 받은 경우에는 「전자정부법」제36조제1항에 따 른 행정정보의 공동이용을 통해 토지 등기사항증명서와 토지(임야)대장을 확인해야 한다.

[본조신설 2020. 6. 4.]

[종전 제61조의2는 제61조의3으로 이동 〈2020. 6. 4.〉]

제61조의3(조성사업용 토지매입의 승인신청)

영 제47조의3에서 "문화체육관광부령으로 정하는 승인신청서"란 별지 제40호의4서식의 조성사 업 토지매입 승인신청서를 말한다. 〈개정 2020. 6. 4., 2020. 12. 10.〉

[본조신설 2019. 6. 12.]

[제61조의2에서 이동 〈2020. 6. 4.〉]

제62조(조성사업의 허가신청 등)

① 법 제55조제1항에 따른 사업시행자가 아닌 자가 법 제55조제3항에 따라 조성사업의 허가를 받거나 협의를 하려는 경우에는 별지 제41호서식의 조성사업 허가 또는 협의신청서에 다음 각 호의 서류를 첨부하여 관광지등의 사업시행자에게 제출하여야 한다. 〈개정 2009. 10. 22.〉

1. 사업계획서(위치, 용지면적, 시설물설치계획, 건설비내역 및 재원조달계획 등을 포함한다)

2. 시설물의 배치도 및 설계도서(평면도 및 입면도를 말한다)

3. 부동산이 타인 소유인 경우에는 토지소유자가 자필서명된 사용승낙서 및 신분증 사본

② 제1항에 따른 신청서를 받은 관광지등의 사업시행자는 「전자정부법」 제36조제1항에 따른 행정정보의 공동이용을 통하여 부동산의 등기사항증명서를 확인하여야 한다.

〈개정 2009. 3. 31., 2011. 3. 30., 2015. 4. 22.〉

제63조(위탁수수료)

영 제49조제2항에 따른 용지의 매수업무와 손실보상업무의 위탁에 따른 수수료의 산정기준은 별표 20과 같다.

제63조의2(준공검사신청서 등)

① 영 제50조의2제1항에 따른 준공검사신청서는 별지 제41호의2서식에 따른다.

② 영 제50조의2제4항에 따른 준공검사증명서는 별지 제41호의3서식에 따른다.

[본조신설 2009. 10. 22.]

제64조(관광특구의 지정신청 등)

① 법 제70조제1항제2호에 따른 관광특구 지정요건의 세부기준은 별표 21과 같다.

② 법 제70조제1항 및 제2항에 따라 관광특구의 지정 및 지정 취소 또는 그 면적의 변경(이하 이 조에서 "지정등"이라 한다)을 신청하려는 시장·군수·구청장(특별자치시·특별자치도의 경우는 제외한다)은 별지 제42호서식의 관광특구 지정등 신청서에 다음 각 호의 서류를 첨부하여 특별시장·광역시장·도지사에게 제출하여야 한다. 다만, 관광특구의 지정 취소 또는 그 면적 변경의 경우에는 그 취소 또는 변경과 관계되지 아니하는 사항에 대한 서류는 첨부하지 아니한다. 〈개정 2009. 3. 31., 2009. 10. 22., 2019. 4. 25.〉

1. 신청사유서

2. 주요관광자원 등의 내용이 포함된 서류

3. 해당 지역주민 등의 의견수렴 결과를 기재한 서류

4. 관광특구의 진흥계획서

5. 관광특구를 표시한 행정구역도와 지적도면

6. 제1항의 요건에 적합함을 증명할 수 있는 서류

③ 관광특구의 지정등에 관하여는 제58조제3항을 준용한다.

제65조(관광특구진흥계획의 수립 내용)

영 제59조제2항제5호에 따른 관광특구진흥계획에 포함하여야 할 사항은 다음 각 호와 같다.

1. 범죄예방 계획 및 바가지 요금, 퇴폐행위, 호객행위 근절 대책

2. 관광불편신고센터의 운영계획

3. 관광특구 안의 접객시설 등 관련시설 종사원에 대한 교육계획

4. 외국인 관광객을 위한 토산품 등 관광상품 개발 · 육성계획

제66조(국고보조금의 신청)

① 영 제61조에 따라 보조금을 받으려는 자는 별지 제43호서식의 국고보조금 신청서에 다음 각 호의 사항을 기재한 서류를 첨부하여 문화체육관광부장관에게 제출하여야 한다. 〈개정 2008. 3. 6.〉

1. 사업 개요(건설공사인 경우 시설내용을 포함한다) 및 효과

2. 사업자의 자산과 부채에 관한 사항

3. 사업공정계획

4. 총사업비 및 보조금액의 산출내역

5. 사업의 경비 중 보조금으로 충당하는 부분 외의 경비 조달방법

② 보조금을 받으려는 자가 지방자치단체인 경우에는 제1항제2호 및 제5호의 사항을 생략할 수 있다.

제67조(보고)

① 법 제78조제1항에 따라 지방자치단체의 장은 다음 각 호의 사항을 문화체육관광부장관에게 보고해야 한다. 〈개정 2008. 3. 6., 2009. 10. 22., 2020. 12. 10.〉

1. 법 제4조에 따른 관광사업의 등록 현황

2. 법 제15조에 따른 사업계획의 승인 현황

3. 법 제49조제2항에 따른 권역계획에 포함된 관광자원 개발의 추진현황

4. 법 제52조에 따른 관광지등의 지정 현황

5. 법 제54조에 따른 관광지등의 조성계획 승인 현황

② 제1항제1호부터 제3호까지에 따른 보고는 매 연도 말 현재의 상황을 해당 연도가 끝난 후 20일 이내에 제출해야 하며, 제1항제4호 및 제5호에 따른 보고는 지정 또는 승인 즉시 해야 한다. 〈개정 2009. 10. 22., 2020. 12. 10.〉

제68조(검사공무원의 증표)

법 제78조제4항에 따른 공무원의 증표는 별표 22와 같다.

제69조(수수료)

① 법 제79조제1호, 제2호, 제4호부터 제7호까지, 제10호, 제12호부터 제16호까지의 규정에 따른 수수료는 별표 23과 같다. 〈개정 2011. 10. 6., 2018. 6. 14.〉

② 법 제79조제3호에 따른 유원시설업의 허가·변경허가·신고 또는 변경신고에 관한 수수료는 해당 시·군·구(자치구를 말한다. 이하 같다)의 조례로 정한다.

③ 법 제79조제8호에 따른 카지노시설의 검사에 관한 수수료는 카지노전산시설 검사기관의 검사공정별로 필요한 경비를 산출하여 이에 대한 직접인건비, 직접경비, 제경비 및 기술료를 합한 금액으로 한다.

④ 법 제79조제11호에 따른 유기시설 또는 유기기구의 안전성검사 또는 안전성검사 대상에 해당되지 아니함을 확인하는 검사에 관한 수수료는 문화체육관광부장관이 정하여 고시하되, 「엔지니어링산업 진흥법」 제31조제2항에 따른 엔지니어링사업의 대가 기준을 고려하여 검사의 난이도, 검사에 걸린 시간 등에 따른 유기기구 종류별 금액을 정하여야 한다. 〈개정 2019. 10. 16.〉

⑤ 제3항에 따른 경비의 산출기준은 「소프트웨어산업 진흥법」 제22조제4항 및 같은 법 시행령 제16조에 따른 소프트웨어기술자의 노임단가에 따르며, 직접인건비, 직접경비, 제경비 및 기술료의 범위와 요율 및 직접인건비의 기준금액은 「엔지니어링산업 진흥법」 제31조제2항에 따른 엔지니어링사업의 대가 기준에 따른다. 〈개정 2019. 10. 16.〉

⑥ 법 제79조제12호에 따라 관광종사원 자격시험에 응시하려고 납부한 수수료에 대한 반환기준은 다음 각 호와 같다. 〈개정 2011. 2. 17.〉

1. 수수료를 과오납한 경우: 그 과오납한 금액의 전부

2. 시험 시행일 20일 전까지 접수를 취소하는 경우: 납입한 수수료의 전부

3. 시험관리기관의 귀책사유로 시험에 응시하지 못하는 경우: 납입한 수수료의 전부

4. 시험 시행일 10일 전까지 접수를 취소하는 경우: 납입한 수수료의 100분의 50

⑦ 제1항부터 제4항까지의 규정에 따른 수수료와 법 제80조에 따라 문화체육관광부장관의 권한이 한국관광공사, 한국관광협회중앙회, 지역별 관광협회, 업종별 관광협회, 카지노전산시설 검사기관, 카지노기구 검사기관, 유기시설·유기기구 안전성검사기관 또는 한국산업인력공단에 위탁된 업무에 대한 수수료는 해당 기관 또는 해당 기관이 지정하는 은행에 내야 한다. 〈개정 2009. 12. 31.〉

제70조(안전성검사기관 지정 요건)

영 제65조제1항제3호 전단에서 "문화체육관광부령으로 정하는 인력과 시설 등"이란 별표 24의 요건을 말한다.

[전문개정 2015. 8. 4.]

제71조(안전성검사기관 지정 신청 절차 등)

① 영 제65조제1항제3호에 따라 지정 신청을 하려는 업종별 관광협회 또는 전문 연구·검사기관은 별지 제44호서식의 유기시설·기구 안전성검사기관 지정신청서에 다음 각 호의 서류를 첨부하여 문화체육관광부장관에게 제출해야 한다.

〈개정 2008. 3. 6., 2009. 3. 31., 2015. 8. 4., 2021. 6. 23.〉

1. 별표 24 제1호에 따른 인력을 보유함을 증명하는 서류

2. 별표 24 제2호에 따른 장비의 명세서(장비의 사진을 포함한다)

3. 사무실 건물의 임대차계약서 사본(사무실을 임차한 경우만 해당한다)

4. 관리직원 채용증명서 또는 재직증명서

5. 별표 24 제3호다목에 따른 보험 또는 공제 가입을 증명하는 서류

6. 별표 24 제3호라목에 따른 안전성검사를 위한 세부규정

② 문화체육관광부장관은 제1항에 따라 지정 신청을 한 업종별 관광협회 또는 전문 연구·검사기관에 대하여 별표 24에 따른 지정 요건에 적합하다고 인정하는 경우에는 별지 제45호서식의 지정서를 발급하고, 별지 제46호서식의 유기시설·기구 안전성검사기관 지정부를 작성하여 관리하여야 한다. 〈개정 2008. 3. 6., 2015. 3. 6., 2015. 8. 4.〉

③ 제2항에 따라 지정된 업종별 관광협회 또는 전문 연구·검사기관은 제40조제6항에 따라 문화체육관광부장관이 고시하는 안전성검사의 세부검사기준 및 절차에 따라 검사를 하여야 한다. 〈개정 2008. 3. 6., 2015. 8. 4.〉

[제목개정 2015. 8. 4.]

제71조의2(한국관광 품질인증 및 그 취소에 관한 업무 규정)

영 제65조제7항에 따른 업무 규정에는 다음 각 호의 사항이 모두 포함되어야 한다.

1. 한국관광 품질인증의 대상별 특성에 따른 세부 인증 기준

2. 서류평가, 현장평가 및 심의의 절차 및 방법에 관한 세부사항

3. 한국관광 품질인증의 취소 기준 · 절차 및 방법에 관한 세부사항

4. 그 밖에 문화체육관광부장관이 한국관광 품질인증 및 그 취소에 필요하다고 인정하는 사항

[본조신설 2018. 6. 14.]

제72조(평가요원의 자격)

영 제66조제1항제3호에 따른 평가요원의 자격은 다음 각 호와 같다.

〈개정 2014. 12. 31., 2020. 12. 10.〉

1. 호텔업에서 5년 이상 근무한 사람으로서 평가 당시 호텔업에 종사하고 있지 아니한 사람 1명 이상

2. 「고등교육법」에 따른 전문대학 이상 또는 이와 같은 수준 이상의 학력이 인정되는 교육기관에서 관광 분야에 관하여 5년 이상 강의한 경력이 있는 교수, 부교수, 조교수 또는 겸임교원 1명 이상

3. 다음 각 목의 어느 하나에 해당하는 연구기관에서 관광 분야에 관하여 5년 이상 연구한 경력이 있는 연구원 1명 이상

   가. 「정부출연연구기관 등의 설립 · 운영 및 육성에 관한 법률」 또는 「과학기술분야 정부출연연구기관 등의 설립 · 운영 및 육성에 관한 법률」에 따라 설립된 정부출연연구기관

   나. 「특정연구기관 육성법」 제2조에 따른 특정연구기관

   다. 국공립연구기관

4. 관광 분야에 전문성이 인정되는 사람으로서 다음 각 목의 어느 하나에 해당하는 사람 1명 이상

   가. 「소비자기본법」에 따른 한국소비자원 또는 소비자보호와 관련된 단체에서 추천한 사람

   나. 등급결정 수탁기관이 공모를 통하여 선정한 사람

5. 그 밖에 문화체육관광부장관이 제1호부터 제4호까지에 해당하는 사람과 동등한 자격이 있다고 인정하는 사람

제72조의2(검사기관에 대한 처분의 요건 및 기준 등)

① 법 제80조제5항제4호에서 "문화체육관광부령으로 정하는 위탁 요건"이란 다음 각 호의 구분에 따른 요건을 말한다.

1. 카지노기구검사기관의 경우: 별표 7의2에 따른 카지노기구검사기관의 지정 요건을 충족할 것

2. 안전성검사기관의 경우: 별표 24에 따른 안전성검사기관의 지정 요건을 충족할 것

② 법 제80조제5항에 따른 검사기관에 대한 처분기준은 별표 25와 같다.

③ 문화체육관광부장관 또는 특별자치시장·특별자치도지사·시장·군수·구청장은 법 제80조제5항에 따라 검사기관의 위탁을 취소하거나 업무정지 또는 업무개선을 명한 경우에는 지체 없이 그 사실을 문화체육관광부 또는 특별자치시·특별자치도·시·군·구의 인터넷 홈페이지에 공고해야 한다.

[본조신설 2020. 6. 4.]

제73조(규제의 재검토)

① 삭제 〈2022. 6. 3.〉

② 문화체육관광부장관은 다음 각 호의 사항에 대하여 다음 각 호의 기준일을 기준으로 3년마다(매 3년이 되는 해의 기준일과 같은 날 전까지를 말한다) 그 타당성을 검토하여 개선 등의 조치를 해야 한다. 〈신설 2013. 12. 31., 2015. 8. 4., 2016. 12. 28., 2018. 11. 29., 2020. 6. 23., 2022. 6. 3.〉

1. 제7조에 따른 유원시설업의 시설 및 설비기준과 허가신청 절차 등: 2014년 1월 1일

2. 제15조에 따른 관광 편의시설업의 지정기준: 2014년 1월 1일

3. 제18조에 따른 여행업자의 보험 가입 등: 2014년 1월 1일

3의2. 제20조에 따른 타인 경영 금지 관광시설: 2017년 1월 1일

4. 제22조에 따른 국외여행 인솔자의 자격요건: 2014년 1월 1일

5. 27조에 따른 휴양콘도미니엄 분양 또는 회원모집 첨부서류 등 모집기준: 2014년 1월 1일

5의2. 제28조의2 및 별표 7에 따른 야영장의 안전·위생기준: 2015년 8월 4일

6. 제39조의2에 따른 물놀이형 유기시설·유기기구의 안전·위생기준: 2014년 1월 1일

7. 제40조에 따른 유기시설 또는 유기기구의 안전성검사 등: 2014년 1월 1일

8. 제42조 및 별표 13에 따른 유원시설업자의 준수사항: 2022년 1월 1일

9. 제49조제1항에 따른 시험의 실시: 2022년 1월 1일

10. 제62조제1항에 따른 조성사업 허가 또는 협의신청서에 포함되어야 할 사항 및 첨부서류: 2020년 1월 1일

③ 문화체육관광부장관은 다음 각 호의 사항에 대하여 다음 각 호의 기준일을 기준으로 5년마다(매 5년이 되는 해의 기준일과 같은 날 전까지를 말한다) 그 타당성을 검토하여 개선 등의 조치를 해야 한다. 〈개정 2015. 12. 30., 2016. 12. 28., 2020. 6. 23., 2022. 6. 3.〉

1. 제2조제4항제3호의3 및 제3호의4에 따른 안전확인 서류: 2022년 1월 1일

2. 제3조제2항제2호에 따른 안전확인 서류: 2022년 1월 1일

3. 제57조의6 및 별표 17의5에 따른 한국관광 품질인증의 세부 인증 기준: 2022년 1월 1일

[본조신설 2009. 10. 22.]

부칙 〈제492호, 2022. 10. 17.〉

제1조(시행일)

이 규칙은 공포한 날부터 시행한다.

제2조(유원시설업의 변경허가 및 변경신고에 관한 경과조치)

이 규칙 시행 전에 법 제5조제3항 또는 제4항 후단에 따라 유원시설업의 변경허가를 신청하거나 변경신고를 한 경우에는 제10조제1항 · 제2항 및 제13조의 개정규정에도 불구하고 종전의 규정을 적용한다.

제3부

관광진흥개발기금법

제1장 총칙

제1조 목적

이 법은 관광사업을 효율적으로 발전시키고 관광을 통한 외화 수입의 증대에 이바지하기 위하여 관광진흥개발기금을 설치하는 것을 목적으로 한다.

[전문개정 2007. 12. 21.]

제2조(기금의 설치 및 재원)

① 정부는 이 법의 목적을 달성하는 데에 필요한 자금을 확보하기 위하여 관광진흥개발기금(이하 "기금"이라 한다)을 설치한다.

② 기금은 다음 각 호의 재원(財源)으로 조성한다.　　　　　　　　　〈개정 2017. 11. 28.〉

　　1. 정부로부터 받은 출연금

　　2. 「관광진흥법」 제30조에 따른 납부금

　　3. 제3항에 따른 출국납부금

　　4. 「관세법」 제176조의2제4항에 따른 보세판매장 특허수수료의 100분의 50

　　5. 기금의 운용에 따라 생기는 수익금과 그 밖의 재원

③ 국내 공항과 항만을 통하여 출국하는 자로서 대통령령으로 정하는 자는 1만원의 범위에서 대통령령으로 정하는 금액을 기금에 납부하여야 한다.

④ 제3항에 따른 납부금을 부과받은 자가 부과된 납부금에 대하여 이의가 있는 경우에는 부과받은 날부터 60일 이내에 문화체육관광부장관에게 이의를 신청할 수 있다. 〈신설 2011. 4. 5.〉

⑤ 문화체육관광부장관은 제4항에 따른 이의신청을 받았을 때에는 그 신청을 받은 날부터 15일 이내에 이를 검토하여 그 결과를 신청인에게 서면으로 알려야 한다. 　　〈신설 2011. 4. 5.〉

⑥ 제3항에 따른 납부금의 부과·징수의 절차 등에 필요한 사항은 대통령령으로 정한다.

〈개정 2011. 4. 5.〉

[전문개정 2007. 12. 21.]

제3조(기금의 관리)

① 기금은 문화체육관광부장관이 관리한다.　　　　　　　　　〈개정 2008. 2. 29.〉

② 문화체육관광부장관은 기금의 집행·평가·결산 및 여유자금 관리 등을 효율적으로 수행하

기 위하여 10명 이내의 민간 전문가를 고용한다. 이 경우 필요한 경비는 기금에서 사용할 수 있다. 〈개정 2008. 2. 29.〉

③ 제2항에 따른 민간 전문가의 고용과 운영에 필요한 사항은 대통령령으로 정한다.

[전문개정 2007. 12. 21.]

제4조(기금의 회계연도)

기금의 회계연도는 정부의 회계연도에 따른다.

제5조(기금의 용도)

① 기금은 다음 각 호의 어느 하나에 해당하는 용도로 대여(貸與)할 수 있다.

1. 호텔을 비롯한 각종 관광시설의 건설 또는 개수(改修)
2. 관광을 위한 교통수단의 확보 또는 개수
3. 관광사업의 발전을 위한 기반시설의 건설 또는 개수
4. 관광지 · 관광단지 및 관광특구에서의 관광 편의시설의 건설 또는 개수

② 문화체육관광부장관은 기금에서 관광정책에 관하여 조사 · 연구하는 법인의 기본재산 형성 및 조사 · 연구사업, 그 밖의 운영에 필요한 경비를 출연 또는 보조할 수 있다.
〈개정 2008. 2. 29., 2021. 6. 15.〉

③ 기금은 다음 각 호의 어느 하나에 해당하는 사업에 대여하거나 보조할 수 있다.
〈개정 2009. 3. 5., 2021. 8. 10.〉

1. 국외 여행자의 건전한 관광을 위한 교육 및 관광정보의 제공사업
2. 국내외 관광안내체계의 개선 및 관광홍보사업
3. 관광사업 종사자 및 관계자에 대한 교육훈련사업
4. 국민관광 진흥사업 및 외래관광객 유치 지원사업
5. 관광상품 개발 및 지원사업
6. 관광지 · 관광단지 및 관광특구에서의 공공 편익시설 설치사업
7. 국제회의의 유치 및 개최사업
8. 장애인 등 소외계층에 대한 국민관광 복지사업
9. 전통관광자원 개발 및 지원사업
9의2. 감염병 확산 등으로 관광사업자(「관광진흥법」 제2조제2호에 따른 관광사업자를 말한다)에게 발생한 경영상 중대한 위기 극복을 위한 지원사업
10. 그 밖에 관광사업의 발전을 위하여 필요한 것으로서 대통령령으로 정하는 사업

④ 기금은 민간자본의 유치를 위하여 필요한 경우 다음 각 호의 어느 하나의 사업이나 투자조합에 출자(出資)할 수 있다.

1. 「관광진흥법」 제2조제6호 및 제7호에 따른 관광지 및 관광단지의 조성사업
2. 「국제회의산업 육성에 관한 법률」 제2조제3호에 따른 국제회의시설의 건립 및 확충 사업
3. 관광사업에 투자하는 것을 목적으로 하는 투자조합
4. 그 밖에 관광사업의 발전을 위하여 필요한 것으로서 대통령령으로 정하는 사업

⑤ 기금은 신용보증을 통한 대여를 활성화하기 위하여 예산의 범위에서 다음 각 호의 기관에 출연할 수 있다. 〈신설 2018. 12. 24.〉

1. 「신용보증기금법」에 따른 신용보증기금
2. 「지역신용보증재단법」에 따른 신용보증재단중앙회

[전문개정 2007. 12. 21.]

제6조(기금운용위원회의 설치)

① 기금의 운용에 관한 종합적인 사항을 심의하기 위하여 문화체육관광부장관 소속으로 기금운용위원회(이하 "위원회"라 한다)를 둔다. 〈개정 2008. 2. 29.〉

② 위원회의 조직과 운영에 필요한 사항은 대통령령으로 정한다.

[전문개정 2007. 12. 21.]

제7조(기금운용계획안의 수립 등)

① 문화체육관광부장관은 매년 「국가재정법」에 따라 기금운용계획안을 수립하여야 한다. 기금운용계획을 변경하는 경우에도 또한 같다. 〈개정 2008. 2. 29.〉

② 제1항에 따른 기금운용계획안을 수립하거나 기금운용계획을 변경하려면 위원회의 심의를 거쳐야 한다.

[전문개정 2007. 12. 21.]

제8조(기금의 수입과 지출)

① 기금의 수입은 제2조제2항 각 호의 재원으로 한다.

② 기금의 지출은 제5조에 따른 기금의 용도를 위한 지출과 기금의 운용에 부수(附隨)되는 경비로 한다.

[전문개정 2007. 12. 21.]

제9조(기금의 회계 기관)

문화체육관광부장관은 기금의 수입과 지출에 관한 사무를 하게 하기 위하여 소속 공무원 중에서 기금수입징수관, 기금재무관, 기금지출관 및 기금출납 공무원을 임명한다. 〈개정 2008. 2. 29.〉

[전문개정 2007. 12. 21.]

제10조(기금 계정의 설치)

문화체육관광부장관은 기금지출관으로 하여금 한국은행에 관광진흥개발기금의 계정(計定)을 설치하도록 하여야 한다. 〈개정 2008. 2. 29.〉

[전문개정 2007. 12. 21.]

제11조(목적 외의 사용 금지 등)

① 기금을 대여받거나 보조받은 자는 대여받거나 보조받을 때에 지정된 목적 외의 용도에 기금을 사용하지 못한다.

② 대여받거나 보조받은 기금을 목적 외의 용도에 사용하였을 때에는 대여 또는 보조를 취소하고 이를 회수한다.

③ 문화체육관광부장관은 기금의 대여를 신청한 자 또는 기금의 대여를 받은 자가 다음 각 호의 어느 하나에 해당하면 그 대여 신청을 거부하거나, 그 대여를 취소하고 지출된 기금의 전부 또는 일부를 회수한다. 〈신설 2011. 4. 5.〉

1. 거짓이나 그 밖의 부정한 방법으로 대여를 신청한 경우 또는 대여를 받은 경우

2. 잘못 지급된 경우

3. 「관광진흥법」에 따른 등록·허가·지정 또는 사업계획 승인 등의 취소 또는 실효 등으로 기금의 대여자격을 상실하게 된 경우

4. 대여조건을 이행하지 아니한 경우

5. 그 밖에 대통령령으로 정하는 경우

④ 다음 각 호의 어느 하나에 해당하는 자는 해당 기금을 대여받거나 보조받은 날부터 5년 이내에 기금을 대여받거나 보조받을 수 없다. 〈신설 2011. 4. 5., 2021. 4. 13.〉

1. 제2항에 따라 기금을 목적 외의 용도에 사용한 자

2. 거짓이나 그 밖의 부정한 방법으로 기금을 대여받거나 보조받은 자

[전문개정 2007. 12. 21.]

[제목개정 2011. 4. 5.]

제12조(납부금 부과 · 징수 업무의 위탁)

① 문화체육관광부장관은 제2조제3항에 따른 납부금의 부과 · 징수의 업무를 대통령령으로 정하는 바에 따라 관계 중앙행정기관의 장과 협의하여 지정하는 자에게 위탁할 수 있다.

〈개정 2008. 2. 29.〉

② 문화체육관광부장관은 제1항에 따라 납부금의 부과 · 징수의 업무를 위탁한 경우에는 기금에서 납부금의 부과 · 징수의 업무를 위탁받은 자에게 그 업무에 필요한 경비를 보조할 수 있다.

〈개정 2008. 2. 29.〉

[전문개정 2007. 12. 21.]

제13조(벌칙 적용 시의 공무원 의제)

제3조제2항에 따라 고용된 자는 「형법」 제129조부터 제132조까지의 규정을 적용할 때에는 공무원으로 본다.

[전문개정 2007. 12. 21.]

부칙 〈제18376호, 2021. 8. 10.〉

이 법은 공포한 날부터 시행한다.

관광진흥개발기금법 시행령

[시행 2021. 9. 24.]
[대통령령 제31543호, 2021. 3. 23., 타법개정]

제1조(목적)

이 영은 「관광진흥개발기금법」의 시행에 필요한 사항을 규정함을 목적으로 한다.

[전문개정 2008. 7. 24.]

제1조의2(납부금의 납부대상 및 금액)

① 「관광진흥개발기금법」(이하 "법"이라 한다) 제2조제3항에서 "대통령령으로 정하는 자"란 다음 각 호의 어느 하나에 해당하는 자를 제외한 자를 말한다.

1. 외교관여권이 있는 자

2. 2세(선박을 이용하는 경우에는 6세) 미만인 어린이

3. 국외로 입양되는 어린이와 그 호송인

4. 대한민국에 주둔하는 외국의 군인 및 군무원

5. 입국이 허용되지 아니하거나 거부되어 출국하는 자

6. 「출입국관리법」 제46조에 따른 강제퇴거 대상자 중 국비로 강제 출국되는 외국인

7. 공항통과 여객으로서 다음 각 목의 어느 하나에 해당되어 보세구역을 벗어난 후 출국하는 여객

　가. 항공기 탑승이 불가능하여 어쩔 수 없이 당일이나 그 다음 날 출국하는 경우

　나. 공항이 폐쇄되거나 기상이 악화되어 항공기의 출발이 지연되는 경우

　다. 항공기의 고장·납치, 긴급환자 발생 등 부득이한 사유로 항공기가 불시착한 경우

　라. 관광을 목적으로 보세구역을 벗어난 후 24시간 이내에 다시 보세구역으로 들어오는 경우

8. 국제선 항공기 및 국제선 선박을 운항하는 승무원과 승무교대를 위하여 출국하는 승무원

② 법 제2조제3항에 따른 납부금은 1만원으로 한다. 다만, 선박을 이용하는 경우에는 1천원으로 한다.

[전문개정 2008. 7. 24.]

제1조의3(납부금의 부과제외)

① 제1조의2제1항 각 호의 어느 하나에 해당하는 자는 법 제2조제1항에 따른 관광진흥개발기금(이하 "기금"이라 한다)의 납부금 부과·징수권자(이하 "부과권자"라 한다)로부터 출국 전에 납부금 제외 대상 확인서를 받아 출국 시 제출하여야 한다. 다만, 선박을 이용하여 출국하는 자와 승무원은 출국 시 부과권자의 확인으로 갈음할 수 있다.

② 제1조의2제1항제7호에 따른 공항통과 여객이 납부금 제외 대상 확인서를 받으려는 경우에

는 항공운송사업자가 항공기 출발 1시간 전까지 그 여객에 대한 납부금의 부과 제외 사유를 서면으로 부과권자에게 제출하여야 한다.

[전문개정 2008. 7. 24.]

제1조의4(민간전문가)

① 법 제3조제2항에 따른 민간전문가는 계약직으로 하며, 그 계약기간은 2년을 원칙으로 하되, 1년 단위로 연장할 수 있다.

② 제1항에 따른 민간전문가의 업무분장·채용·복무·보수 및 그 밖의 인사관리에 필요한 사항은 문화체육관광부장관이 정한다.

[전문개정 2008. 7. 24.]

제2조(대여 또는 보조사업)

법 제5조제3항제10호에서 "대통령령으로 정하는 사업"이란 다음 각 호의 사업을 말한다.

〈개정 2010. 9. 17., 2021. 3. 23.〉

1. 「관광진흥법」 제4조에 따라 여행업을 등록한 자나 같은 법 제5조에 따라 카지노업을 허가받은 자(「관광진흥법 시행령」 제2조제1항제1호가목에 따른 종합여행업을 등록한 자나 「관광진흥법」 제5조에 따라 카지노업을 허가받은 자가 「관광진흥법」 제45조에 따라 설립한 관광협회를 포함한다)의 해외지사 설치
2. 관광사업체 운영의 활성화
3. 관광진흥에 기여하는 문화예술사업
4. 지방자치단체나 「관광진흥법」 제54조제1항 단서에 따른 관광단지개발자 등의 관광지 및 관광단지 조성사업
5. 관광지·관광단지 및 관광특구의 문화·체육시설, 숙박시설, 상가시설로서 관광객 유치를 위하여 특히 필요하다고 문화체육관광부장관이 인정하는 시설의 조성
6. 관광 관련 국제기구의 설치

[전문개정 2008. 7. 24.]

제3조(기금대여업무의 취급)

문화체육관광부장관은 「한국산업은행법」 제20조에 따라 한국산업은행이 기금의 대여업무를 할 수 있도록 한국산업은행에 기금을 대여할 수 있다. 〈개정 2014. 12. 30.〉

[전문개정 2008. 7. 24.]

제3조의2(여유자금의 운용)

문화체육관광부장관은 기금의 여유자금을 다음 각 호의 방법으로 운용할 수 있다.

1. 「은행법」과 그 밖의 법률에 따른 금융기관, 「우체국예금·보험에 관한 법률」에 따른 체신관서에 예치
2. 국·공채 등 유가증권의 매입
3. 그 밖의 금융상품의 매입

[전문개정 2008. 7. 24.]

제3조의3(기금의 보조)

법 제5조제2항 및 제3항에 따른 기금의 보조는 「보조금 관리에 관한 법률」에서 정하는 바에 따른다. 〈개정 2016. 4. 28.〉

[전문개정 2008. 7. 24.]

제3조의4(출자 대상 등)

① 법 제5조제4항제4호에서 "관광사업의 발전을 위하여 필요한 것으로서 대통령령으로 정하는 사업"이란 「자본시장과 금융투자업에 관한 법률」 제9조제18항 및 제19항에 따른 집합투자 기구 또는 사모집합투자기구나 「부동산투자회사법」 제2조제1호에 따른 부동산투자회사에 의하여 투자되는 다음 각 호의 어느 하나의 사업을 말한다. 〈신설 2011. 8. 4.〉

1. 법 제5조제4항제1호 또는 제2호에 따른 사업
2. 「관광진흥법」 제2조제1호에 따른 관광사업

② 법 제5조제4항에 따라 기금을 출자할 때에는 출자로 인한 민간자본 유치의 기여도 등 출자의 타당성을 검토하여야 한다. 〈개정 2011. 8. 4.〉

③ 제2항에 따른 기금 출자 및 관리에 관한 세부기준, 절차, 그 밖에 필요한 사항은 문화체육관 광부장관이 정하여 고시한다. 〈개정 2011. 8. 4.〉

[전문개정 2008. 7. 24.]
[제목개정 2011. 8. 4.]

제4조(기금운용위원회의 구성)

① 법 제6조에 따른 기금운용위원회(이하 "위원회"라 한다)는 위원장 1명을 포함한 10명 이내의 위원으로 구성한다.

② 위원장은 문화체육관광부 제1차관이 되고, 위원은 다음 각 호의 사람 중에서 문화체육관광

부장관이 임명하거나 위촉한다.　　　　　　　〈개정 2010. 9. 17., 2015. 1. 6., 2017. 9. 4.〉

　　1. 기획재정부 및 문화체육관광부의 고위공무원단에 속하는 공무원

　　2. 관광 관련 단체 또는 연구기관의 임원

　　3. 공인회계사의 자격이 있는 사람

　　4. 그 밖에 기금의 관리·운용에 관한 전문 지식과 경험이 풍부하다고 인정되는 사람

　　[전문개정 2008. 7. 24.]

제4조의2(위원의 해임 및 해촉)

　　문화체육관광부장관은 제4조제2항에 따른 위원이 다음 각 호의 어느 하나에 해당하는 경우에는 해당 위원을 해임하거나 해촉(解囑)할 수 있다.

　　1. 심신장애로 인하여 직무를 수행할 수 없게 된 경우

　　2. 직무와 관련된 비위사실이 있는 경우

　　3. 직무태만, 품위손상이나 그 밖의 사유로 인하여 위원으로 적합하지 아니하다고 인정되는 경우

　　4. 위원 스스로 직무를 수행하는 것이 곤란하다고 의사를 밝히는 경우

　　[본조신설 2016. 5. 10.]

제5조(위원장의 직무)

　　① 위원장은 위원회를 대표하고, 위원회의 사무를 총괄한다.

　　② 위원장이 부득이한 사유로 직무를 수행할 수 없을 때에는 위원장이 지정한 위원이 그 직무를 대행한다.

　　[전문개정 2008. 7. 24.]

제6조(회의)

　　① 위원회의 회의는 위원장이 소집한다.

　　② 회의는 재적위원 과반수의 출석으로 개의하고, 출석위원 과반수의 찬성으로 의결한다.

　　[전문개정 2008. 7. 24.]

제7조(간사)

　　① 위원회에는 문화체육관광부 소속 공무원 중에서 문화체육관광부장관이 지정하는 간사 1명을 둔다.

② 간사는 위원장의 명을 받아 위원회의 서무를 처리한다.

[전문개정 2008. 7. 24.]

제8조(수당)

회의에 출석한 위원 중 공무원이 아닌 위원에게는 예산의 범위에서 수당을 지급할 수 있다.

[전문개정 2008. 7. 24.]

제9조(대여업무계획의 승인)

한국산업은행이 제3조에 따라 기금의 대여업무를 할 경우에는 미리 기금대여업무계획을 작성하여 문화체육관광부장관의 승인을 받아야 한다.

[전문개정 2008. 7. 24.]

제10조(기금의 대여이자 등)

기금의 대하이자율(貸下利子率), 대여이자율, 대여기간 및 연체이자율은 위원회의 심의를 거쳐 문화체육관광부장관이 기획재정부장관과 협의하여 정한다. 이를 변경하는 경우에도 또한 같다.

[전문개정 2008. 7. 24.]

제11조(기금의 회계기관)

문화체육관광부장관은 법 제9조에 따라 기금수입징수관, 기금재무관, 기금지출관, 기금출납 공무원을 임명한 경우에는 감사원장, 기획재정부장관 및 한국은행총재에게 알려야 한다.

[전문개정 2008. 7. 24.]

제12조(기금계정)

문화체육관광부장관은 법 제10조에 따라 한국은행에 관광진흥개발기금계정(이하 "기금계정"이라 한다)을 설치할 경우에는 수입계정과 지출계정으로 구분하여야 한다.

[전문개정 2008. 7. 24.]

제12조의2(납부금의 기금 납입)

부과권자는 납부금을 부과·징수한 경우에는 지체 없이 납부금을 기금계정에 납입하여야 한다.

[전문개정 2008. 7. 24.]

제13조(대여기금의 납입)

① 한국산업은행의 은행장이나 기금을 전대(轉貸)받은 금융기관의 장은 대여기금(전대받은 기금을 포함한다)과 그 이자를 수납한 경우에는 즉시 기금계정에 납입하여야 한다.

〈개정 2010. 9. 17.〉

② 제1항에 위반한 경우에는 납입기일의 다음 날부터 제10조에 따른 연체이자를 납입하여야 한다.

[전문개정 2008. 7. 24.]

제14조(기금의 수납)

법 제2조제2항의 재원이 기금계정에 납입된 경우 이를 수납한 자는 지체 없이 그 납입서를 기금수입징수관에게 송부하여야 한다.

[전문개정 2008. 7. 24.]

제15조(기금의 지출 한도액)

① 문화체육관광부장관은 기금재무관으로 하여금 지출원인행위를 하게 할 경우에는 기금운용계획에 따라 지출 한도액을 배정하여야 한다.

② 문화체육관광부장관은 제1항에 따라 지출 한도액을 배정한 경우에는 기획재정부장관과 한국은행총재에게 이를 알려야 한다.

③ 기획재정부장관은 기금의 운용 상황 등을 고려하여 필요한 경우에는 기금의 지출을 제한하게 할 수 있다.

[전문개정 2008. 7. 24.]

제16조(기금지출원인행위액보고서 등의 작성·제출)

기금재무관은 기금지출원인행위액보고서를, 기금지출관은 기금출납보고서를 그 행위를 한 달의 말일을 기준으로 작성하여 다음 달 15일까지 기획재정부장관에게 제출하여야 한다.

[전문개정 2008. 7. 24.]

제17조(기금의 지출원인행위)

기금재무관이 지출원인행위를 할 경우에는 제15조에 따라 배정받은 지출 한도액을 초과하여서는 아니 된다.

[전문개정 2008. 7. 24.]

제18조(기금대여상황 보고)

제3조에 따라 기금의 대여업무를 취급하는 한국산업은행은 문화체육관광부령으로 정하는 바에 따라 기금의 대여 상황을 문화체육관광부장관에게 보고하여야 한다.

[전문개정 2008. 7. 24.]

제18조의2(기금 대여의 취소 등)

① 법 제11조제3항제5호에서 "대통령령으로 정하는 경우"란 기금을 대여받은 후 「관광진흥법」 제4조에 따른 등록 또는 변경등록이나 같은 법 제15조에 따른 사업계획 변경승인을 받지 못하여 기금을 대여받을 때에 지정된 목적 사업을 계속하여 수행하는 것이 현저히 곤란하거나 불가능한 경우를 말한다.

② 문화체육관광부장관은 법 제11조에 따라 취소된 기금의 대여금 또는 보조금을 회수하려는 경우에는 그 기금을 대여받거나 보조받은 자에게 해당 대여금 또는 보조금을 반환하도록 통지하여야 한다.

③ 제2항에 따라 대여금 또는 보조금의 반환 통지를 받은 자는 그 통지를 받은 날부터 2개월 이내에 해당 대여금 또는 보조금을 반환하여야 하며, 그 기한까지 반환하지 아니하는 경우에는 그 다음 날부터 제10조에 따른 연체이자율을 적용한 연체이자를 내야 한다.

[본조신설 2011. 8. 4.]

제19조(감독)

문화체육관광부장관은 한국산업은행의 은행장과 기금을 대여받은 자에게 기금 운용에 필요한 사항을 명령하거나 감독할 수 있다. 〈개정 2010. 9. 17.〉

[전문개정 2008. 7. 24.]

제20조(장부의 비치)

① 기금수입징수관과 기금재무관은 기금총괄부, 기금지출원인행위부 및 기금징수부를 작성·비치하고, 기금의 수입·지출에 관한 총괄 사항과 기금지출 원인행위 사항을 기록하여야 한다.

② 기금출납공무원은 기금출납부를 작성·비치하고, 기금의 출납 상황을 기록하여야 한다.

[전문개정 2008. 7. 24.]

제21조(결산보고)

문화체육관광부장관은 회계연도마다 기금의 결산보고서를 작성하여 다음 연도 2월 말일까지 기획재정부장관에게 제출하여야 한다. 〈개정 1994. 12. 23., 1998. 11. 13., 2002. 1. 26., 2008. 2. 29.〉

제22조(납부금 부과 · 징수 업무의 위탁)

문화체육관광부장관은 법 제12조제1항에 따라 납부금의 부과 · 징수 업무를 지방해양수산청장, 「항만공사법」에 따른 항만공사 및 「항공사업법」 제2조제34호에 따른 공항운영자에게 각각 위탁한다. 〈개정 2012. 5. 14., 2015. 1. 6., 2017. 3. 29.〉

[전문개정 2008. 7. 24.]

부칙 〈제31543호, 2021. 3. 23.〉 (관광진흥법 시행령)

제1조(시행일)

이 영은 공포 후 6개월이 경과한 날부터 시행한다. 〈단서 생략〉

제2조 생략

제3조(다른 법령의 개정)
① 관광진흥개발기금법 시행령 일부를 다음과 같이 개정한다.
제2조제1호 중 "일반여행업"을 "종합여행업"으로 한다.
② 생략

관광진흥개발기금법 시행규칙

[시행 2010. 9. 3.]
[문화체육관광부령 제64호, 2010. 9. 3., 일부개정]

제1조(목적)

이 규칙은 「관광진흥개발기금법」 및 같은 법 시행령에서 위임된 사항과 그 시행에 필요한 사항을 규정함을 목적으로 한다.

[전문개정 2008. 8. 7.]

제2조(기금지출 한도액의 통지)

문화체육관광부장관은 「관광진흥개발기금법 시행령」(이하 "영"이라 한다) 제15조제1항에 따라 배정한 기금지출 한도액을 한국산업은행의 은행장에게 알린다. 〈개정 2010. 9. 3.〉

[전문개정 2008. 8. 7.]

제3조(기금의 대하신청)

한국산업은행의 은행장은 영 제9조에 따른 대여업무계획에 따라 기금을 사용하려는 자로부터 대여신청을 받으면 대여에 필요한 기금을 대하(貸下)하여 줄 것을 문화체육관광부장관에게 신청하여야 한다. 〈개정 2010. 9. 3.〉

[전문개정 2008. 8. 7.]

제4조(보고)

한국산업은행은 영 제18조에 따라 매월의 기금사용업체별 대여금액, 대여잔액 등 기금대여 상황을 다음 달 10일 이전까지 보고하여야 하고, 반기(半期)별 대여사업 추진상황을 그 반기의 다음 달 10일 이전까지 보고하여야 한다. 〈개정 2010. 9. 3.〉

[전문개정 2008. 8. 7.]

부칙 〈제64호, 2010. 9. 3.〉

이 규칙은 공포한 날부터 시행한다.

제4부

국제회의산업 육성에 관한 법률

제1조(목적)

　이 법은 국제회의의 유치를 촉진하고 그 원활한 개최를 지원하여 국제회의산업을 육성·진흥함으로써 관광산업의 발전과 국민경제의 향상 등에 이바지함을 목적으로 한다.

　[전문개정 2007. 12. 21.]

제2조(정의)

　이 법에서 사용하는 용어의 뜻은 다음과 같다.　　　　　　　　　　〈개정 2015. 3. 27., 2022. 9. 27.〉

　　1. "국제회의"란 상당수의 외국인이 참가하는 회의(세미나·토론회·전시회·기업회의 등을 포함한다)로서 대통령령으로 정하는 종류와 규모에 해당하는 것을 말한다.

　　2. "국제회의산업"이란 국제회의의 유치와 개최에 필요한 국제회의시설, 서비스 등과 관련된 산업을 말한다.

　　3. "국제회의시설"이란 국제회의의 개최에 필요한 회의시설, 전시시설 및 이와 관련된 지원시설·부대시설 등으로서 대통령령으로 정하는 종류와 규모에 해당하는 것을 말한다.

　　4. "국제회의도시"란 국제회의산업의 육성·진흥을 위하여 제14조에 따라 지정된 특별시·광역시 또는 시를 말한다.

　　5. "국제회의 전담조직"이란 국제회의산업의 진흥을 위하여 각종 사업을 수행하는 조직을 말한다.

　　6. "국제회의산업 육성기반"이란 국제회의시설, 국제회의 전문인력, 전자국제회의체제, 국제회의 정보 등 국제회의의 유치·개최를 지원하고 촉진하는 시설, 인력, 체제, 정보 등을 말한다.

　　7. "국제회의복합지구"란 국제회의시설 및 국제회의집적시설이 집적되어 있는 지역으로서 제15조의2에 따라 지정된 지역을 말한다.

　　8. "국제회의집적시설"이란 국제회의복합지구 안에서 국제회의시설의 집적화 및 운영 활성화에 기여하는 숙박시설, 판매시설, 공연장 등 대통령령으로 정하는 종류와 규모에 해당하는 시설로서 제15조의3에 따라 지정된 시설을 말한다.

　[전문개정 2007. 12. 21.]

제3조(국가의 책무)

　① 국가는 국제회의산업의 육성·진흥을 위하여 필요한 계획의 수립 등 행정상·재정상의 지원조치를 강구하여야 한다.

　② 제1항에 따른 지원조치에는 국제회의 참가자가 이용할 숙박시설, 교통시설 및 관광 편의시

설 등의 설치 · 확충 또는 개선을 위하여 필요한 사항이 포함되어야 한다.

[전문개정 2007. 12. 21.]

제4조 삭제 〈2009. 3. 18.〉

제5조(국제회의 전담조직의 지정 및 설치)

① 문화체육관광부장관은 국제회의산업의 육성을 위하여 필요하면 국제회의 전담조직(이하 "전담조직"이라 한다)을 지정할 수 있다. 〈개정 2008. 2. 29.〉

② 국제회의시설을 보유 · 관할하는 지방자치단체의 장은 국제회의 관련 업무를 효율적으로 추진하기 위하여 필요하다고 인정하면 전담조직을 설치 · 운영할 수 있으며, 그에 필요한 비용의 전부 또는 일부를 지원할 수 있다. 〈개정 2016. 12. 20.〉

③ 전담조직의 지정 · 설치 및 운영 등에 필요한 사항은 대통령령으로 정한다.

[전문개정 2007. 12. 21.]

제6조(국제회의산업육성기본계획의 수립 등)

① 문화체육관광부장관은 국제회의산업의 육성 · 진흥을 위하여 다음 각 호의 사항이 포함되는 국제회의산업육성기본계획(이하 "기본계획"이라 한다)을 5년마다 수립 · 시행하여야 한다.

〈개정 2008. 2. 29., 2017. 11. 28., 2020. 12. 22., 2022. 9. 27.〉

1. 국제회의의 유치와 촉진에 관한 사항
2. 국제회의의 원활한 개최에 관한 사항
3. 국제회의에 필요한 인력의 양성에 관한 사항
4. 국제회의시설의 설치와 확충에 관한 사항
5. 국제회의시설의 감염병 등에 대한 안전 · 위생 · 방역 관리에 관한 사항
6. 국제회의산업 진흥을 위한 제도 및 법령 개선에 관한 사항
7. 그 밖에 국제회의산업의 육성 · 진흥에 관한 중요 사항

② 문화체육관광부장관은 기본계획에 따라 연도별 국제회의산업육성시행계획(이하 "시행계획"이라 한다)을 수립 · 시행하여야 한다. 〈신설 2017. 11. 28.〉

③ 문화체육관광부장관은 기본계획 및 시행계획의 효율적인 달성을 위하여 관계 중앙행정기관의 장, 지방자치단체의 장 및 국제회의산업 육성과 관련된 기관의 장에게 필요한 자료 또는 정보의 제공, 의견의 제출 등을 요청할 수 있다. 이 경우 요청을 받은 자는 정당한 사유가 없으면 이에 따라야 한다. 〈개정 2017. 11. 28.〉

④ 문화체육관광부장관은 기본계획의 추진실적을 평가하고, 그 결과를 기본계획의 수립에 반영하여야 한다. 〈신설 2017. 11. 28.〉

⑤ 기본계획ㆍ시행계획의 수립 및 추진실적 평가의 방법ㆍ내용 등에 필요한 사항은 대통령령으로 정한다. 〈개정 2017. 11. 28.〉

[전문개정 2007. 12. 21.]

제7조(국제회의 유치ㆍ개최 지원)

① 문화체육관광부장관은 국제회의의 유치를 촉진하고 그 원활한 개최를 위하여 필요하다고 인정하면 국제회의를 유치하거나 개최하는 자에게 지원을 할 수 있다. 〈개정 2008. 2. 29.〉

② 제1항에 따른 지원을 받으려는 자는 문화체육관광부령으로 정하는 바에 따라 문화체육관광부장관에게 그 지원을 신청하여야 한다. 〈개정 2008. 2. 29.〉

[전문개정 2007. 12. 21.]

제8조(국제회의산업 육성기반의 조성)

① 문화체육관광부장관은 국제회의산업 육성기반을 조성하기 위하여 관계 중앙행정기관의 장과 협의하여 다음 각 호의 사업을 추진하여야 한다. 〈개정 2008. 2. 29., 2022. 9. 27.〉

1. 국제회의시설의 건립
2. 국제회의 전문인력의 양성
3. 국제회의산업 육성기반의 조성을 위한 국제협력
4. 인터넷 등 정보통신망을 통하여 수행하는 전자국제회의 기반의 구축
5. 국제회의산업에 관한 정보와 통계의 수집ㆍ분석 및 유통
6. 국제회의 기업 육성 및 서비스 연구개발
7. 그 밖에 국제회의산업 육성기반의 조성을 위하여 필요하다고 인정되는 사업으로서 대통령령으로 정하는 사업

② 문화체육관광부장관은 다음 각 호의 기관ㆍ법인 또는 단체(이하 "사업시행기관"이라 한다) 등으로 하여금 국제회의산업 육성기반의 조성을 위한 사업을 실시하게 할 수 있다.
〈개정 2008. 2. 29.〉

1. 제5조제1항 및 제2항에 따라 지정ㆍ설치된 전담조직
2. 제14조제1항에 따라 지정된 국제회의도시
3. 「한국관광공사법」에 따라 설립된 한국관광공사
4. 「고등교육법」에 따른 대학ㆍ산업대학 및 전문대학

5. 그 밖에 대통령령으로 정하는 법인·단체

[전문개정 2007. 12. 21.]

제9조(국제회의시설의 건립 및 운영 촉진 등)

문화체육관광부장관은 국제회의시설의 건립 및 운영 촉진 등을 위하여 사업시행기관이 추진하는 다음 각 호의 사업을 지원할 수 있다. 〈개정 2008. 2. 29.〉

1. 국제회의시설의 건립

2. 국제회의시설의 운영

3. 그 밖에 국제회의시설의 건립 및 운영 촉진을 위하여 필요하다고 인정하는 사업으로서 문화체육관광부령으로 정하는 사업

[전문개정 2007. 12. 21.]

제10조(국제회의 전문인력의 교육·훈련 등)

문화체육관광부장관은 국제회의 전문인력의 양성 등을 위하여 사업시행기관이 추진하는 다음 각 호의 사업을 지원할 수 있다. 〈개정 2008. 2. 29.〉

1. 국제회의 전문인력의 교육·훈련

2. 국제회의 전문인력 교육과정의 개발·운영

3. 그 밖에 국제회의 전문인력의 교육·훈련과 관련하여 필요한 사업으로서 문화체육관광부령으로 정하는 사업

[전문개정 2007. 12. 21.]

제11조(국제협력의 촉진)

문화체육관광부장관은 국제회의산업 육성기반의 조성과 관련된 국제협력을 촉진하기 위하여 사업시행기관이 추진하는 다음 각 호의 사업을 지원할 수 있다. 〈개정 2008. 2. 29.〉

1. 국제회의 관련 국제협력을 위한 조사·연구

2. 국제회의 전문인력 및 정보의 국제 교류

3. 외국의 국제회의 관련 기관·단체의 국내 유치

4. 그 밖에 국제회의 육성기반의 조성에 관한 국제협력을 촉진하기 위하여 필요한 사업으로서 문화체육관광부령으로 정하는 사업

[전문개정 2007. 12. 21.]

제12조(전자국제회의 기반의 확충)

① 정부는 전자국제회의 기반을 확충하기 위하여 필요한 시책을 강구하여야 한다.

② 문화체육관광부장관은 전자국제회의 기반의 구축을 촉진하기 위하여 사업시행기관이 추진하는 다음 각 호의 사업을 지원할 수 있다. 〈개정 2008. 2. 29.〉

1. 인터넷 등 정보통신망을 통한 사이버 공간에서의 국제회의 개최

2. 전자국제회의 개최를 위한 관리체제의 개발 및 운영

3. 그 밖에 전자국제회의 기반의 구축을 위하여 필요하다고 인정하는 사업으로서 문화체육관광부령으로 정하는 사업

[전문개정 2007. 12. 21.]

제13조(국제회의 정보의 유통 촉진)

① 정부는 국제회의 정보의 원활한 공급·활용 및 유통을 촉진하기 위하여 필요한 시책을 강구하여야 한다.

② 문화체육관광부장관은 국제회의 정보의 공급·활용 및 유통을 촉진하기 위하여 사업시행기관이 추진하는 다음 각 호의 사업을 지원할 수 있다. 〈개정 2008. 2. 29.〉

1. 국제회의 정보 및 통계의 수집·분석

2. 국제회의 정보의 가공 및 유통

3. 국제회의 정보망의 구축 및 운영

4. 그 밖에 국제회의 정보의 유통 촉진을 위하여 필요한 사업으로 문화체육관광부령으로 정하는 사업

③ 문화체육관광부장관은 국제회의 정보의 공급·활용 및 유통을 촉진하기 위하여 필요하면 문화체육관광부령으로 정하는 바에 따라 관계 행정기관과 국제회의 관련 기관·단체 또는 기업에 대하여 국제회의 정보의 제출을 요청하거나 국제회의 정보를 제공할 수 있다. 〈개정 2008. 2. 29., 2022. 9. 27.〉

[전문개정 2007. 12. 21.]

제14조(국제회의도시의 지정 등)

① 문화체육관광부장관은 대통령령으로 정하는 국제회의도시 지정기준에 맞는 특별시·광역시 및 시를 국제회의도시로 지정할 수 있다. 〈개정 2008. 2. 29., 2009. 3. 18.〉

② 문화체육관광부장관은 국제회의도시를 지정하는 경우 지역 간의 균형적 발전을 고려하여야 한다. 〈개정 2008. 2. 29.〉

③ 문화체육관광부장관은 국제회의도시가 제1항에 따른 지정기준에 맞지 아니하게 된 경우에는 그 지정을 취소할 수 있다. 〈개정 2008. 2. 29., 2009. 3. 18.〉

④ 문화체육관광부장관은 제1항과 제3항에 따른 국제회의도시의 지정 또는 지정취소를 한 경우에는 그 내용을 고시하여야 한다. 〈개정 2008. 2. 29.〉

⑤ 제1항과 제3항에 따른 국제회의도시의 지정 및 지정취소 등에 필요한 사항은 대통령령으로 정한다.

[전문개정 2007. 12. 21.]

제15조(국제회의도시의 지원)

문화체육관광부장관은 제14조제1항에 따라 지정된 국제회의도시에 대하여는 다음 각 호의 사업에 우선 지원할 수 있다. 〈개정 2008. 2. 29.〉

1. 국제회의도시에서의 「관광진흥개발기금법」 제5조의 용도에 해당하는 사업

2. 제16조제2항 각 호의 어느 하나에 해당하는 사업

[전문개정 2007. 12. 21.]

제15조의2(국제회의복합지구의 지정 등)

① 특별시장·광역시장·특별자치시장·도지사·특별자치도지사(이하 "시·도지사"라 한다)는 국제회의산업의 진흥을 위하여 필요한 경우에는 관할구역의 일정 지역을 국제회의복합지구로 지정할 수 있다.

② 시·도지사는 국제회의복합지구를 지정할 때에는 국제회의복합지구 육성·진흥계획을 수립하여 문화체육관광부장관의 승인을 받아야 한다. 대통령령으로 정하는 중요한 사항을 변경할 때에도 또한 같다.

③ 시·도지사는 제2항에 따른 국제회의복합지구 육성·진흥계획을 시행하여야 한다.

④ 시·도지사는 사업의 지연, 관리 부실 등의 사유로 지정목적을 달성할 수 없는 경우 국제회의복합지구 지정을 해제할 수 있다. 이 경우 문화체육관광부장관의 승인을 받아야 한다.

⑤ 시·도지사는 제1항 및 제2항에 따라 국제회의복합지구를 지정하거나 지정을 변경한 경우 또는 제4항에 따라 지정을 해제한 경우 대통령령으로 정하는 바에 따라 그 내용을 공고하여야 한다.

⑥ 제1항에 따라 지정된 국제회의복합지구는 「관광진흥법」 제70조에 따른 관광특구로 본다.

⑦ 제2항에 따른 국제회의복합지구 육성·진흥계획의 수립·시행, 국제회의복합지구 지정의 요건 및 절차 등에 필요한 사항은 대통령령으로 정한다.

[본조신설 2015. 3. 27.]

제15조의3(국제회의집적시설의 지정 등)

① 문화체육관광부장관은 국제회의복합지구에서 국제회의시설의 집적화 및 운영 활성화를 위하여 필요한 경우 시·도지사와 협의를 거쳐 국제회의집적시설을 지정할 수 있다.

② 제1항에 따른 국제회의집적시설로 지정을 받으려는 자(지방자치단체를 포함한다)는 문화체육관광부장관에게 지정을 신청하여야 한다.

③ 문화체육관광부장관은 국제회의집적시설이 지정요건에 미달하는 때에는 대통령령으로 정하는 바에 따라 그 지정을 해제할 수 있다.

④ 그 밖에 국제회의집적시설의 지정요건 및 지정신청 등에 필요한 사항은 대통령령으로 정한다.

[본조신설 2015. 3. 27.]

제15조의4(부담금의 감면 등)

① 국가 및 지방자치단체는 국제회의복합지구 육성·진흥사업을 원활하게 시행하기 위하여 필요한 경우에는 국제회의복합지구의 국제회의시설 및 국제회의집적시설에 대하여 관련 법률에서 정하는 바에 따라 다음 각 호의 부담금을 감면할 수 있다.

1. 「개발이익 환수에 관한 법률」 제3조에 따른 개발부담금
2. 「산지관리법」 제19조에 따른 대체산림자원조성비
3. 「농지법」 제38조에 따른 농지보전부담금
4. 「초지법」 제23조에 따른 대체초지조성비
5. 「도시교통정비 촉진법」 제36조에 따른 교통유발부담금

② 지방자치단체의 장은 국제회의복합지구의 육성·진흥을 위하여 필요한 경우 국제회의복합지구를 「국토의 계획 및 이용에 관한 법률」 제51조에 따른 지구단위계획구역으로 지정하고 같은 법 제52조제3항에 따라 용적률을 완화하여 적용할 수 있다.

[본조신설 2015. 3. 27.]

제16조(재정 지원)

① 문화체육관광부장관은 이 법의 목적을 달성하기 위하여 「관광진흥개발기금법」 제2조제2항제3호에 따른 국외 여행자의 출국납부금 총액의 100분의 10에 해당하는 금액의 범위에서 국제회의산업의 육성재원을 지원할 수 있다. 〈개정 2008. 2. 29.〉

② 문화체육관광부장관은 제1항에 따른 금액의 범위에서 다음 각 호에 해당되는 사업에 필요한 비용의 전부 또는 일부를 지원할 수 있다. 〈개정 2008. 2. 29., 2015. 3. 27.〉

1. 제5조제1항 및 제2항에 따라 지정·설치된 전담조직의 운영
2. 제7조제1항에 따른 국제회의 유치 또는 그 개최자에 대한 지원
3. 제8조제2항제2호부터 제5호까지의 규정에 따른 사업시행기관에서 실시하는 국제회의산업 육성기반 조성사업
4. 제10조부터 제13조까지의 각 호에 해당하는 사업

4의2. 제15조의2에 따라 지정된 국제회의복합지구의 육성·진흥을 위한 사업

4의3. 제15조의3에 따라 지정된 국제회의집적시설에 대한 지원 사업

5. 그 밖에 국제회의산업의 육성을 위하여 필요한 사항으로서 대통령령으로 정하는 사업

③ 제2항에 따른 지원금의 교부에 필요한 사항은 대통령령으로 정한다.

④ 제2항에 따른 지원을 받으려는 자는 대통령령으로 정하는 바에 따라 문화체육관광부장관 또는 제18조에 따라 사업을 위탁받은 기관의 장에게 지원을 신청하여야 한다. 〈개정 2008. 2. 29.〉

[전문개정 2007. 12. 21.]

제17조(다른 법률과의 관계)

① 국제회의시설의 설치자가 국제회의시설에 대하여 「건축법」 제11조에 따른 건축허가를 받으면 같은 법 제11조제5항 각 호의 사항 외에 다음 각 호의 허가·인가 등을 받거나 신고를 한 것으로 본다. 〈개정 2008. 3. 21., 2009. 6. 9., 2011. 8. 4., 2017. 1. 17., 2017. 11. 28., 2021. 11. 30.〉

1. 「하수도법」 제24조에 따른 시설이나 공작물 설치의 허가
2. 「수도법」 제52조에 따른 전용상수도 설치의 인가
3. 「소방시설 설치 및 관리에 관한 법률」 제6조제1항에 따른 건축허가의 동의
4. 「폐기물관리법」 제29조제2항에 따른 폐기물처리시설 설치의 승인 또는 신고
5. 「대기환경보전법」 제23조, 「물환경보전법」 제33조 및 「소음·진동관리법」 제8조에 따른 배출시설 설치의 허가 또는 신고

② 국제회의시설의 설치자가 국제회의시설에 대하여 「건축법」 제22조에 따른 사용승인을 받으면 같은 법 제22조제4항 각 호의 사항 외에 다음 각 호의 검사를 받거나 신고를 한 것으로 본다. 〈개정 2008. 3. 21., 2009. 6. 9., 2017. 1. 17.〉

1. 「수도법」 제53조에 따른 전용상수도의 준공검사
2. 「소방시설공사업법」 제14조제1항에 따른 소방시설의 완공검사
3. 「폐기물관리법」 제29조제4항에 따른 폐기물처리시설의 사용개시 신고

4. 「대기환경보전법」 제30조 및 「물환경보전법」 제37조에 따른 배출시설 등의 가동개시(稼動開始) 신고

③ 제1항과 제2항에 따른 허가 · 인가 · 검사 등의 의제(擬制)를 받으려는 자는 해당 국제회의시설의 건축허가 및 사용승인을 신청할 때 문화체육관광부령으로 정하는 관계 서류를 함께 제출하여야 한다. 〈개정 2008. 2. 29.〉

④ 특별자치도지사 · 시장 · 군수 또는 구청장(자치구의 구청장을 말한다)이 건축허가 및 사용승인 신청을 받은 경우 제1항과 제2항에 해당하는 사항이 다른 행정기관의 권한에 속하면 미리 그 행정기관의 장과 협의하여야 하며, 협의를 요청받은 행정기관의 장은 그 요청을 받은 날부터 15일 이내에 의견을 제출하여야 한다.

[전문개정 2007. 12. 21.]

제18조(권한의 위탁)

① 문화체육관광부장관은 제7조에 따른 국제회의 유치 · 개최의 지원에 관한 업무를 대통령령으로 정하는 바에 따라 법인이나 단체에 위탁할 수 있다. 〈개정 2008. 2. 29.〉

② 문화체육관광부장관은 제1항에 따른 위탁을 한 경우에는 해당 법인이나 단체에 예산의 범위에서 필요한 경비(經費)를 보조할 수 있다. 〈개정 2008. 2. 29.〉

[전문개정 2007. 12. 21.]

부칙 〈제18983호, 2022. 9. 27.〉

이 법은 공포 후 3개월이 경과한 날부터 시행한다.

국제회의산업 육성에 관한 법률 시행령

[시행 2022. 12. 28.]
[대통령령 제33127호, 2022. 12. 27., 일부개정]

제1조(목적)

이 영은 「국제회의산업 육성에 관한 법률」에서 위임된 사항과 그 시행에 필요한 사항을 규정함을 목적으로 한다.

[전문개정 2011. 11. 16.]

제2조(국제회의의 종류 · 규모)

「국제회의산업 육성에 관한 법률」(이하 "법"이라 한다) 제2조제1호에 따른 국제회의는 다음 각 호의 어느 하나에 해당하는 회의를 말한다. 〈개정 2020. 11. 10., 2022. 12. 27.〉

　　1. 국제기구, 기관 또는 법인 · 단체가 개최하는 회의로서 다음 각 목의 요건을 모두 갖춘 회의

　　　　가. 해당 회의에 3개국 이상의 외국인이 참가할 것

　　　　나. 회의 참가자가 100명 이상이고 그 중 외국인이 50명 이상일 것

　　　　다. 2일 이상 진행되는 회의일 것

　　2. 삭제 〈2022. 12. 27.〉

　　3. 국제기구, 기관, 법인 또는 단체가 개최하는 회의로서 다음 각 목의 요건을 모두 갖춘 회의

　　　　가. 「감염병의 예방 및 관리에 관한 법률」 제2조제2호에 따른 제1급감염병 확산으로 외국인이 회의장에 직접 참석하기 곤란한 회의로서 개최일이 문화체육관광부장관이 정하여 고시하는 기간 내일 것

　　　　나. 회의 참가자 수, 외국인 참가자 수 및 회의일수가 문화체육관광부장관이 정하여 고시하는 기준에 해당할 것

　　[전문개정 2011. 11. 16.]

제3조(국제회의시설의 종류 · 규모)

① 법 제2조제3호에 따른 국제회의시설은 전문회의시설 · 준회의시설 · 전시시설 · 지원시설 및 부대시설로 구분한다. 〈개정 2022. 12. 27.〉

② 전문회의시설은 다음 각 호의 요건을 모두 갖추어야 한다.

　　1. 2천명 이상의 인원을 수용할 수 있는 대회의실이 있을 것

　　2. 30명 이상의 인원을 수용할 수 있는 중 · 소회의실이 10실 이상 있을 것

　　3. 옥내와 옥외의 전시면적을 합쳐서 2천제곱미터 이상 확보하고 있을 것

③ 준회의시설은 국제회의 개최에 필요한 회의실로 활용할 수 있는 호텔연회장 · 공연장 · 체육관 등의 시설로서 다음 각 호의 요건을 모두 갖추어야 한다.

    1. 200명 이상의 인원을 수용할 수 있는 대회의실이 있을 것

    2. 30명 이상의 인원을 수용할 수 있는 중 · 소회의실이 3실 이상 있을 것

④ 전시시설은 다음 각 호의 요건을 모두 갖추어야 한다.

    1. 옥내와 옥외의 전시면적을 합쳐서 2천제곱미터 이상 확보하고 있을 것

    2. 30명 이상의 인원을 수용할 수 있는 중 · 소회의실이 5실 이상 있을 것

⑤ 지원시설은 다음 각 호의 요건을 모두 갖추어야 한다.   〈신설 2022. 12. 27.〉

    1. 다음 각 목에 따른 설비를 모두 갖출 것

      가. 컴퓨터, 카메라 및 마이크 등 원격영상회의에 필요한 설비

      나. 칸막이 또는 방음시설 등 이용자의 정보 노출방지에 필요한 설비

    2. 제1호 각 목에 따른 설비의 설치 및 이용에 사용되는 면적을 합한 면적이 80제곱미터 이상 일 것

⑥ 부대시설은 국제회의 개최와 전시의 편의를 위하여 제2항 및 제4항의 시설에 부속된 숙박시 설 · 주차시설 · 음식점시설 · 휴식시설 · 판매시설 등으로 한다.   〈개정 2022. 12. 27.〉

[전문개정 2011. 11. 16.]

제4조(국제회의집적시설의 종류와 규모)

법 제2조제8호에서 "숙박시설, 판매시설, 공연장 등 대통령령으로 정하는 종류와 규모에 해당하는 시설"이란 다음 각 호의 시설을 말한다.   〈개정 2022. 8. 2.〉

    1. 「관광진흥법」 제3조제1항제2호에 따른 관광숙박업의 시설로서 100실(「관광진흥법」 제19조제1항에 따라 같은 법 시행령 제22조제2항의 4성급 또는 5성급으로 등급결정을 받 은 호텔업의 경우에는 30실) 이상의 객실을 보유한 시설

    2. 「유통산업발전법」 제2조제3호에 따른 대규모점포

    3. 「공연법」에 따른 공연장으로서 300석 이상의 객석을 보유한 공연장

    4. 그 밖에 국제회의산업의 진흥 및 발전을 위하여 국제회의집적시설로 지정될 필요가 있는 시설로서 문화체육관광부장관이 정하여 고시하는 시설

[본조신설 2015. 9. 22.]

제5조 삭제 〈2011. 2. 25.〉

제6조 삭제 〈2011. 2. 25.〉

제7조 삭제 〈2011. 2. 25.〉

제8조 삭제 〈2011. 2. 25.〉

제9조(국제회의 전담조직의 업무)

법 제5조제1항에 따른 국제회의 전담조직은 다음 각 호의 업무를 담당한다.

1. 국제회의의 유치 및 개최 지원
2. 국제회의산업의 국외 홍보
3. 국제회의 관련 정보의 수집 및 배포
4. 국제회의 전문인력의 교육 및 수급(需給)
5. 법 제5조제2항에 따라 지방자치단체의 장이 설치한 전담조직에 대한 지원 및 상호 협력
6. 그 밖에 국제회의산업의 육성과 관련된 업무

[전문개정 2011. 11. 16.]

제10조(국제회의 전담조직의 지정)

문화체육관광부장관은 법 제5조제1항에 따라 국제회의 전담조직을 지정할 때에는 제9조 각 호의 업무를 수행할 수 있는 전문인력 및 조직 등을 적절하게 갖추었는지를 고려하여야 한다.

[전문개정 2011. 11. 16.]

제11조(국제회의산업육성기본계획의 수립 등)

① 문화체육관광부장관은 법 제6조에 따른 국제회의산업육성기본계획과 국제회의산업육성시행계획을 수립하거나 변경하는 경우에는 국제회의산업과 관련이 있는 기관 또는 단체 등의 의견을 들어야 한다.

② 문화체육관광부장관은 법 제6조제4항에 따라 국제회의산업육성기본계획의 추진실적을 평가하는 경우에는 연도별 국제회의산업육성시행계획의 추진실적을 종합하여 평가하여야 한다.

③ 문화체육관광부장관은 제2항에 따른 국제회의산업육성기본계획의 추진실적 평가에 필요한 조사 · 분석 등을 전문기관에 의뢰할 수 있다.

[전문개정 2018. 5. 28.]

제12조(국제회의산업 육성기반 조성사업 및 사업시행기관)

① 법 제8조제1항제7호에서 "대통령령으로 정하는 사업"이란 다음 각 호의 사업을 말한다.

〈개정 2022. 12. 27.〉

1. 법 제5조에 따른 국제회의 전담조직의 육성

2. 국제회의산업에 관한 국외 홍보사업

② 법 제8조제2항제5호에서 "대통령령으로 정하는 법인·단체"란 국제회의산업의 육성과 관련된 업무를 수행하는 법인·단체로서 문화체육관광부장관이 지정하는 법인·단체를 말한다.

[전문개정 2011. 11. 16.]

제13조(국제회의도시의 지정기준)

법 제14조제1항에 따른 국제회의도시의 지정기준은 다음 각 호와 같다.

1. 지정대상 도시에 국제회의시설이 있고, 해당 특별시·광역시 또는 시에서 이를 활용한 국제회의산업 육성에 관한 계획을 수립하고 있을 것

2. 지정대상 도시에 숙박시설·교통시설·교통안내체계 등 국제회의 참가자를 위한 편의시설이 갖추어져 있을 것

3. 지정대상 도시 또는 그 주변에 풍부한 관광자원이 있을 것

[전문개정 2011. 11. 16.]

제13조의2(국제회의복합지구의 지정 등)

① 법 제15조의2제1항에 따른 국제회의복합지구 지정요건은 다음 각 호와 같다. 〈개정 2022. 8. 2.〉

1. 국제회의복합지구 지정 대상 지역 내에 제3조제2항에 따른 전문회의시설이 있을 것

2. 국제회의복합지구 지정 대상 지역 내에서 개최된 회의에 참가한 외국인이 국제회의복합지구 지정일이 속한 연도의 전년도 기준 5천명 이상이거나 국제회의복합지구 지정일이 속한 연도의 직전 3년간 평균 5천명 이상일 것. 이 경우 「감염병의 예방 및 관리에 관한 법률」에 따른 감염병의 확산으로 「재난 및 안전관리 기본법」 제38조제2항에 따른 경계 이상의 위기경보가 발령된 기간에 개최된 회의에 참가한 외국인의 수는 회의에 참가한 외국인의 수에 문화체육관광부장관이 정하여 고시하는 가중치를 곱하여 계산할 수 있다.

3. 국제회의복합지구 지정 대상 지역에 제4조 각 호의 어느 하나에 해당하는 시설이 1개 이상 있을 것

4. 국제회의복합지구 지정 대상 지역이나 그 인근 지역에 교통시설·교통안내체계 등 편의시설이 갖추어져 있을 것

② 국제회의복합지구의 지정 면적은 400만 제곱미터 이내로 한다.

③ 특별시장 · 광역시장 · 특별자치시장 · 도지사 · 특별자치도지사(이하 "시 · 도지사"라 한다)
는 국제회의복합지구의 지정을 변경하려는 경우에는 다음 각 호의 사항을 고려하여야 한다.

  1. 국제회의복합지구의 운영 실태

  2. 국제회의복합지구의 토지이용 현황

  3. 국제회의복합지구의 시설 설치 현황

  4. 국제회의복합지구 및 인근 지역의 개발계획 현황

④ 시 · 도지사는 법 제15조의2제4항에 따라 국제회의복합지구의 지정을 해제하려면 미리 해당
국제회의복합지구의 명칭, 위치, 지정 해제 예정일 등을 20일 이상 해당 지방자치단체의 인
터넷 홈페이지에 공고하여야 한다.

⑤ 시 · 도지사는 국제회의복합지구를 지정하거나 지정을 변경한 경우 또는 지정을 해제한 경
우에는 법 제15조의2제5항에 따라 다음 각 호의 사항을 관보, 「신문 등의 진흥에 관한 법
률」 제2조제1호가목에 따른 일반일간신문 또는 해당 지방자치단체의 인터넷 홈페이지에
공고하고, 문화체육관광부장관에게 국제회의복합지구의 지정, 지정 변경 또는 지정 해제의
사실을 통보하여야 한다.

  1. 국제회의복합지구의 명칭

  2. 국제회의복합지구를 표시한 행정구역도와 지적도면

  3. 국제회의복합지구 육성 · 진흥계획의 개요(지정의 경우만 해당한다)

  4. 국제회의복합지구 지정 변경 내용의 개요(지정 변경의 경우만 해당한다)

  5. 국제회의복합지구 지정 해제 내용의 개요(지정 해제의 경우만 해당한다)

[본조신설 2015. 9. 22.]

제13조의3(국제회의복합지구 육성 · 진흥계획의 수립 등)

① 법 제15조의2제2항 전단에 따른 국제회의복합지구 육성 · 진흥계획(이하 "국제회의복합지구
육성 · 진흥계획"이라 한다)에는 다음 각 호의 사항이 포함되어야 한다.

  1. 국제회의복합지구의 명칭, 위치 및 면적

  2. 국제회의복합지구의 지정 목적

  3. 국제회의시설 설치 및 개선 계획

  4. 국제회의집적시설의 조성 계획

  5. 회의 참가자를 위한 편의시설의 설치 · 확충 계획

  6. 해당 지역의 관광자원 조성 · 개발 계획

7. 국제회의복합지구 내 국제회의 유치 · 개최 계획

8. 관할 지역 내의 국제회의업 및 전시사업자 육성 계획

9. 그 밖에 국제회의복합지구의 육성과 진흥을 위하여 필요한 사항

② 법 제15조의2제2항 후단에서 "대통령령으로 정하는 중요한 사항"이란 국제회의복합지구의 위치, 면적 또는 지정 목적을 말한다.

③ 시 · 도지사는 수립된 국제회의복합지구 육성 · 진흥계획에 대하여 5년마다 그 타당성을 검토하고 국제회의복합지구 육성 · 진흥계획의 변경 등 필요한 조치를 하여야 한다.

[본조신설 2015. 9. 22.]

제13조의4(국제회의집적시설의 지정 등)

① 법 제15조의3제1항에 따른 국제회의집적시설의 지정요건은 다음 각 호와 같다.

1. 해당 시설(설치 예정인 시설을 포함한다. 이하 이 항에서 같다)이 국제회의복합지구 내에 있을 것

2. 해당 시설 내에 외국인 이용자를 위한 안내체계와 편의시설을 갖출 것

3. 해당 시설과 국제회의복합지구 내 전문회의시설 간의 업무제휴 협약이 체결되어 있을 것

② 국제회의집적시설의 지정을 받으려는 자는 법 제15조의3제2항에 따라 문화체육관광부령으로 정하는 지정신청서를 문화체육관광부장관에게 제출하여야 한다.

③ 국제회의집적시설 지정 신청 당시 설치가 완료되지 아니한 시설을 국제회의집적시설로 지정받은 자는 그 설치가 완료된 후 해당 시설이 제1항 각 호의 요건을 갖추었음을 증명할 수 있는 서류를 문화체육관광부장관에게 제출하여야 한다.

④ 문화체육관광부장관은 법 제15조의3제3항에 따라 국제회의집적시설의 지정을 해제하려면 미리 관할 시 · 도지사의 의견을 들어야 한다.

⑤ 문화체육관광부장관은 법 제15조의3제1항에 따라 국제회의집적시설을 지정하거나 같은 조 제3항에 따라 지정을 해제한 경우에는 관보, 「신문 등의 진흥에 관한 법률」 제2조제1호가목에 따른 일반일간신문 또는 문화체육관광부의 인터넷 홈페이지에 그 사실을 공고하여야 한다.

⑥ 제1항부터 제5항까지에서 규정한 사항 외에 설치 예정인 국제회의집적시설의 인정 범위 등 국제회의집적시설의 지정 및 해제에 필요한 사항은 문화체육관광부장관이 정하여 고시한다.

[본조신설 2015. 9. 22.]

제14조(재정 지원 등)

법 제16조제2항에 따른 지원금은 해당 사업의 추진 상황 등을 고려하여 나누어 지급한다. 다만, 사업의 규모·착수시기 등을 고려하여 필요하다고 인정할 때에는 한꺼번에 지급할 수 있다.

[전문개정 2011. 11. 16.]

제15조(지원금의 관리 및 회수)

① 법 제16조제2항에 따라 지원금을 받은 자는 그 지원금에 대하여 별도의 계정(計定)을 설치하여 관리해야 하고, 그 사용 실적을 사업이 끝난 후 1개월(제2조제3호에 따른 국제회의를 유치하거나 개최하여 지원금을 받은 경우에는 문화체육관광부장관이 정하여 고시하는 기한) 이내에 문화체육관광부장관에게 보고해야 한다.　　　　　　　　　　〈개정 2020. 11. 10.〉

② 법 제16조제2항에 따라 지원금을 받은 자가 법 제16조제2항 각 호에 따른 용도 외에 지원금을 사용하였을 때에는 그 지원금을 회수할 수 있다.

[전문개정 2011. 11. 16.]

제16조(권한의 위탁)

문화체육관광부장관은 법 제18조제1항에 따라 법 제7조에 따른 국제회의 유치·개최의 지원에 관한 업무를 법 제5조제1항에 따른 국제회의 전담조직에 위탁한다.

[전문개정 2011. 11. 16.]

부칙 〈제33127호, 2022. 12. 27.〉

이 영은 2022년 12월 28일부터 시행한다.

국제회의산업 육성에 관한 법률 시행규칙

[시행 2020. 11. 10.]
[문화체육관광부령 제409호, 2020. 11. 10., 일부개정]

제1조(목적)

이 규칙은 「국제회의산업 육성에 관한 법률」 및 같은 법 시행령에서 위임된 사항과 그 시행에 필요한 사항을 규정함을 목적으로 한다.

[전문개정 2011. 11. 24.]

제2조(국제회의 유치·개최 지원신청)

「국제회의산업 육성에 관한 법률」(이하 "법"이라 한다) 제7조제2항에 따라 국제회의 유치·개최에 관한 지원을 받으려는 자는 별지 제1호서식의 국제회의 지원신청서에 다음 각 호의 서류를 첨부하여 법 제5조제1항에 따른 국제회의 전담조직의 장에게 제출해야 한다.

〈개정 2020. 11. 10.〉

1. 국제회의 유치·개최 계획서(국제회의의 명칭, 목적, 기간, 장소, 참가자 수, 필요한 비용 등이 포함되어야 한다) 1부
2. 국제회의 유치·개최 실적에 관한 서류(국제회의를 유치·개최한 실적이 있는 경우만 해당한다) 1부
3. 지원을 받으려는 세부 내용을 적은 서류 1부

[전문개정 2011. 11. 24.]

제3조(지원 결과 보고)

법 제7조에 따라 지원을 받은 국제회의 유치·개최자는 해당 사업이 완료된 후 1개월(영 제2조제3호에 따른 국제회의를 유치하거나 개최하여 지원금을 받은 경우에는 문화체육관광부장관이 정하여 고시하는 기한) 이내에 법 제5조제1항에 따른 국제회의 전담조직의 장에게 사업 결과 보고서를 제출해야 한다.　　〈개정 2020. 11. 10.〉

[전문개정 2011. 11. 24.]

제4조(국제회의시설의 지원)

법 제9조제3호에서 "문화체육관광부령으로 정하는 사업"이란 국제회의시설의 국외 홍보활동을 말한다.

[전문개정 2011. 11. 24.]

제5조(전문인력의 교육·훈련)

법 제10조제3호에서 "문화체육관광부령으로 정하는 사업"이란 국제회의 전문인력 양성을 위한

인턴사원제도 등 현장실습의 기회를 제공하는 사업을 말한다.

[전문개정 2011. 11. 24.]

제6조(국제협력의 촉진)

법 제11조제4호에서 "문화체육관광부령으로 정하는 사업"이란 다음 각 호의 사업을 말한다.

1. 국제회의 관련 국제행사에의 참가
2. 외국의 국제회의 관련 기관·단체에의 인력 파견

[전문개정 2011. 11. 24.]

제7조(전자국제회의 기반 구축)

법 제12조제2항제3호에서 "문화체육관광부령으로 정하는 사업"이란 전자국제회의 개최를 위한 국내외 기관 간의 협력사업을 말한다.

[전문개정 2011. 11. 24.]

제8조(국제회의 정보의 유통 촉진)

① 법 제13조제2항제4호에서 "문화체육관광부령으로 정하는 사업"이란 국제회의 정보의 활용을 위한 자료의 발간 및 배포를 말한다.

② 문화체육관광부장관은 법 제13조제3항에 따라 국제회의 정보의 제출을 요청하거나, 국제회의 정보를 제공할 때에는 요청하려는 정보의 구체적인 내용 등을 적은 문서로 하여야 한다.

[전문개정 2011. 11. 24.]

제9조(국제회의도시의 지정신청)

법 제14조제1항에 따라 국제회의도시의 지정을 신청하려는 특별시장·광역시장 또는 시장은 다음 각 호의 내용을 적은 서류를 문화체육관광부장관에게 제출하여야 한다.

1. 국제회의시설의 보유 현황 및 이를 활용한 국제회의산업 육성에 관한 계획
2. 숙박시설·교통시설·교통안내체계 등 국제회의 참가자를 위한 편의시설의 현황 및 확충 계획
3. 지정대상 도시 또는 그 주변의 관광자원의 현황 및 개발계획
4. 국제회의 유치·개최 실적 및 계획

[전문개정 2011. 11. 24.]

제9조의2(국제회의집적시설의 지정신청)

국제회의집적시설의 지정을 받으려는 자는 법 제15조의3제2항에 따라 별지 제2호서식의 지정신청서에 다음 각 호의 서류를 첨부하여 문화체육관광부장관에게 지정을 신청하여야 한다.

1. 지정 신청 당시 설치가 완료된 시설인 경우: 「국제회의산업 육성에 관한 법률 시행령」(이하 "영"이라 한다) 제4조 각 호의 어느 하나에 해당하는 시설에 해당하고 영 제13조의4제1항 각 호의 지정 요건을 갖추고 있음을 증명할 수 있는 서류

2. 지정 신청 당시 설치가 완료되지 아니한 시설의 경우: 설치가 완료되는 시점에는 영 제4조 각 호의 어느 하나에 해당하는 시설에 해당하고 영 제13조의4제1항 각 호의 요건을 충족할 수 있음을 확인할 수 있는 서류

[본조신설 2015. 9. 25.]

제10조(인가 · 허가 등의 의제를 위한 서류 제출)

법 제17조제3항에서 "문화체육관광부령으로 정하는 관계 서류"란 법 제17조제1항 및 제2항에 따라 의제(擬制)되는 허가 · 인가 · 검사 등에 필요한 서류를 말한다.

[전문개정 2011. 11. 24.]

부칙 〈제409호, 2020. 11. 10.〉

이 규칙은 공포한 날부터 시행한다.

관광법규

초판 인쇄 2023년 3월 11일
초판 발행 2023년 3월 15일

지은이   편집부
펴낸이   김태헌
펴낸곳   토담출판사
주소   경기도 고양시 일산서구 대산로 53
출판등록 2021년 9월 23일 제2021-000179호
전화   031-911-3416
팩스   031-911-3417